つながる

杉並の社会教育・市民活動

刊行に寄せて

　東京23区の西端に位置する杉並区は54万人が暮らす住宅都市です。この「まち」で、人々は社会や自然とかかわり、さまざまな学びを体験し、豊かな人生の実現を目指して、日々の生活を営んでいます。
　また、東日本大震災は、私たちに人と人との「つながり」の大切さを改めて思い起こさせました。助け合い、支え合い、お互いの知恵と力を生かし合いながら、必要なものは自ら創り出していく努力がこれまで以上に求められていることを感じます。

　本書には、杉並区の歴史的存在である杉並区立公民館を通じて集い、学び、生活課題解決や地域づくりに直接携わってきた数多くの歩みが記されています。また、その過程で多くの人々と想いを分かち合い、つながりを拡げながら、活動が力強く展開されてきたことを私たちに伝えてくれる労作です。
　ここに、その取り組みの一端を区民の共通財産として残し、豊かな社会の実現に向け、後に続く者が先人の知恵として発展させることを願って、一冊の本にまとめていただいたことは大変意義深いことです。この本は私たちの未来を考える貴重な財産です。

杉並区教育委員会では、2012年、今後10年の杉並の目指す教育の指針として「杉並区教育ビジョン2012」を策定しました。目標は「共に学び　共に支え　共に創る杉並の教育」の実現です。生涯にわたって学び続け、その成果を豊かな社会の実現に役立てることができる仕組みを整えることが求められています。共に学び合い、そして支え合って、明日の杉並を創り出す社会教育の展開を、皆様とともにすすめていきたいと願っています。

　結びにあたり、本書の作成に携われた多くの皆様に対し、心から敬意を表します。

2013年9月
杉並区教育委員会
教育長　井出 隆安

目次

刊行に寄せて　井出 隆安……………………………………………2

はじめに
学びつつ生きる　東京・杉並の地域とその人々　上田 幸夫………8

I　手をつなぐ人々

I–1　人権を守る

杉並ユネスコ協会　60年にわたる活動の源を探って　林 美紀子……17
平和憲法に目覚めた女性たち　草の実会50年の活動　石崎 暾子……24
杉並区立公民館　公民館講座の生い立ちとひろがり
　　　　出会い・感動・信頼・人の輪　公民館講座企画運営委員会……28
共に生きる社会をめざして　「魔法陣」の活動　古川 須美子………37
「国民総背番号制に反対しプライバシーを守る杉並の会」の活動
　　　　石崎 暾子………………………………………………………39
杉並での水爆禁止署名運動の取り組み
　　　　林 美紀子・安井 節子………………………………………47
　参考資料　原水禁運動と杉の子会　安井 田鶴子…………………56
　参考資料　原水爆禁止署名運動に参加して
　　　　飯野 かく・小沢 綾子………………………………………57
はたして新たな「公民」の「館」を見出せるか　斎藤 尚久………59

I–2　子どもと歩む

杉並地域家庭文庫活動のあゆみ　地頭所 冨士子……………………65

子ども文庫の三十年　澁川 雅俊･･････････････････････････68

市民活動と図書館　佐川 祐子････････････････････････････71

子ども図書館くがやま文庫 草創のころ　清水 美千子･･････74

ムーミン文庫 猪突猛進型人間万歳！　山辺 昭代･･････････76

ムーミン母親クラブ ムーミン文庫の変遷　地頭所 冨士子･･78

　参考資料　現在の会員文庫のリスト･･･････････････････････80

　参考資料　文庫・サークルの歴史･･････････････････････････82

学校後援会が「PTA」になった　石崎 暾子････････････････84

蟻んごの闘い 道路公害に命燃えて　井上 アイ････････････91

「PTA」が取り組んだ高校増設運動　久根口 美智子･･･････93

子どもの健やかな成長と大人の役割 われらプロジェクトの活動
　　森内 和子･･100

子どもと若者をめぐる杉並の歴史　秦 弘子･･･････････････107

I-3　生活・環境を豊かにする

婦人学級から生活学校へ　寺田 かつ子･･･････････････････113

　参考資料　杉並のゴミにとりくむ･････････････････････････115

見て、きいて、知って「動いた!!」 行政との協働へ
　　大橋 とも子･･117

安全な食を求めて産地直送と共同購入　小澤 千鶴子･･････120

朝顔の葉っぱと大気汚染　渡辺 正子･････････････････････123

直接請求で環境アセスメント条例の制定を　石崎 暾子････126

「杉並泉の会」と杉並福祉ボランティア小史　佐伯 昭子･･135

　座談会　「杉並・老後を良くする会」と私たち
　　白川 すみ子・河 周子・岡本 波津子（出席者）
　　森内 和子（司会・文責）････････････････････････････139

5

手をつないできた杉並の女性たち
　　　　1953年から2000年までの活動の中で　　林 美紀子·················148

I-4　まちを創る

阿佐谷七夕まつり　小川 勝久·················155
東京高円寺阿波おどり　冨澤 武幸·················158
杉並郷土史会の沿革と希望　原田 弘·················160
区民の健康と親睦のラジオ体操会　榎本 忠良·················166
杉並区の区民スポーツ　社会体育事業の変遷をもとに　斎藤 尚美······169
向陽スポーツ文化クラブ　設立当時を振り返って　瀧水 昇二郎······173
コラム　「杉並文化通信」発刊の頃　芝 貞幸·················175
蚕糸試験場跡地周辺まちづくり　学校防災公園に生まれ変わるまで
　　　　小池 曙·················177
まちづくり博覧会　松枝 廣太郎·················181

II　未来へ向けて

未来につなぐ「秘められた宝」　笹井 宏益·················184
座談会　個人の思いから始まる社会教育があしたを創る
　　　　林 美紀子・東島 信明・渡辺 宏・小杉 とし子・
　　　　吉田 阿津子・川田 紘平（登壇者）
　　　　三輪 建二（アドバイザー）／秦 弘子（司会進行）
　　　　高野 英江（編集）·················192

社会教育センターとともに20年　中曽根 聡·················218
杉並の社会教育・市民活動を展望する　三輪 建二·················222

おわりに
森内 和子 ……………………………………………………230

- ■ **資料1** 本書をつくるにあたり、参考とした冊子のリスト ……………232
- ■ **資料2** 参考冊子に登場する団体 ………………………………233
- ■ **資料3** 杉並区内の主な道路・鉄道網及び本書に関連する施設 ……235
- ■ **資料4** 1945年〜2012年　杉並の社会教育と市民活動
  関連事項年表 ………………………………………236
- ■ **索引** ……………………………………………………248

注　本書Ⅰに収録した資料は、原文尊重を原則としていますが、誤字の修正や、年号表記、文字遣いの一貫性を保つために若干の変更を行っている場合があります。何卒ご了承ください。

はじめに

学びつつ生きる
東京・杉並の地域とその人々

杉並に沸き起こった原水爆禁止の運動

　東京の真ん中に位置する杉並には、東京では珍しい公民館の歴史があった。その公民館がこの地域に貴重な歴史を刻むことになったのである。

　杉並区に最初に公民館が設置されたのは、1953年11月のことであった。館長には国際法学者の安井郁を迎えることになったのだが、公民館の館長人事としては異色のことであった。

　その公民館が開館して数か月後の54年3月、ビキニ環礁において、水爆実験が強行され、日本のマグロ漁船の第五福竜丸が「死の灰」を浴びる事件がおきたのである。平和国家を目指して歩み始めた日本の社会に、再び原子爆弾による「被爆」という痛ましい事態に、杉並の人々は敏感に動き出した。その活動拠点が公民館であったのだ。

　この被爆の後ただちに、原水爆の開発を禁止しようと、署名運動が杉並の公民館を拠点に沸き起こったのである。翌55年の8月6日、広島で第1回世界大会が開催され、続いて9月には、原水爆禁止日本協議会（日本原水協）が結成されていくといった運動の高まりをみせたのである。こうした事情から、杉並区立公民館の館長職にあった安井郁がその初代理事長に就任することにもなった。

　原水爆禁止運動は、こうして、杉並という小さな地域から、またたく間に全世界へと広がっていったのである。杉並に暮らし生きる私たちにとって、この歴史は深く受け止めなければならないと思う。

小さな動きが世界とつながる

　今日、東日本大震災後、原発の被害によって、私たち日本人はまたもや被爆という苦い経験のただなかにある。この今、私たちは何を学び、どう行動しなければならないのかが問われている。その課題を

真摯に受け止める時、あの杉並のかつての経験を思い起こしながら、あらためて地域の小さな動きに着目しておきたいと思う。小さな動きが火種となって、必ず新しい社会のあり方を形づくっていくことにつながると確信するからである。

本書には、このような杉並の地域の小さな動きではあるが、じつに自発的に前向きに社会に向けて発信された数々の市民活動の記録が残されている。今から10年ほど前から、杉並の公民館・社会教育を記録する活動は続けられていた。地域の人たちの活動によって、杉並という地域で展開した学びの、平和や子育て、福祉といった生活の基本にかかわる活動を丹念に記録し、その後の活動に生かす思いをもつ仲間が生まれ、「すぎなみ社会教育の会」が生まれた。この会の活動をまとめたのが本書である。

東京・杉並区に公民館が設置され、それが社会教育センターに移り、廃館（1989年）となるまでの戦後からおおよそ50年間の記録である。学び、生活課題解決や地域づくりに直接たずさわってきた多くの人々の手による活動の記録である。その杉並の住民の学びを支えてきた社会教育を概略しておきたい。

戦後杉並の社会教育

杉並区の社会教育の歩みは、1946（昭和21）年10月、東京都立杉並図書館の設置に始まる。それが数年後の50年には区へ移管され、さらに52（昭和27）年11月には、新たに杉並区立図書館がスタートしたのである。翌年の53（昭和28）年11月には、その図書館に併設されて公民館が開館した。

この間、47（昭和22）年4月5日に行われた第1回市区町村長選挙において、杉並区は初代公選区長として新居格を迎えることになった。新居は23区初の革新区長として、「杉並区を"人間性豊かな文化区にすること"を宣言し、大きなロマンに果敢に挑戦」した。しかし、わずか1年で退任することになり、杉並区の社会教育体制整備は、二代目区長である高木敏雄に引き継がれる。高木は、図書館とともに公民館の設置を構想し、杉並区立図書館とともに杉並区立公民館の設置を具体化し、その館長に国際法学者であった安井郁を迎えるこ

とにしたのである。館長・安井は、独自の公民館像を描き、次のような杉並区立公民館の歴史とその特徴を示すところとなった。

杉並区立公民館のスタート

　東京都の、なかでも区部に公民館の設置はすすんでいなかったにもかかわらず、杉並区では公民館の設置を積極的に位置づけた。公民館が創設され、国際法学者が館長に着任することによって、その公民館は独自の意味合いを保持した。それは文部省の、言い換えれば寺中作雄によって提唱された構想とは趣を異にし、図書館と併設されていたこともあり、公民館による「教養講座」が大きな特徴となっていた。

　そしてなによりも、公民館活動の展開の中から、原水爆禁止署名運動が広がり、杉並区立公民館が「原水爆禁止署名運動発祥の地」になったのであった。そのことは、安井郁の館長就任と深く関係して、大きな足跡を残した公民館になった。

杉並区立公民館の歩み

　この杉並区立公民館の歩みや原水禁資料の掘り起こしとその記録化に中心的な役割を果たしてきた小林文人（東京学芸大学名誉教授）は、杉並公民館の時期区分を次のように整理している。

　　Ⅰ．1945〜1953　　戦後初期・文化運動、PTA等（公民館設置前）
　　Ⅱ．1954〜1962　　杉並区立公民館の開館、安井郁館長「公民教養講座」
　　Ⅲ．1963〜1972　　移行期、講演と映画の会など
　　Ⅳ．1973〜1988　　市民企画「教養講座・公民館講座」、自主グループ
　　Ⅴ．1989〜現在　　社会教育センター（セシオン杉並）

　すなわち、戦後初期のPTA活動等が展開した公民館が開設されるまでの前史の時期、次に杉並公民館がオープンし安井郁館長の主導による公民教養講座等の時期、そして、講演と映画や各種講座など諸事業に取り組む時期を経て、区民の積極的な企画参加による教養講座・公民館講座、多彩な自主グループ活動の時期を迎え、その後

に公民館は廃止され、かわりに社会教育センターがオープンする時期にあるというものである。

70年代からの区民の自主的学習・文化運動

　この中でも、とくに70年代から80年代にかけてのⅣ期は、区民自身による学習・運動が活発に取り組まれた躍動期であって、「文庫連絡会」(1977年)、「婦人団体連絡会」(1979年)、「『社会教育』杉並の会」(1983年) 等の教育・学習・文化をめぐる諸運動が地域の中で動いてきた時期であった。

　と同時に、区民の自主企画、自主運営による公民館講座が開設され、1975年からは杉並区広報により公募した「公民館企画運営委員会」が本格的に始動している。すなわち区民自らが課題を共有すべく企画された自主編成内容はじつに多岐にわたり、子ども、家庭、教育、昭和史、老後、平和、障害者、福祉、経済、差別、人権、食糧、チェルノブイリ、沖縄など現代的課題を取り上げたものであった。さらに、学びの質を確かめるべく、区民の自主的な学習成果の記録誌の編集を手がけ、それを社会教育行政が支援するといった姿勢が貫かれ、いわば区民と行政の協働関係が保たれていたといえる。

　企画運営委員の中からは「子どもの本の会」、「公民館ひろば」、「すみれの会 (自然食づくり)」、「教科書を読む会」、「社会経済ゼミナール」等の自主グループが誕生していき、多面的な学習活動を展開する自主的な学習活動が開花していったのである。そこには学習の主体である区民の側の社会意識や学習にかかわる力量の成熟がみてとれるのであり、その蓄積から若い世代へと受け継がれていったといえよう。

　こうして開花した区民の自主的な学びの世界は、新設される社会教育センター (セシオン杉並) へ継承・発展されていくことになる。

歴史・記録づくりの提言

　杉並公民館の廃止の計画が浮上する中で、すなわち公民館から社会教育センターへの移行期、この杉並の財産を生かすべく立ち上がった住民、職員、研究者によって「杉並区立公民館を存続させる会」が発足した。公民館の記録をまとめ、社会教育の歴史を未来に生か

そうとする取り組みであった。この活動を牽引したのは小林文人であったが、その後、20年にわたり歩み続けることになる。

こうして、1999（平成11）年4月の杉並区社会教育委員の会議「杉並区社会教育行政の今後のあり方について（提言）」では、次のような記録づくりへの期待とともに、歴史に学ぶ意義が言及されるようになったのである。

「行政の施策の中には、社会の変化の中で役割を終えるものがある。しかし、社会教育の活動は、それに関わった人々の生き方に関係し、地域の歴史の中に蓄積されるものである。過去にどのような取り組みがなされたかが、現在及び未来のあり方に大きな意味をもってくる。その意味で、これまでの社会教育の歴史から学ぶことによって次世紀に向けてさらに社会教育の果たす役割を探るために、杉並の社会教育50年の歴史・記録づくりを提言したい。」

じつは、小林はこの提言にもかかわり、記録づくりの志をつないでいるのであり、本書を作成するための取り組みが立ち上がった所以が、ここにある。こうして自らの手で記録化の実現をめざそうとする住民の側から持ち上がって、住民の主体的な資料や証言の掘り起こしの取り組みが、住民たちの力によって始められたのであった。

本書の編集への足取り

この取り組みをバックアップしていったのは、2001年に教育委員会によって社会教育事業推進委員会（愛称：車座委員会）が立ち上がったことにある。車座委員会は、区民の多様化するニーズに積極的に応えるため、新たに設置した組織で、委員には区内でさまざまな地域活動をしていた区民が選ばれ、区民と行政の協働を具体化する要となった。

車座委員会の活動の一つに、地域でのさまざまな活動につなげていく学習の機会として開催する「すぎなみコミュニティカレッジ」運営への参画があった。その枠組みを利用して、講座「時代に学ぶ地域活動」を企画運営するとともに、その内容を記録集としてまとめ広く配布することとなった。

これが土台となって、車座委員会と連携した「杉並の市民活動と社会教育を記録する会」の主体的な活動が展開していき、教育委員会がその成果を発行物として配布する形態で支援してきた。

　本書の中核をなす「Ⅰ　手をつなぐ人々」の区民の活動と学びの記録は、そうした取り組みの中で蓄積されてきたものである。時期としては1970年代から80年代にあたるものが中心であり、住民が区との協働によって構築してきた実践であった。それらを次の4分野にまとめて編集された。

1　人権を守る
2　子どもと歩む
3　生活・環境を豊かにする
4　まちを創る

　かつての杉並区立公民館での学びを通じて杉並の人々が心に灯した「ともしび」を絶やすことなく、かつ、多くの人々と分かち合い、裾野を拡げながらさまざまに営まれてきた事例は、少なからず今の時代に生きる私たちへのメッセージにもつながっているものと思われる。

　最後になるが、折しも本年は、廃館となった杉並区立公民館設立から60周年を迎える年である。この公民館の記念すべき年にあわせるように、幾多の困難を乗り越えて本書の出版を実現させる運びとなった。

（日本体育大学教授　上田　幸夫）

I 手をつなぐ人々

I-1　人権を守る

　戦後、制定された憲法に示された民主主義・国際平和主義・主権在民の方針にそって、杉並の社会教育の分野では、1947年にはPTA活動が高井戸第二小学校から始まり、ユネスコ活動は51年から始まった。さらに53年に杉並区立公民館が開館されると、館長安井郁の指導で、社会科学の本を読む読書会「杉の子会」が立ち上がった。また、54年から公民教養講座が始まり、62年まで続いた。

　1954年3月のビキニ環礁での水爆実験による漁民の被爆事件が引き金になって、水爆禁止署名運動が公民館を中心になされたことは、杉並の歴史の中では特筆すべきことである。水爆禁止署名運動での署名数は、杉並区の人口の約7割にものぼった。

　こうした住民の自らの意思で行動を具体的に示す胎動は、戦後の憲法を自らのものとする動きとして注目された。人間のもつ権利を行使し、同じ思いを抱く人々が手を結び、広がりをつくっていったのである。

水爆禁止署名簿を整理する女性たち（1954年）

杉並ユネスコ協会
60年にわたる活動の源を探って

はじめに

　日本では「ユネスコ」と聞くと、以前なら「ユネスコ村」[注1]を、今であれば「世界遺産」[注2]を思い浮べる人もあろう。しかし民間で、長年ユネスコ活動がすすめられてきたことは、どれくらい知られているであろうか。

　ユネスコとは、国連の専門機関のひとつで、国際連合教育科学文化機関（United Nations Educational, Scientific and Cultural Organization）の頭文字をとった名称である。1946年11月4日、ユネスコ憲章が発効し、ユネスコが誕生した。以来、成人教育、国際理解教育、基礎教育や識字教育、水文学、環境問題や人間と生物圏、災害情報、遺産保護など、教育、科学、文化、コミュニケーションの分野で、ユネスコは多くの活動を世界に展開してきた。

　日本は、52年4月の講和条約発効に先駆け、敗戦後の一番早い国際復帰として、51年7月にユネスコに加盟することができた。加盟にあたっては、民間人による加盟促進運動が大きく寄与した。

　その流れを作ったのは、二度と戦争を繰り返さないという願いがこめられたユネスコ憲章前文[注3]に共鳴した人々が、47年7月の仙台で、ユネスコ協力会をスタートさせたことにある。これ以降、ユネスコ協力運動やユネスコ加盟促進運動は、戦後の平和や民主主義に希望をみいだす人々によって支持され、瞬く間に全国にひろがり（50年には、各地協力会は50団体が有った）、加盟促進への世論をおしあげたのであった。

　杉並では、51年春頃からユネスコ協力会結成の動きがあり、同年9月28日に「杉並ユネスコの会」（現杉並ユネスコ協会[注4]、以下「杉ユ協」）が創立された。杉ユ協は創立以来、すでに60年を経過したが、

平和の文化国際年記念「わたしの平和宣言」
署名活動（荻窪駅前にて　2000年5月）

区内で現存するもっとも古い団体として、いまなお活動を継続している。

杉ユ協発足以前のこと―第七代杉並区長新居格の存在

　仙台ではじめての民間ユネスコ協力会ができたあと、芦屋、京都、神戸にも協力会ができ、47年11月には新居格を大会準備委員長として第1回ユネスコ運動全国大会が、日比谷公会堂で開催された。参加者は2,000人であった。このときユネスコへの参加促進決議をしている。

　実は新居格は47年4月戦後はじめての公選制による第七代杉並区区長に就任していた。区長の立場で、学校の教師たちにユネスコ運動への参加をよびかけ、積極的に全国を飛び回っていたという。新居格は新聞記者から著述業に転じ、ペンクラブにも属していた。ペンクラブは47年からユネスコ協力を規約の中にいれていた。そのことが、新居をして、一層ユネスコ協力活動を牽引する一人にならしめたのではないかと思われる。戦後2年しかたっていない47年、初の区長公選制のもとで、文芸評論家だった新居格を、杉並区民が区長に選んでいたこと自体、官僚出身や議員出身者の区長が多かった当時としては、例外的であったとされている。新居格は自らを「ドンキホーテ」と呼び、「民主主義の風車をのぞんで、条理の鎧をつけて遮二無二進もうとした」と述べている。東京ユネスコ協力会のメンバーとして、47年以来、ユネスコ運動の渦中にいた新居格が、1年間とはいえ杉並区長であったことは、杉並ユネスコ協会創立に大きな影響を与えたにちがいないと推察させられる。

第八代区長高木敏雄と
「東京都ユネスコの会」と藤野恭久

　48年、新居格の後に杉並区長に選任されたのは、高木敏雄であった。新居格は区長辞任後の同年5月に、杉並区役所主催の「ユネスコ講演会」で、講師を務めていた。また10月には日本ユネスコ協力会連盟が誕生し、新居格はその総会で座長を務めた。

　一方東京都退職公務員連盟の会長であった藤野恭久は、50年から「東京都ユネスコの会」に関わっていた。当時東京都内のユネスコ協会の設立に奔走しており、杉並区神戸町在住であったので、杉並で

のユネスコ協会設立にむけて、高木区長を動かしたのではないかと思われる。そのことは「杉並ユネスコの会」設立の主旨説明文に「東京都ユネスコの会」が4月に発足したが、ユネスコ運動の本来の性格からいって、各区毎に協力しあえる機関を持つことの必要性が痛感されると述べていることから、推測される。また「杉並ユネスコの会」の結成にあたっては「先ず教育に重点を置いて活動をすすめたい」とうたっていた。

杉並ユネスコ協会の発足と女性たちの活躍

70年から20年間会長であった曽我貞子は、51年当時、若杉小学校PTAの若き一員であった。清水町に住んでいた青年菊池直次が、51年4月に若杉小学校を訪問し、「ユネスコに入りませんか」と清水教養部長や殖栗会員部長らに話したのが、PTAの女性たちがユネスコ活動に関心を持つきっかけだったと、後年曽我は語っている。

51年7月には、区長高木敏雄や菊池直次ら発起人8人によって、会の結成が呼びかけられた。そして7月から8月にかけての発起人らの動きや、杉並区職員への研修の実施、またPTAの若杉会などを中心にした研究懇談会の開催があり、ついに9月28日、杉並区ユネスコ協会の

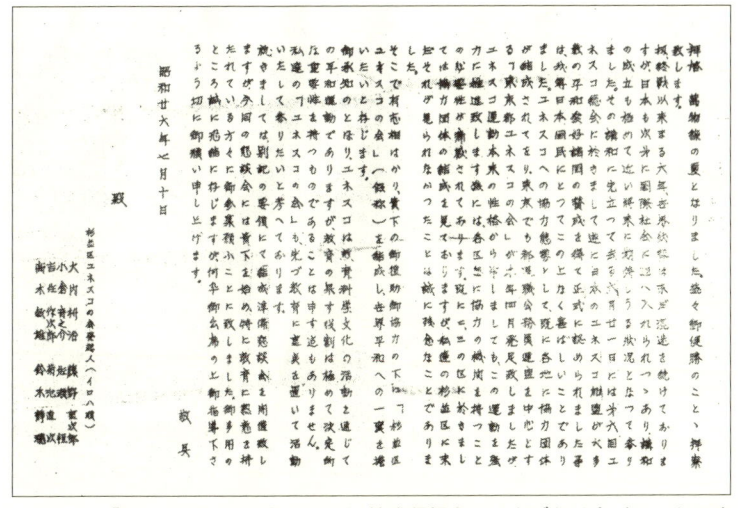

「杉並ユネスコの会」（仮称）結成懇親会へのよびかけ文（1951年7月）

創立総会が区議会議場で行われた。この折高木敏雄区長が委員長に、副委員長に、初めは議会関係者、のちには藤野恭久が選任された。

　会の趣旨は「日常の生活の中にユネスコの平和精神を取り入れて、お互いの身近な周囲に平和な環境を作り、これを推し進めることであります。…」とされていた。当初は教育委員会社会教育課文化係が事務局となり、杉並区ユネスコ協会とともに、支部若杉会（54年に友愛会に改名）は婦人の力によるユネスコ団体として、また支部成田会は青年部の活動として発足した。とりわけ女性たちによる支部友愛会は、児童画展を開催し、スウェーデンやノルウェーに優秀な作品を送ったり、水爆禁止署名運動に参加したり、映画会をしたり、歳末助け合い運動参加や、水害見舞品を送ったりと、杉ユ協の中でも中心的に活動を続けた。しかしながら友愛会は80年代後半には全体の活動へ吸収され、杉ユ協として一本化されていった。

67年民間主体の会へ脱皮し、さらに活動を展開

　51年の発足以来、高木敏雄、加藤豊三、菊池喜一郎ら歴代の区長が、杉並ユネスコ協会の委員長になった。しかし67年菊池委員長の助言で、組織を民間会長制に変更することになり、藤野恭久が会長になり、以降民間団体として積極的に活動が進められた。

　52年から欠かさず「ユネスコ月（11月）」に開催する「ユネスコのつどい」や各種の研修会や講座は、広く区民に公開され、区民の学習や在住外国人を含む人々との交流の場となってきた。日本の伝統文化、国内外の社会情勢、とりわけユネスコが発信する課題について、ともに生きる、すなわち「共生」を合言葉に取り組んできた。たとえば成人教育の推進、識字教育の支援、文化や遺産の保護、環境保全、持続可能な開発のための教育などの課題への取り組みである。支援についてみれば、はじめ途上国へのコーアクションとして、募金活動を行い、近年20年ほどは、書き損じはがき寄付やバザー収益金などで、識字教育支援をおこなっている。いずれも長年にわたる区民による協力が支えである。杉並の地域で、直接的あるいは間接的に、これほど多くの人々が、世界の他地域と関わってきた団体は多分他にはないであろう。

青年部の活躍とユネスコ教室

　成田支部青年部は戦後の新しい社会をめざす青年たちらしい、勉強会を続けていた。54年には婦人有権者同盟会長斎藤さえの「私の見た中共の婦人」、55年には評論家古谷綱武の「生活について」などの講演会を開いた。63年にはあらたに「いずみ会」が発足した。海外から帰国した青年との懇談会、東南アジアからの留学生との交流などを、高円寺青年館などを会場にして開いた。また文化史跡探訪、ユネスコ学習会などを行い、協会の活動にも協力した。

　しかし、どの時代も青年たちに共通するのは、活動を継続することの難しさにある。その後青年部は青少年部に組織替えされ、ほそぼそ続いていたが、90年代後半から、月1度開催している中学生クラブを卒業すると自主的に青年部に入るという道筋ができて、現在の青年部につながっている。

　杉並区の教育委員会の社会教育主事の助言によって、青年たちが、中学生を対象にした「ユネスコ教室」の企画・運営を担う時代がやってきて、青年たちの活動は大きく伸び、青年たちのつながりが強くなった。また21世紀に入る前後には、「東京都ユネスコ連絡協議会」や「(公社)日本ユネスコ協会連盟」が主催する、インド・ネパール・ベトナム・カンボジア・フィリピンなどのユネスコ世界寺子屋運動の識字教育支援先へのスタディツアーに、毎年1～2名が参加することができた。訪問先では、青年たちも得ることが多かったであろう。

　実は杉ユ協の中心的事業ともいうべき「ユネスコ教室」は、62年、10周年記念事業として始まった。そのきっかけは藤野副委員長と宮広輝雄に負うところが多い。宮広は、当時目黒ユネスコ協会が小学生を対象にして開いていたユネスコ学校を見学し、教師らの意見をもとにして、「ユネスコ教室」をつくったのである。

　こうして「ユネスコ教室」は杉並区教育委員会との共催事業として、62年10月から始まった。案内書には「どうぞ皆さんでこの教室を守り、育ててくださるようにお願いします」という文言が見られる。いまなお続くこの事業の出発点は62年であった。

　初回の趣旨には「世界の平和と人類福祉のために、教育と科学と文化を通して、国際間の理解を深め、国際協力を進めるユネスコの精神

を取り入れて、身近な周囲に相互理解、相互協力の心が培われるよう、新しい人作りのもとになる学習を行う」と書かれた。会場は杉並区立公民館、時間は土曜日午後2時間、対象は区内在住・在学の中学2年生。人員は60名。科目は英語、ユネスコ理解、そのほかとなっている。費用はテキスト代200円を徴収した。対象を中学2年生にしたこと、講師は区内の教師たちに協力を仰いだことなど、全国にはない特徴がある。現在とは時代背景が異なる当時のことを思い合わせると、初回の開級式に公私立16校より、80名が参加したのは、いかに「ユネスコ教室」のような学習の機会が求められていたかを物語るものであった。

　その後も「ユネスコ教室」は、時代の教育状況を反映して、内容や運営も常に工夫を凝らして進められている。「ユネスコ教室」を毎年展開してきたことが、杉ユ協発足の趣意書にある、先ず「教育」に重点を置いて活動していこうとする意思を明確に形にあらわすことになった。のちに会長になった金和男や村田直文、藤本一臣らは中学や高校の教師として長年、青少年の育成にあたった方々である。

　前述したように、現在は青年部が「ユネスコ教室」を運営し、ユニークな活動が展開されている。

おわりに

　2011年3月11日に起きた東日本大震災によって、私たちは、ユネスコ活動を進める立場からも、教育や人権、環境保護や持続可能な

「ユネスコ教室」：菅平学園にて（2002年8月）

22　　I-1　人権を守る

社会のありかたをどうするのがよいか、いままで以上に考え、取り組む必要性に迫られている。

また長年「杉並ユネスコ協会」の活動を支えてこられた方々の幾人かは、すでに鬼籍に入られた。しかしユネスコ憲章前文の理念に共感した人々によって、世代を継ぎながら、地域に根ざし、時に地域を越えて人々と連帯して、「平和の文化」構築のための活動が続けられている。「Think globally Act locally」なユネスコ活動は今後も着実に続いていくことであろう。

（杉並ユネスコ協会元会長　林 美紀子）

注
(1)「ユネスコ村」は、1951年のユネスコ加盟が実現したことを祝って埼玉県の西武園に開園された。当時のユネスコ加盟国、60カ国のモデルハウスを建て、国際理解を深める趣向であった。同時に東京の豊島園でも「ユネスコこども博覧会」を開幕した。1990年モデルハウスはなくなったが、ユネスコ村の名称は残っている。
(2) 世界遺産条約（正式には「世界の文化遺産及び自然遺産の保護に関する条約」は、1972年ユネスコ総会で採択され、日本は1992年加盟した。
(3) ユネスコ憲章―前文より　一部抜粋
「戦争は人の心の中で生まれるものであるから、人の心の中に平和のとりでを築かなければならない」
「政府の政治的取組のみに基づく平和は、世界の諸人民の、一致した、しかも永続する誠実な支持を確保できる平和ではない。よって平和は、失われないためには、人類の知的及び精神的連帯の上に築かなければならない」
(4) 杉並ユネスコ協会は、「杉並ユネスコの会」として発足し、すぐ「杉並区ユネスコ協会」となり、1963年以降「杉並ユネスコ協会」と称するようになった。

参考文献
- 村井 実『アメリカ教育使節団報告書』講談社学術文庫、1979年
- 社団法人日本ユネスコ協会連盟編『ユネスコで世界を読む―21世紀にひきつぐ国連の良心』古今書院、1996年
- 社団法人日本ユネスコ協会連盟編『民間ユネスコ運動60年史』社団法人日本ユネスコ協会連盟、2007年
- 野口 昇『ユネスコ50年の歩みと展望』シングルカット社、1996年
- 『新修　杉並区史〈下〉』東京都杉並区役所、1982年
- 杉並ユネスコ協会『杉並ユネスコ協会20周年・30周年・40周年のあゆみ』各号、1971年、1981年、1991年
- 杉並ユネスコ協会『創立40周年・50周年記念杉並ユネスコ協会会報』合冊、1991年、2002年

平和憲法に目覚めた女性たち
草の実会50年の活動

　太平洋戦争の敗戦で、私たち日本の女性は思いがけない宝を手中にした。それは主権在民・民主主義・戦争放棄を柱にした平和憲法であった。それまでは女性は一人前に認められず、「家」制度の戸主の監督の下に参政権、財産権もなく結婚も制約された。

　長い間、女権獲得の運動を拒んでいた扉が開かれ、新憲法による国政選挙でなんと39名もの女性議員が誕生したのである。

　1953年、朝日新聞が女性専門の「ひととき」欄を設けると、いままで沈黙を強いられてきた女性たちから次々と投稿が集まり、忌まわしい戦争体験から平和への希い、耐乏生活の知恵など社会的、政治的な意見、それに対する賛否両論など、反響も拡がっていった。そのうちに意見の発表だけに終わらず、紙面を通じて知り合った仲間と話し合い、共通の願いを見いだすことができれば、社会に働きかける大きな力になりはしないかと、何人かで朝日新聞社にかけあい、投稿者名簿を借り出すことができた。

杉並・中野グループの誕生

　そこで11人の発起人の呼びかけでガリ版500通のハガキを刷って都内の人たちに送ったところ、半数以上の賛成を得て、早速「草の実会」発会の準備を始めたのである。

　「草の実会」と名付けたのは、「どこの日陰の道端にも種を落として、根強く実をつけてゆく地味で堅実な集まりでありたい」との願いからである。

　何回も集まりを持ち、最初に、杉並・中野グループが生まれた。55年2月、杉並公民館に集まった約50名の中には、前年始まった原水爆禁止署名運動に活躍した人たちもいた。1ヶ月の間に都内各地でグループが誕生。2、3回例会を開くうちに会への構想もだんだんと煮詰まってきた。賛同しても例会に出席できない人たちが出だし、各グループの情報交換のためにと会誌発行の話が持ち上がった。資金がないので会合の度にカンパを集め、ようやく5月、『草

の実』創刊号を発行した。「草の実会」の目指す方針や、会に寄せるそれぞれの想いなど、初体験の手づくりでタイプ版30頁の創刊号が出来上がった。

　6月12日、第1回総会を参議院議員会館で開く。代表は杉並在住の関根敏子さん。その自宅を事務所とし、事務局は、会計、渉外、編集などの分担を決めた。会費は月100円。第1回総会には、こういう会合は初めてで「議長」と呼ぶ声が出せず発言できなかった人もいたとか。とにかく紙上で名前を知っていた人たちと会いたいというので、地方にも積極的に呼びかけることにした。

　戦争を推進した従来の男社会の上下関係を嫌い、権威的な会長も役員もおかず、誰もが自由に発言できる、いわば新しい平場の井戸端会議であった。この伝統は最後まで守られた。特定の政党や労組などに依存せず、自前の資金で、権力におもねらず、ただ平和と民主主義を守るために活動してきたのである。

　第1回総会の記事が新聞に載ると、問い合わせが殺到し、長野、千葉、新潟、茨城など半数近くの都道府県にグループが誕生した。

『草の実』113号

『草の実』121号

『草の実』128号

「草の実」の地域活動

　「草の実会」はグループの自主性を重んじ、地域に根ざした運動を大切にした。毎月例会を持ち、グループ通信を出す所もある。また別に老人問題、PTA、経済、さらに教育、憲法、平和問題などの

研究会、生活記録、サオラ（山登り）などのグループが、独自の活動をしていた。それを繋ぐのが連絡会であり、会の活動の執行機関でもある。連絡会は毎月1回開き、事務局と各グループの責任者が集まり、事務局やグループの報告、会の活動について問題提起、機関誌発行などを審議する。まとまらない時は宿題として各グループに持ち帰り次回に廻す。また緊急連絡網を使って意見を聞くなど、相談なしに事務局が専決することはなかった。

中央集権的な既成の婦人会と違ったこのゆるやかな集合体は、機関誌『草の実』を通じて会員の連帯感、親近感が醸成された。つまり機関誌『草の実』は会の重要な絆であった。会予算の2/3以上をつぎ込んでいた程である。第三種郵便の認可をとって年10回発行が約40年続いたが、加齢と共に会員の減少などで編集が重荷となり、年8回、6回そして、474号で終刊し、会を閉じた。『草の実』には、連絡会、報告、グループだよりや会員の文芸作品、募集したテーマ原稿、総会、懇談会、各種集会の記録も載せる。会員の原稿は全部載せるので、号によって増減するが60頁前後だった。

地域の区議や区長選、美濃部都知事の三選出馬要請で、都庁前テントの座り込みや、原発・環境問題、反戦運動など会員の活動報告も多く載っている。

60年安保闘争が始まると、生まれて初めてのデモに参加した。プラカードも持たず、夏の暑い日にパラソルをさした異質な姿の会員の写真は「草の実のパラソルデモ」と名付けられ新聞を飾った。その後さらに戦争への道づくりが進められ、座しておられぬと、世論に訴えるため「草の実」独自の、敗戦の日に因んだ「15日デモ」が提案され、70年2月四谷駅から千鳥ヶ淵まで初めてプラカードを持って歩いた。それ以来コースの変更はあったが、虫取り網にカレンダーの裏を使ったプラカードをかぶせて「日米安保はいりません」「有事法制反対」などとビラを捲きながら訴えた。届けを出すのが遅れ「草の実さん、今年はデモをしないのですか」と警察から電話が来たこともある。雨の日も嵐にも負けなかったが、台風の直撃で一回だけ中止をしたが、デモの回数は104回にも及んだ。

また54年、老人問題研究会が都知事に老人ホームの建設の要請

を提出したのが手始めで、翌年は警職法（警察官職務執行法）反対の要請を首相宛に出すなど、50年間に出した要請、抗議文は110通。自衛隊違憲判決の福島裁判長、天皇の戦争責任発言で右翼に襲われた本島市長、沖縄基地で苦慮する大田沖縄県知事などへの激励の書簡も送った。有事法制では国会前に、「戦争への道を許さない女たちの連絡会」と1週間座り込み、日米ガイドラインではアメリカ大使館に何度も申し入れをした。

　その他、「国際婦人連絡会」、「ストップ・ザ汚職議員の会」、「原水禁日本大会」、「教科書裁判支援全国連絡会」、「母親大会連絡会」などと共同行動をしてきた。

　わたしたちは、平和憲法の理念を支柱とし、思想・言論・表現の自由を守り、書くことと語り継ぐことで、戦争と差別のない社会をと希い、会を閉じたが、「草の実9条の会」は随時タブロイド版のニュースを発行している。

（「草の実会」元代表　石崎　暾子）

杉並区立公民館
公民館講座の生い立ちとひろがり
出会い・感動・信頼・人の輪

緩やかなお誘いから

　1975年3月、不確かな記憶なのですが、お友達も誘って集まるようにというたいへん緩やかなお誘いがあり杉並区立公民館（以下「公民館」）へ出かけました。

　集まった方々は15、6人、大谷益弘公民館長が見えられ、ご挨拶の中で「集まりの意図は『教養講座』に参加してほしい。テーマは『家庭生活と教育問題を考える』です。」と告げられると、もう早速参加者の発言が始まり、とぎれることなく内容のこと、講師名など次々発言が続き、自己紹介もありましたが、どこの誰とも解らぬまま企画委員会（？）めいたものができてしまいました。息つく間もなくとはその日の状態で、お母さん達の熱気溢れる討論に大谷さんは早々に途中退席、介添えに来て下さった社会教育主事さんに相談するいとまもなく、次回の日取りをきめて散会となりました。

　3月7日企画委員会発足。メンバーは、「杉並子どもの本の会」、「地域教育懇談会」、家庭文庫、読書会、区政モニターの各メンバー、「防災を考える会」、「杉並子どもの組織を育てる会」、個人、「杉小Ｐ協」、「杉中Ｐ協」でした。さらに4月20日の区広報で参加を呼びかけましたので、委員会は大世帯で始まりました。

　この講座は73年、子どもの本の会や地域文庫、読書会、家庭文庫など、子どもの本に関心のある母親たちが、団体貸出にさえみるべきサービスの無い杉並図書館行政を何とかゆり動かそうと杉並区立図書館の門をたたいたことが始まりでした。
　その時の館長大谷氏は「子どもたちのためとはいえ地域活動をこれ程熱心に、然も優れた専門性をもって進めている方々にお逢いして、驚きかつ教えられ担当の行政職員として恥ずかしく早急に何とかしなければ」と、大きな責任を感じた、と語っています。氏が時

を移さずしたことは、自分の車を走らせ団体貸出の配本に廻ったことでした。当り前といってしまえばそれまでですが、地域の親たちが不足をかこっていた本が子どもたちの手に届いたのです。その時の感激は後々まで母親たちに語り継がれました。

　この良き出会いがきっかけとなり、その年の秋、公民館の「成人学級」が昼の時間帯に一つ移され『教養講座』（以下「講座」）として発足。公民館は母親たちに企画を依頼、運営を委ねました。住民の熱意と力量を正しく評価した行政が、住民が必要とし、住民が主体的に進める「講座」を準備したことは、あるべき姿の社会教育の誕生となったのです。

　テーマは「児童文化と子どもの本」で、講座20回。このあと学習しながら「講座」を支えていく「杉並子どもの本の会」が発足しました。（事務局杉並区立図書館内）

　75年には、地域のこと、教育のこと何でも心おきなく話しあい学び合う場として「公民館ひろば」が生まれました。（事務局公民館内）「文庫連絡会」も図書館問題で議会や行政にむけて活発に運動を展開。「講座」を支えるグループの輪は次々と拡がっていきました。

障害児のお母さんが

　75年5月16日、第1回「講座」は雨でしたが参加者120名、託児8名。講師金沢嘉市先生の「子どもをどう育てるべきか」でした。先生への質問のとき障害児を持つお母さんたちが次々に立って、震える手を握りしめながら、現在の障害児の教育の現状について深刻な発言が続きました。企画段階で参加者から新たなテーマの希望が出ることも予測して1コマ空けておきましたので、改めて障害児の問題をテーマにして取組むこととなり、企画に力を付けていく一方で、その頃まだまだこの問題について認識の薄かった企画委員たちや、大ぜいの参加者ともども障害児を持つお母さん方とつながりが出来たのでした。その後発言された方の中には、企画委員会に参加して下さる方もあり、長いお付き合いが始まりました。

10回にわたる「講座」も無事終了、アンケートの回収率は大体いつも60％前後、これからの「講座」企画を示唆する内容が多く含まれており緊張致しました。この年は初めてのことばかりで記録を残すというよりは、次々に起こることの処理に追われて経過日誌のようなもので、どうにか凌いだことは感謝の他ありません。

　はじめは区職員の方々も活発（？）なオバさん達に戸惑われたようですが「どこからそんなエネルギーが出るのですか」と、どう理解してよいのか分らないようないろいろな言葉のやりとりの中でよく協力していただき、行政も市民もお互いに良く理解しあえば、新しい問題が次々と出てきても、その解決が実現可能なことを実感しました。後々の自信につながっていったと思います。

学びを記録に

　こうした活動を記録し、反省し、次の活動に生かそうと毎年文集をつくることにしました。

　75年は講座内容の列記ではなく、参加した人々のアンケート（意見）を中心としたものとしました。「講座」を一つのきっかけとして、個人、地域での生活とどう取り組むか、方向を見つけるためでした。その後も文集の内容は、委員・参加者の感想、合宿の思い出、講師を囲んでの話し合いを重視しています。

　11月7日、文集300部完成。用紙、ガリ切り、印刷、製本すべて委員で致しました。

　76年、「講座」は前年のアンケートにありました、講師にじっくり話を伺いたい、との意に添い、歴史家高橋碩一氏で「体験的教育論―戦前・戦中編、戦後編」でした。2回で4時間。もう2回は山住正己氏を軸に、教科書問題他の話し合いの形式をとり、参加者には好評で毎回100名以上の参加がありました。

「食の安全」「講座」から昼食会へ

　76年は、昨年の高橋晄正氏の、子どもの未来を阻むものの一つとして、食品の安全の問題が話されましたが、このお話に感銘を受けて安全な食材を使って昼食を作って下さる方（企画委員）が現れ、

毎回50食程の供給で（1食450円）、講座に大きな応援と楽しみを与えて下さいました。「すみれ家」さんです。

「講座」出身の女性起業家第一号、「すみれ家」の創立者田村匡世さんの誕生です。「講座」修了の88年まで13年間続けて下さいました。このお弁当を食べていって下さる講師の方とは、参加者が昼食を共にして話しあえる得難いひとときを持つことが出来ました。

お弁当の献立（例）

5月11日	18日	25日	6月1日	15日
竹の子ごはん	ラザーニアサラダ	グリンピースご飯 魚の変わり揚げ おから	若鶏のソース揚げ 生野菜	ちらしずし

1食450円　すみれ会

調査、見学、合宿

77年、「講座」も3年目に入り「子どもの本の会」「公民館ひろば」、それに区報で応募された方々と、全員で50人近くで出発しました。5月12日に始まり、10月27日終了の長期「講座」となりましたが、講師の担当や事務の役割分担がしっかりと出来まして16回の「講座」も無事終了しました。

児童館の調査が「社会事業大学」との共同作業で行われたり、学校図書館の訪問調査をしたり、第1回の秋川合宿のための実地踏査、参加者で合宿のための準備会、大人グループと子どもグループに分かれて話し合い、必要印刷物の作成そして実行、本当にそれぞれの準備に委員は目を廻して（？）いたと思います。

こうした区民の「講座」づくりについて、当時の公民館副館長松島さんはこう書いています。

区民による手づくりの良さ

　77年度教養講座は初の試みとして16講座を前後2回にわけることなく、全講座に一本の柱を通して行いました。何しろ初めてのことなので問題もありました。しかしそれらの問題は、企画運営委員の驚くべきエネルギーによって次々と克服され結果的には大成功を納めました。

　世の中あげて省エネルギーといわれますが、こうした区民の隠れたエネルギーは本当に大切なものです。

　今年の講座の柱は「子どもの文化をめぐって」でした。子どもの文化、それは大人の文化でもあります。何をどうとりあげるか数えあげれば限りがありません。こうした幅広い問題をとり上げたことはややもすると散漫になりかねない危険をもっていたわけです。しかし企画運営委員の熱意はこの危険を講師との交渉によって、みごとに取り除いてしまいました。それは講師との交渉の中で焦点を完全に絞ったことにあったといえそうです。何よりもその講師の持つ理論や知識だけでなく、講師自身の日常生活に根ざした生き方を通して話をしてほしいという注文が効果をもたらしたといってよいと思います。このことによって講師の話を聴く側に共通の場がもたれたといえましょう。

　又、今回の講座の特色として区内の子どものための諸施設の問題をとりあげたことは、文化活動を進める上でとても有意義なことでした。

　おおぜいの区民が長期間熱心に参加され、公民館としても胸をなで下ろすことが出来ました。成功裡に終わった52年度教養講座にかかわられた区民、企画運営委員の皆さんにあらためて拍手を贈りたいと思います。

（77年　公民館副館長　松島 秀）

　この年の企画準備作業は2月初旬に始まり、4月22日、カリキュラムの表が完成までの間、延々と続きました。各グループでの会も含めると、おそらく20回近くになる気の遠くなるような作業でした。

しかし、この一見たいへん非生産的な作業が、結果として長期にわたる講座をやり抜く原動力となりました。カリキュラムを挟んでエゴといえばいえる人間（委員）どうしのぶつかりあいの中から、つまり生みの苦しみをへて、その内容が決められていったのです。生きるとは何かをたくさん教えてくれた素晴らしい作業でした。この企画段階で充分時間をかけたことの正しさは、「講座」の成果によって示されたと思います。

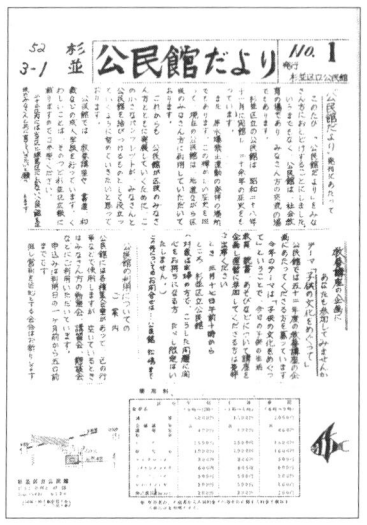
「公民館だより　第1号」杉並区立公民館企画運営委員会（1977年3月1日）

1977年度「公民館講座文集」表紙
寺原英昭（小3）

自主保育

　子どもの本、教育などを学び合おうというのに、子育て中のお母さんが参加できないようではまったく無意味だと、75年度にはすでに参加者のお子さんたちを保育した記録があります。子どもが多い時には保育・教育の資格を持つ人に企画運営委員が協力することとし、委員会として国立市公民館保育室の見学もしています。

　家庭から持ち寄られた素朴な玩具と、健康に配慮した簡単なおやつと湯冷まし。これらを活用した自主保育が、事故もなく15年、「講座」を支えた大きな柱でした。

33

「保育を受けて参加しています。小さな子を抱えている人たちが経験しなければならないことが、この「講座」には沢山あります。自分の子どもばかり見ていると視野が狭くなり、子どもの一挙手一投足に捉われて…（略）」

(80年　参加者の感想文から)

活動をふくらませた「自主会計」

「講座」の講師料は、その都度、社会教育課から支払われましたが、企画運営委員会の自由裁量に任される予算がありました。

「公民館講座」として住民の運営になる前に、公民館では「成人学級」があり、ここでは裁縫や習字などの講座がありました。個別に細かな指導をするにあたって講師一人では手がまわりませんから、それぞれ助手が必要でした。その助手に支払われてきた手当てが「助手料」として、成人学級のひとつとしてつくられた「公民館講座」に移行したのです。年度ごとの文集には、きちんと報告がなされています。助手料は75年度には1講座2,500円。最初は年間10講座でしたが、77年度に3,600円、78年度には1講座4,500円。次第に回数をふやして20講座90,000円になりました。

既に述べた講師との懇談をふくむ昼食会の講師昼食費、文集のタイプ代、企画委員が講師と打ち合わせにいく際の交通費、保育教材費やおやつ代、そして映画上映のためのフィルム借用代、委員が社会教育の基本学習をする際の講師交通費など、この予算は、お仕着せの講座を超えた独自の活動を編み出していくことに活用されたのです。

出張講座…地域へのひろがり

79年、「講座」の企画に「井の頭沿線講座」（会場高井戸青年館）が実現しました。「近くに講座を開いてほしい」という声は以前からありました。前年度区内全小学校の「講座」の参加数を調べましたが、

中央線、西武新宿線、井の頭線とも参加者の数に差はありませんでした。公民館側も青年館との交渉に協力してくださいました。

はじめての公民館まつり

　この年7月19日、かねてからの念願であった「公民館まつり」を開催しました。テーマは「小さな公民館まつり、子どもたちへの贈りもの」「子どもたちへつなぐ生活環境の見直しと大人の責任ある実践活動」としました。この5年間私たちが講座で学習する中でも、子どもたちを取り巻く生活環境のすべての悪化を親たちは感じてきました。改良のきっかけとなる取組みをどこからでも始めようということです。

　まつりの準備は、公民館外からも多数展示品などの応援をいただき、職員、委員の子どもさんたち（特に高校生、大学生）には夜遅くまでお世話になり、反省点はあるものの無事終了することが出来ました。

　まつりのもう一つの意味は、公民館の存続問題が表面化してきましたので、一人でも多くの区民に、世界に誇れる歴史を秘めた、法律による社会教育施設である杉並区立公民館の存在を知っていただきたいこともありました。

公民館と住民運動

　職員の方々や知人から「よく講師が続きますね」と、言われることがしばしばありました。「委員みんなで頑張っていますよ」と答えておきました。

　しかし内幕を申し上げますとそれなりの努力がありました。

1、本を読む事、特にお願いしたい講師の新刊は必ず買って読み回しました。
2、既刊も同じです。お願いしたい講師の講演会の情報が入ると何人かで聴きにいく。新聞、雑誌、何でも情報の収集に心掛けました。

　企画委員の頭の片隅にはいつもチラチラと講師のお名前が浮かんでいたのだと思います。

　いまひとつは70〜80年前後区内に様々な運動があったことも影響なしとは言えません。富士見ヶ丘小の高速道路問題、新設小学校

（現久我山小）の計画が緑をすべて伐採して建てられるとの報に、高井戸第二小PTA会員、「学校建築学習会」の有志が動き、椎の大木（樹齢200年）3本を残した校舎の設計図を、近くに住んでおられた当時東京大学建築学科助手の下山眞司氏にお願いして区への対案として提出。その結果、区は樹木3本を残し最初の設計より良い校舎を建てました。伐採すると決めた樹木代金として区は2,000万円を余分に支払っており、税金の無駄使いを行政がすることに対して目を配る必要性をつくづく感じました。

　高校増設運動も小P協、中P協、都高協（一部）、地域など広範囲の人々で取り組んだのは都内としては杉並区だけでした。

　教科書裁判、内申書裁判に関心を寄せる方も多数いらっしゃいました。又その後中学校の学園紛争もありまして、70年安保の影響もあったと思います。

　企画委員会が活発に動いた理由をあげるとすれば、幅広い年齢層（20歳代～70歳代）が混じり合ってお互いの主張を理解しあう努力で、「講座」をつくりあげてゆく熱さだったといえるかも知れません。

秋川合宿

　77年から「障害のある子もない子も、ともに遊びともに学ぶ」のスローガンで、秋川渓谷・杉並区立秋川荘での親子合宿が始まりました。ともに触れあった教育効果は、言いつくせない感慨を親子に残したことでしょう。沢山の応募がありましたが、宿の定員は50名なので次回にと、あきらめた方もあります。

　この合宿は、89年春に公民館が閉館した後も続きました。有志による「ぐるうぷ公民館」が主体となり、秋川荘が改築される間も、地元市営のロッジや、東京都五日市青年の家などを利用し、秋川荘改築後の99年まで、22回の大行事となりました。

（公民館講座企画運営委員会）

参考　・『公民館講座文集―平和』は、企画運営委員によって毎年作成され、1988年までに14冊となった。合冊本が杉並区立中央図書館等に保存されている。

共に生きる社会をめざして
「魔法陣」の活動

公民館講座との出会いとつながり

　子どもが小学生のころ、「公民館講座」で毎年秋川渓谷へいったことが懐かしく思い出される。どうして「公民館講座」の企画に加わったのか、はっきり思い出せないが、小宮カツ子さんに連れてこられたと思う。そこに石崎暾子さん、加納のぶさん、糸井玲子さんというようないろいろな方がおられて、こういう世界があるのだと目からうろこが落ちるように感じたし、PTAに違和感をもっていた時なので、公民館に関わったのは大変良かった。その時娘のことを話しているうちに、障害者の係という風になってしまって、公民館とは15、6年関わり、本当に勉強になった。

　娘は1968年生まれで、私が公民館へ行きだしたころは小学校2年生だった。そのころ養護学校義務化の制度を文部省が全国的に敷くということに対し、義務化反対運動がおきていた。これは各都道府県に養護学校を設置するという制度で、今まで近くの学校に行っていたのに、養護学校ができてしまうと、そこに行かざるをえない状況になってしまう。県に一校だと、遠いから寄宿舎にはいらなければいけないとか、地域から離れて生きなければならないとか、いろいろな問題で反対運動のうねりがでてきた。

　娘がどういう教育を受けたらよいか模索しているとき、八王子養護学校で実践報告会があって、遠山啓さんが中心になって、知恵の遅れた子にもいろんな勉強の仕方があるという実践報告があった。そういう人たちと巡り合えたことで、74年「杉並・中野保育教育を考える会」をつくり、月1回の例会を開いて勉強してきた。ここには保母さんとか、共同保育を立ち上げている人とか、時代の教育に疑問を持つ人などが集まっていた。養護学校義務化の問題と同時に目覚めたのは、就学時健診のことだ。就学時健診は入学と同時にやっていいことなのに、入学前にやって、能力ある子とない子にわけるという意味だとわかり、そこでひっかかって大変な思いをする親御さんも多い。

　娘は小学校も中学校も普通学級に入った。その後は八王子の生活

文化学校に通った。娘は電車が好きで喜んで通った。8年間で、織り、パンづくりとかいろいろ学んだ。いつまでも八王子に通うのは、と考え89年に杉並で「魔法陣」をたちあげた。6畳一間の陽のあたらない部屋から始めて、徐々に広い部屋に移って今の「魔法陣」になった。バザーをやりながら家賃を稼ぐという苦労をした。

共に生きる社会を

「魔法陣」では週2回、ものづくり（はた織り、紙すき、クッキー、みそ、ベーコンつくりなど）やバザー（フリーマケット）などで、人の輪をひろげながら活動を維持してきた。93年には授産施設「魔法陣」として東京都の認可を受けた。

パンは天然酵母を使用し、酵母も干しぶどうのエキスから酵母菌をとり、パン種をたちあげて作っている。自然食品志向の人たちに関心をもたれ、結構ファンができて定期的に買い求めてくださる。また八王子で身につけたはた織りの技術がメンバーに受け入れられ、創作活動に意欲的である。女性が中心ではあるが、機織機に糸をセットする工程も8割の人が参加できる。織り始めるとそれぞれ個性的な作品に仕上がる。年1回から2回作品展を開いている。

街の中で生きていく、生まれ育った地であたりまえに生きていくということを、設立当初から言ってきた。商店街の中にあることは条件もよく、ものを売る側と買う側、そこで生まれる人と人との出会い、つながり、このことを大切にしながら社会との交流を深めていきたいと思っている。

（杉並・中野保育教育を考える会会員　古川 須美子）

「国民総背番号制に反対し プライバシーを守る杉並の会」の活動

　東京23区では、コンピューターによる業務の電算化が1963年から75年にかけて普及した。政府のねらいは、あらゆる住民記録の電算化により、一元的に処理する国民総背番号制の実施にあった。国家が国民を思うように管理するシステムに潜む軍国主義の匂いに反対の烽火をあげた。

　驚いた政府は、国民総背番号制を引っ込めたが、その代わりに持ち出して来たのが、地方自治体の住民基本台帳の電算化計画であった。末端の地方自治体の電算化で統一コードの使用が可能になり、容易に中央と結合して、国民総背番号制に移行ができる。

　杉並区でも66年NEC電算機を導入し給与、納税、国民健康保険の計算事務等へと利用が拡大されたが、住民基本台帳の電算導入は区職員組合に拒否され撤回された。

　73年いったん組合は反対をしたが、住民記録の電算化を前提としないことを条件で、老人マスターファイル（55才以上）の電算投入を容認した。

　71年、国は、業務の能率化を計る名目で、再び国民総背番号制をうちだしてきたが、今度も技術的な問題や世論の抵抗もあって、またしても計画は延期になるが、78年6月大蔵省、国税庁、全国銀行協会は80年をめどに、納税者全員に背番号をつけると発表。総背番号制への執念を燃やしつづけていた。

住民基本台帳の電算化をなぜ問題にするのか
 (1) 現在住民基本台帳に記入されている住所、氏名、生年月日、続柄等はじめ、国保、年金、児童手当有無は電算機に記録されている。さらに、税務、選挙、教育福祉、衛生等多面的に拡大し、個人情報を一括して電算処理が可能になる。
 (2) 住民記録は一般的には、身体障害、離婚歴、病歴など、他人に知られたくない情報が確実に漏れない保証が重要になる。
 (3) 保護条例によりプライバシーを守る必要がある。
 (4) 電算化による統一コードで都道府県、国という段階まで結び

つける国民総背番号制の危険性を極力防がなければならない。
これからの活動は
　イ、広く区民に上掲の問題点を明らかにすること
　ロ、より良い条例をつくること
　ハ、運用が正しくされているか
　ニ、新規の入出力を再検討する機能を持つ
　ホ、国民総背番号制への危険を防ぐ運動を続ける
　私たちはコンピューターそのものを否定するのではない。便利さを追求するあまり人間の存在、尊厳を忘れてはならない。
　情報化社会は、個人情報の保護が重要であり、個人情報の主権者は私たち自身であり、自分の情報は自分でコントロールする権利がある。
　そのために
　1、「プライバシーを守る杉並区民の会」を結成する
　2、区民、市民団体、労働組合などに働きかけ、電算化問題に関心をもってもらう
　3、学習会、講演会、会報を発行する
　4、区に対し、陳情、請願などして問題点の是正を要望する

住民自治に目覚めて、立ち上がった住民たち

　77年12月「総背番号制の動きをどう阻止するか」。区の個人情報保護対策協議会が、3月答申を出し、電算機導入の検討を始めたので、早急に行動を起こす必要があった。

　電算機導入は何の目的で、どんな項目を入力するのか、事務が簡素化して、住民へのサービスが向上するといっても莫大な費用（レンタル料だけでも月500万か800万）が要するのに見合うだけのメリットがあるか、人口の流動のはげしい東京では、経費が高くついて経費の節減にはならない。また便利さの代わりに、プライバシーを侵害される、など問題が多い。行政に縛られず、住民自治による自由な区民生活を守りたい、など話し合われた。

　この日の準備会は、住民運動をすすめるために「国民総背番号制に反対しプライバシーを守る杉並の会」をつくり、「国民総背番号制に反対しプライバシーを守る中央会議」（代表、伊達秋雄）に呼応し

て、杉並では地域の運動として取り組むことにした。
　事務所は区労協の相馬義嗣さんの口利きで岩崎通信機の組合事務所の一隅に置き、担当は区労協専従の小山政男さん、市民団体や公害防止運動、消費者運動にかかわる人たちが参加、一般区民への働きかけには、石崎と水戸レンさんが担当することにした。

「国民総背番号制に反対しプライバシーを守る杉並の会」の結成

　吉武輝子、樋口幸子、福富節男氏らの呼びかけで、区民集会の案内状を区内各方面に発送した。そして78年6月9日「住民登録の電算化を考える区民集会」が開催され、会場の杉並区立公民館（以下、公民館、と記す）講堂には予想以上の人が参加。
　会を開くに至った経過、杉並の現状などが報告され、「国民総背番号制に反対しプライバシーを守る杉並の会（以下「杉並の会」と記す）」（代表には吉武輝子氏）が正式に結成された。会では活発な発言が相次ぎ、区長に要請書を出す事が了承された。
　そこで閉会後、代表をはじめ数人で区長に面談し、次の3点の申し入れ書を提出した。
　1、電算機導入は現状を凍結すること
　2、区民に現在までの検討経過を明らかにする
　3、公開討論会を開く
　面談した区長、助役はほとんど発言せず、企画部長が一人で、「まだ検討の段階だから公表できない」の一点張りで、意見はすれ違いのまま要請書を手交して文書による回答を求めるにとどまった。
　その後、公民館で開かれた夜の区民集会は、約130名が参加し、活発な意見がかわされ電算問題についての区民の関心の深さが伺われた。
　この日区長に提出した要請書の回答は、6月20日に届けられたが、「検討報告を待って区の方針を明らかにし、区議会の意見を聞きすすめたい」とあって公開討論会の回答はまたしてもなし。
　「杉並の会」は6月29日第3回の会合を開き、7月8日、学習会を開催。区民への問題提起、広報活動など今後の運動の進め方を討議し、9月区議会への区条例案の提出を阻止することを決定した。

電算の導入は、必要だとしてもそれはあくまで、主権者である住民が共同生活を営む利益のためで、区民を管理するためのものではない。区の電算導入の経過は、民主的でなく、区議会に対してすら秘密主義で、住民参加という協議会の構成運営も不明瞭であった。わずか2回の区広報の記事だけでは、区民の知る権利に答えていない。

　再三、再四にわたる「杉並の会」の要請に誠実に答えず、勝手に区の条例案を9月の区議会に送ろうとしている区の態度に業を煮やした「杉並の会」は8・10集会を開き〔資料1〕、次のような決議文を区に送付した。

　そして今後の対応策として、区が進めているなんの効果もない保護条例に対抗する「杉並の会」の保護条例を作って、直接請求を視野に入れ今後の活動を進める事にした。

〔資料1〕　8・10区民集会決議

　杉並区は、区民にほとんど何も周知せずに、区民記録の電子計算処理問題をはじめとする住民情報システムを確立すべく、内部で検討組織を作り結論を急ぎ、9月の定例総会で個人情報審議会設置を含む、個人情報保護条例を採択させて、一気に住民情報の電算化への道をすすめようとしていた。

　区側の目的は、住民情報を集中的に管理し、執行される行政事務の「効率化」を積極的に進め「区民サービスの向上」を図るとしていた。

　しかし、私たち住民は本日まで5回の交渉をもった結果、残念なことに具体的な内容として、最近、住民記録電算化については、練馬区や大田区で、区民からさまざまな質問が出され、計画が中止されている。杉並区でももっと検討期間をおくべきであり、こんなにあわてて住民記録の電算化を進める必然性があるのか。

　杉並区が実施しようとしている住民基本台帳の電子計算機による一括処理問題については「区民自治を確立し、区民の基本的権利を守る」立場から、今後も「区長との交渉・区への質問書・要請書の提出・集会・学習会・宣伝・署名・カンパ活動などを進め区民不在の行政姿勢を改めさせるため、粘り強く広範な区民活動を続けること」を宣言する。

右、決議する

1978年8月10日
　　　国民総背番号制に反対しプライバシーを守る杉並の会・区民集会

区条例案の可決で、直接請求は赤信号

　8月中旬早朝密かに、区はレベルアップした新電算機を導入した。問題は9月の区議会であった。区長の用意周到な根回しで提出した「個人情報保護条例」をあっさり可決させた。反対したのは社会党等たった7名。区長はこれで区民の合意を得たと強弁。傍聴していた「杉並の会」を始め十数団体が、原案の否決ないしは、慎重審議、公聴会の開催等を陳情したが、区議会はいずれも無視。理解に苦しむのは共産党で、最終的には保護条例を作った区長の姿勢を評価し、区の電算化計画は国民総背番号制には繋がらないと、区長と同じ事を言うのである。「保護条例は我々が作らせた」と胸を張る区職員組合は、共産党が執行部を握っている。

　私たちが指摘する区条例の問題点は、

1、「福祉の増進その他公益のため」という例外は、保護のための禁止条文を空文化するおそれがある。
2、監視機関というが、審議官は区長を拘束する権限はなく、ただ意見を述べるにすぎない。
3、他区の保護条例に見られる、個人情報の使用目的、記録の保持の期間、不要になった情報の廃棄、閲覧の禁止などの項目がない。

などを列挙して、区議会各会派に公開質問状を出したが、区長のロボット化した区議会からは、なんの反応もなかった。

　そこで最後の手段として、住民による条例制定の直接請求に踏み切った。

　78年9月25日佐々木秀典、中野好夫、山中平治、吉武輝子、各氏の名で、代表者証明書交付申請を提出した。「杉並の会」が主体で西部ブロック春闘共闘会議の協力を得て、1ヶ月間東奔西走の署名活動が始まった。提出する条例は、毎晩皆で頭を寄せ合って馴れない文章を考えながら、作りあげたものだった。

にぎわう連絡事務所

　荻窪駅から2、3分、青梅街道沿いのマンションの一室に、連絡事務所を新たに設置。私は朝9時から夕方4時ごろまでいて、会議があ

ると夜10時過ぎることもしばしばある。部屋の出入りは自由。手の空いた人達がボランティアで来てくれた。

　東京地評（東京地方労働組合評議会）の松本さんが「『石崎さんいる？』と女性が入って来て、ぼくがもたもた郵便物の仕分けをしていると、『わたしがやる』と中腰でホイホイホイと800通あまりを、郵便番号別にまたたく間に分け終えたのにはたまげたよ」という。年末は郵便局のバイトをしていた彼女、その後もなにかと手伝ってくれた。

　「今日は私は休み、これをもって来たの」と散髪用のケープと鋏。「忙しくて来られないだろうと、ボランティアで来ちゃった」というのは、行きつけの美容院のオーナー。1ヶ月位前に直接請求の話をしたら、「お店にポスター貼ってもいいわよ、大事なことですもの、これを見て来なくなるお客さんもいるかもしれないけど」と臆面もなく言ってくれたのを思い出した。髪をカットしてくれて、仕事の能率も大いにあがる。

　PTAや住民運動などで、苦労した仲間、また運動など無関心かと思っていた人が、署名簿を届けにきたり、時間があったからと署名簿の点検をしたり、さまざまな人が、いろいろなかたちで関わってくれた。大事なのは区民へのPR。1ヶ月の間、ポスターを貼った宣伝カー2台をながし、十万枚のビラ、ポスター、会のニュースや資料のコピーなどの各戸配布、あらゆる方法を使ってPRにつとめた。杉並の街を歩きまわり、駅頭や商店街でのビラ撒き、それもみんなボランティアでこなした。規定の1ヶ月はまたたく間に過ぎた。

　そして集まったのは法定数の4倍、予想を多いに上回る32,000人の署名だった。私たちの「直接請求」は成功した。「杉並の会の条例案」を審議する臨時区議会は12月19日から21日の3日間と決まった。審議の前に表明する区長の意見書に対して私たちの見解〔資料2〕を区長に送った。

〔資料2〕　区長の意見書に対する私たちの見解

　私たちは、住民基本台帳の電算化を禁止する目的をもってつくられた区民の手による本請求を提出するにあたりわたしたちの要望を文書でもって申し入れます。
　6月9日、「国民総背番号制に反対しプライバシーを守る杉並の会」が発足して以来私たちは貴職に対し再三、再四に亘り、区民に十分な検討期間を与える事。その間は区の電算化計画を一時凍結するようにとの申し入れを行ってきました。
　しかし貴職は電算化計画を反対する区民はごく一部であるとコンピューターを抜き打ちに導入しプライバシーを保護するための何ら具体的な規制事項の明記されていない保護条例を、区議会で議決させるなど区民は区の電算化計画に同意したとする強行策をとりつづけてきました。
　今回の直接請求には、区民3万2千人が署名参加しています。杉並区の過去3回の直接請求に比べ、今回は署名者数では過去の2倍、有効率でもトップでした。反対する区民はごく一部とする貴職の判断は誤ったものであるにもかかわらず、区民の手による直接請求条例案を審議するまでは、区の電算化計画を一時凍結せず、反対する3万2千人の区民の意思を無視して、区民の税金を多額に使い住民実態調査を実施し審議会のメンバーを選考し発足させようとするなど、区民不在の行政のそしりを免れることはできません。20日以内に召集される区議会に区長の意見を提出されるにあたって、「区民のための区政を」区長選の際の公約を思い出され、区民の意思を尊重し、区民の手による区条例を実現させるための意思表示を明らかにされることを強く要望します。

1978年12月4日

　　　　　　　　　　　　　　　プライバシーを守る杉並の会
　　　　　　　　　　　　　　　3万2千人署名者の会

菊地区長殿

伝家の宝刀「直接請求」は竹光だった

　「直接請求」は何の効力もなく、ただ私たち主権者のプライドを損なわぬため、不満をガス抜きする儀式にすぎないことがわかった。今後の運動のために、早急にこの制度の改革が必要であろう。
　しかし、この運動の唯一の収穫は、32,000名の署名者を得たこと

で、私たちは確かな手応えを感じたのである。

運動の進め方にも、新しい道が開けたのではないか。

1、労働組合と市民団体はそれぞれの領域で、また方法で、多様な運動を展開し、ときには大きな集会を開いて結束した。各団体の主体性を重んじ、干渉しなかった。

2、「杉並の会」の構成は、あくまでも主旨に賛同する区民を、個人会員とした。電算事務に携わる区役所の組合は、いち早く国民総背番号制と接続しない事を前提に、区と協定を結んでいたので、「杉並の会」の運動に協力しなかったのが運動の大きなネックになっていた。しかしその組合員の中でも、十数名が名前と職場を明記し、「区民の条例案は行き過ぎた電算化を否定する」「杉並の会に参加しよう」などというビラを撒いているグループもあった。

3、呼びかけた市民団体の人たちは、ボランティアで実によく活動してくれた。「区民の会」、「消費者グループ連絡会」、「公民館講座」のグループ、「杉並・老後をよくする会」、「文庫の会」、「公害対策連絡会」、PTA、町内会、障害児の団体、「はだかっこ」、「こぶたの家」、保育所、「共同購入の会」など新しいグループともつながって、32,000の半数を担ってくれたのである。私たちが予想もしなかったこの成果は、今までの疲れを忘れさせた。

4、直接請求運動まで発展した唯一の自治体として、マスコミ各紙が連日のように紙面をにぎわせてこの運動の後押ししてくれた。世界中を巻き込んだ、あの原水爆禁止署名運動発祥の地、杉並の活力がよみがえったのか、杉並区民の自治意識の定着と受け止め、この結集されたエネルギーを大切に、その後「住基ネットに不参加を」杉並の会（代表石崎暾子・事務局柏木美恵子 阿佐谷北1-43-2）が運動をひき継いでいる。

（「国民総背番号制に反対しプライバシーを守る杉並の会」元事務局　石崎 暾子）

杉並での水爆禁止署名運動の取り組み

1. 水爆禁止署名運動の発端

　この運動の発端になった事件は、1954（昭和29）年3月1日ビキニ環礁で行われたアメリカによる（同国は46年から、マーシャル諸島のビキニ環礁で、核実験を行なっていた）水爆実験であった。操業中であった日本のマグロ漁船第五福竜丸はこの実験（今でも、史上最大の実験である）によって23名が被爆し、母港焼津に3月14日帰港した。54年頃と言えば、第二次世界大戦で破壊された町や村が復興し、生活が少しずつ安定に向かいつつあった。新聞が第五福竜丸の被災を報じたのは3月16日である。新聞は「死の灰」と呼び大きく報道した。この事件のため、三崎、塩釜、焼津など日本屈指の遠洋漁業の基地は致命的打撃を受け、放射能汚染により魚が売れず、魚商たちは生活の危機に瀕した。区内の魚商たちは、3月29日「杉並区魚商水爆被害対策協議会」を結成。4月初め、当時の高木敏雄区長に訴えた。「(略)今回米国による水爆実験は、全く我々零細業者にとっては、殆ど死命を制せられた程、強烈な被害と打撃を被りました。(略)福竜丸事件は単に23人の漁民の問題ではなく、今や日本人の、いや、全世界の問題として拡大しつつあります。(略)」このことが引き金になって、杉並区内に水爆禁止署名運動の気運がおこり、同年5月「水爆禁止署名運動杉並協議会」が結成され、ここを核として、日本全国の原水爆禁止署名運動へとひろがり、世界でも核戦争準備に反対していた国々に伝播し、各国の運動とつながって世界中に拡大していったのである。

マグロの放射能検査（東京築地魚市場　54年6月）

2. 杉並区立公民館と安井郁
(1) 公民館で学び・連帯する女性たち

　ビキニ事件に遡ること約4ヶ月の53年11月、現荻窪3丁目の西田町に杉並区立公民館が開館した。52（昭和27）年、阿佐谷から移転開館した杉並区立図書館に併設して建てられた。ここから、世界を動かす平和運動が始まるとは、当時の誰も夢にも考えていなかった。

　公民館は総延坪数197.33坪、木造モルタル2階建て、会議室2、和室1と控室2、そして300名を収容する大講堂からなっていた。89年に閉館されたが、集会や学習施設としても親しまれ、住民企画による『公民館講座』開設など社会教育施設として長年重要な役割を果たした。

　この公民館の初代館長になったのが安井郁(注1)である。当時法政大学教授だった安井は、文化都市杉並区を目指していた第八代区長高木敏雄に誘われ、52年から杉並区立図書館長を務めていた。

　安井は地域社会における社会教育は民主主義の基礎工事にあたるという考えを持ち、学者として地域で自ら社会教育を実践した。公民館が開館した53年11月、安井は子育て中だった主婦たちなどを対象に、社会科学の本を読む読書会を開いた。名称は「杉の子会」。E. H. カーの『新しい社会』を皮切りに、学習会を毎月続けた。安井郁の妻である田鶴子も会のメンバーで、機関紙『杉の子』の重要な執筆者であった。そしてこの「杉の子会」は、やがて始まった水爆禁止署名運動の強力な担い手の一つになった。

　同じ頃、区内に組織を持つ各種の婦人団体が、安井館長の助力で「杉並婦人団体連絡協議会（以下、「婦団協」と記す）」を結成。安井は地域に根ざす活動を進め、とりわけ戦後に参政権を得た女性たちの社会参加を促していた。この「婦団協」も運動に大きく関わっていく。

「杉並区立公民館案内」（表紙）

(2) 女性たちの訴え

　54年4月16日、婦人週間第6回目にあたり、参議院議員奥むめを、婦人新報社後藤俊子、公民館長安井郁らによる婦人参政権行使記念講演会が公民館で開催された。3月1日におきたビキニ事件はこの講演会にも影響を与えた。「(略)講演後魚屋のおばさん（菅原トミ子さん）の『水爆問題を取り上げてください。被害で魚屋を閉めなければなりません』という激しい訴えを聞いて、会場に来ていた婦人団体協議会会員が緊急に集合し、原水爆反対の合議決議をしました。その頃には安井先生は、国際法学者としてあちこちで証言されたり、動いたりされていること[注2]が分かり、婦団協の生みの親でもあるので、先生に相談しました。また婦団協の中に区議の村上綾子(自由党)氏も参加されていたので、区議会での協力もお願いしました。(略)」という小澤綾子、大塚利曽子の証言（83年）が残っている。

3. 杉並区議会の動き―水爆実験禁止の決議

　54年4月杉並区議会議事録（議長宇田川鐐太郎）によると、16日には魚商組合の意見陳述後、建議（案）がだされた。翌17日には議員の山岸義一が「(略)本日の新聞をたまたま手にいたしまして、見ますと、まず冒頭には昨日の外務委員会において本区の図書館長をしております安井教授が危険水域の設定が国際法違反であることは明らかであるから、第五福竜丸の米国の責任は間違いないという大きなトップ記事が載っておりますし、その下には放射能の検査をしなければならない宝幸丸、(略)さらに500本のマグロを積んでおりました瑞洋丸は全部捨てさらなければならない(略)」という緊迫した発言をしている。あと4人が発言しているが、広島・長崎における惨状への言及は勿論、わたくしどもの蛋白源である魚、特にビキニ付近の魚への不安も述べられている。そして区議会は「人類の安寧を乱し然もこれを壊滅に導かんとする最も懼るべき原子兵器即ち水爆の操作は、その目的とその理由の如何に拘わらず直ちに断じてこれを禁止すべきであり然も現在行わるゝその実験の如きは海洋日本のこれによって享くる被害亦洵に甚大である須らく斯る脅威は人類生存のためにも或いは世界平和のためにも即時これを放棄すべきで

ある。」という決議案を可決した。この日が、杉並区における水爆禁止署名運動の実質的スタートとなった。そのころ住民たちの要求に世田谷、武蔵野、焼津、三崎、塩釜などの地方議会も動き出していた。

4. 水爆禁止署名運動杉並協議会の発足と杉並アピール

区議会などからふつふつと沸き起こった水爆禁止署名運動。ついに、54年5月9日、安井郁の呼びかけに応じた関係者38人が、公民館に参集した。当日の参加者所属団体名として、教員組合、杉並区教職員組合、杉並漁業組合、荻窪土建組合、岩崎通信機労組、杉並婦人団体協議会、杉並婦人文化連盟、杉並文化人懇談会、濁話会、杉並区小学校PTA、気象研究所、杉の子会、上荻窪婦人会、中学高校PTA、都立大学、泉会、阿佐ヶ谷平和懇談会、東京魚商協同組合杉並支部、都職労杉並支部、蚕糸試験場労組、井草原水爆禁止期成会準備会、土曜会、あざみ会、杉中農業協同組合、西松主婦の会、杉並生協、家庭学校などの記載がある。会議録を読むとそれぞれがビキニ事件について意見を述べ、署名運動に賛成する強い意思を表明している。当日の議長であった安井郁は、水爆禁止運動の方向性や組織について話し合い、杉並アピール文の確認と経費、協議会をつくることなどを提案した。そして安井を協議会議長とした「水爆禁止署名運動杉並協議会」が、初めてこの日誕生し、実行委員を選出して行動を開始したのである。

署名簿の表紙の裏面に載っている「全日本国民の署名運動で、水爆禁止を全世界に訴えましょう」ではじまる「杉並アピール」には「この署名運動は特定の党派の運動ではなく、あらゆる立場の人々を結ぶ全国民の運動であります。またこの署名運動によって私たちが訴える相手は、特定の国家ではなく、全世界のすべての国家の政府および国民と、国際連合そのほかの国

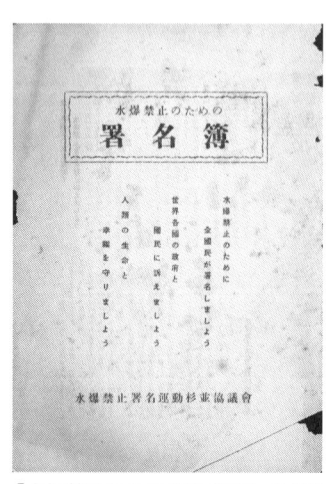

「水爆禁止のための署名簿」(表紙)

際機関および国際会議であります」とある。こうして杉並からはじまった水爆禁止署名運動は、すぐれたリーダーであった安井郁を中心に、このアピールのめざす署名運動に突入していった。この時、日本の国連加盟は未だ認められておらず、加盟が可決されたのは56年12月であった。この事実からも、「杉並アピール」を全世界にむけて発信した意義は大きい。

5. 瞬く間に広がった署名運動
(1) いかに運動を進めたか

　5月13日には公民館において、第1回実行委員会が開かれ、同時に新聞発表がなされた。この会で安井議長は杉並区のみならず、全国協議会結成を提案した。すでに日本全国で署名の動きがあったので、実行委員たちは次々と賛成を表明した。党派をこえ、地域をこえ、人間、人類という立場で全国民署名運動をしようという意見が相次いだ。署名の方法はどうするのかと言う新聞社からの質問に対し、安井議長は「派手よりも一人一人。家庭訪問、街頭署名等をやるが、誘いは一人一人の運動をやりたい。婦団協、労組などの団体を主体として話し合いたい。各団体の創意工夫を生かし、独自にやってゆきたい。みんなの胸にしみとおるようにやりたい。」と答えている。つまりそれは、団体や組織を動員して集めるが、一人一人に直接訴えて署名をもらうことが安井の信条であったのだ。そして、1ヶ月で10万人の署名をとることを目標とした。

　5月15日、安井議長は正式に各実行委員にあてて、運動の実行要領などを送付した。この中で5月13日〜6月10日を第1期、その間をさらに5月20日まで、6月5日まで、6月10日までの3期に分けて、報告集計をすることとし、署名簿の配布に関しては、第1回目は公

水爆禁止署名運動ポスター

民館館長室、第2回目からは、上高井戸の早川宅、上荻窪の飯野宅（水爆禁止署名運動杉並協議会事務所）、高円寺の赤坂宅、および公民館館長室を指定している。さらにニュースの発行について、名称は、「水爆禁止署名運動杉並ニュース」とし、第1号をとりあえず1,000枚作ることとした。そこに、運動経過を初め、逐次増大する各種参加団体名、有力個人名など、および国内外の本問題に関連する各種動向の摘要を掲載し、運動展開の有力資料とすること、ポスターは二色刷り、2,000枚を目標とし、作成準備にかかること、とされている。事務組織の総括、会計、集計責任者は飯野かくであった。その後、「杉並婦人団体連絡協議会」加盟の42団体もそれぞれが1名ずつの実行委員を出し、署名活動の中心的役割を担った。

(2) 5月13日から6月15日までに署名数23万余名に

かくして杉並の署名運動は「全国に先駆け、世界に目を向け、ヒューマニズムの精神に基づいた組織的な運動」として正式に走り出したのである。5月20日の第2回実行委員会では、婦人団体を初め各団体の連携によって、署名運動は様々な人々を介して、区内のみならず世田谷区、中野区、渋谷区、武蔵野市、三鷹市などへと伝播していったと報告された。5月21日には「杉並区中学校PTA協議会実行委員会」が有志の立場で署名運動への協力を決めた。区役所内でも5月23日までに、高木区長はじめ区職員1,000名が署名を行った。また6月5日には、水爆禁止署名運動「講演と映画の夕」が　公民館で開催された。

プログラムは東京工業大学の田中氏による講演「水素爆弾と原子

水爆禁止署名運動杉並ニュース第4号

兵器」、気象研究所三宅研究室の関原氏による「放射能雨の話」があり、映画「原爆の図」が上映され、「公民館がこわれそう」と「水爆禁止署名運動杉並ニュース」に載るほどの大盛況であった。

6月15日付け安井議長の運動概要を説明した文書に「(略) 本日をもって区人口39万の過半数を突破して23万5千余名の署名を獲得し、なお連日増加を続けております。(略)」とある。驚異的ともいうべき数字から、どれほど多くの人が動いたか想像にかたくない。まさに「水爆禁止署名運動杉並協議会」が一丸となった運動であった。なお署名について二重署名を禁物として、当時、厳重な喚起を活動者たちに促していることは特筆すべきことである。

6. 原水爆禁止署名運動全国協議会から原水爆禁止日本協議会へ

(1) 杉並の運動が日本全国規模へ

6月20日開催の第4回実行委員会では、署名数259,508名と報告されている。安井議長は、「一人一人を説得する地道な運動であったが、多くの協力があった。それは実行委員167名、参加団体83団体によるものである。街頭署名は5月23日に井の頭公園、浜田山の2駅、5月29日には西荻窪、荻窪、阿佐ヶ谷、高円寺の4駅で合計13,390名の署名が集まった。区長、区議会、労組や教組などの団体、それに婦人たちの力が大きかった」と報告している。この実行委員会では、杉並区での運動を全国運動につなげる構想を討議した。その結果、杉並区内活動は一段落（6月24日署名総計265,142名）したとし、区内では署名簿回収と啓発活動を続け、さらに、第二段階の全国運動を進める方向を決定した。

(2) 原水爆禁止署名運動全国協議会結成

7月21日、全国協議会発起人一同の名で協議会趣意書が出され、「協

全国からの署名の集計センター　公民館館長室

議会」の連絡所は公民館気付で、事務局長は安井郁となった。次いで、8月8日には「原水爆禁止署名運動全国協議会」（以下、「協議会」と記す）が結成されたのである。8月10日付『原水爆禁止署名運動全国ニュース』で、安井事務局長はこの「協議会」の目的を「一党一派に偏することなく、全国民がこれを信頼するものであること。一切のエゴイズムから解放された清らかなものであること。各地、各団体の手で行われている署名を集計すること。署名運動の全国センターになること。」と明記した。まさに杉並における基本理念を全国にも波及させたのであった。

　この運動の最中の9月23日、第五福竜丸の久保山愛吉無線長が急性放射能症で死亡した。「九月における久保山愛吉氏の死によって国民の感情はわきかえりました。この『国民感情の奔流』が原水爆禁止署名運動を推進する原動力になったのです。」と安井は『民衆と平和』(注3)に書いている。

(3) 世界大会開催へ

　翌55年4月、杉並での運動一周年を記念した杉並協議会実行委員会通知の中で、安井事務局長は、杉並を発祥とする原水爆禁止署名運動が2,300万の未曾有の国民運動になり、1月に出された「ウィーン・アピール」(注4)によって、いまや世界的大署名運動にまで発展したこと、このような世界的運動がおこらざるを得なかった緊迫した国際情勢について改めて深く考えさせられたこと、やがて8月には「原水爆禁止世界大会」が開かれることを知らせている。

　そしてついに署名運動の成果ともいうべき、「第1回原水爆禁止世界大会」が55年8月6日に広島において開催された。その後、原水爆禁止運動は政治の波にのまれ変転していく。しかし54年から55年にかけて、人類の生命と幸福を守る水爆禁止署名運動が杉並から発信され、原水爆禁止署名運動として

原子戦争準備反対のアピール
（ウィーン・アピール）

今日、原子戦争をはじめる準備をしている政府がある。かれらは諸国民にこれをやむをえないものと思いこませようとしている。原子兵器の使用は絶滅戦争へみちびくであろう。

われわれは宣言する、原子戦争をはじめる政府はその国民の信頼をうしない、いまやわれわれは原子戦争を準備するのに断固として反対する。

われわれはすべての国において原子兵器の貯蔵を破棄し、その製造を即時停止することを要求する。

一九五五年一月十九日　ウィーン

ウィーン・アピール (1955年1月19日)

世界に広がっていくきっかけになったことは歴史に残る事実である。

7. 歴史の証「オーロラの碑」

その後米国はもとより、ソ連、イギリス、フランス、中国、インド、パキスタン、北朝鮮、などが核実験を実施した。杉並区議会は核実験停止を求める抗議書を今なお実施国へ送り、核実験に抗議し、すべての核実験の停止を求めている。しかし核の脅威は今も世界から去ることがない。

オーロラの碑（制作　瀧徹）

今は区立荻窪体育館となっている旧杉並区立公民館の跡地の前には、この公民館から原水爆禁止署名運動が発祥したことを記念して「オーロラの碑」が91年に建てられた。核兵器のない平和な世界を実現し、継承していくことこそ、この碑が建てられた願いである。

（文責：林 美紀子、安井 節子　写真：安井家保存資料）

注
(1) 安井郁（やすい・かおる）1907年生まれ、1980年没。国際法学者。
(2) 1954年4月5日、読売ホールで「水爆と国際法」を講演。全文が仏語に翻訳され、仏の雑誌『トリジェ』5月号に掲載される。同年4月16日、国会の外務委員会でビキニ諸島での核実験の国際法違反を証言する、など。
(3) 『民衆と平和―未来を創るもの』大月書店、1955年
(4) 1955年1月にウィーンで「世界平和評議会」理事会が開かれ、日本の原水爆禁止運動の代表者として安井が招かれた。そこで核戦争準備反対を訴える「ウィーン・アピール」が採択され、世界で6億人もの署名が集った。

参考文献
- 杉並区立公民館を存続させる会編『歴史の大河は流れ続ける』第4集―杉並公民館の歴史―〈原水爆禁止署名運動の関連資料集〉、1984年
- 杉並の社会教育を記録する会編『学びて生きる』2003年
- 『道』刊行委員会編『道―安井郁 生の軌跡―』法政大学出版局、1983年
- 小林文人「東京二十三区の公民館―資料解題的に―」『戦後における東京の社会教育のあゆみ』東京都立多摩社会教育会館、1997年・所収
- 高橋博子・竹峰誠一郎・グローバルヒバクシャ研究会編『〈市民講座 いまに問う〉ヒバクシャと戦後補償』凱風社、2006年

参考資料

原水禁運動と杉の子会

　1954年3月1日、ビキニ環礁で、アメリカの水爆実験で死の灰を浴びた、あの福竜丸事件をきっかけに、杉並区から始まり、日本全国、やがては世界まで拡がった原水爆禁止署名運動を起こしたのは杉並の主婦—「杉の子会」であるというのが一つの伝説のようになっています。「杉の子会」が始めたというのは正確ではありませんけれど、署名運動が始まったときから、「杉の子会」会員はみんな熱心に参加したのは事実です。

　もともと読書会である「杉の子会」が署名運動にのりだしたのはどうしてだったのでしょうか。

　「杉の子会」が発足したのは53年11月でしたから、ビキニ事件が起こったのは、その数か月あと。最初のテキスト『新しい社会』と読みすすんで、ようやく新しい社会のあり方がわかり始めた頃でした。

　遠い太平洋で一漁船が思いもかけない被害を受けたことの驚き、しかもそれが平和時の、公海であったこと、人類のために何も必要もない水爆の実験は見過ごせないと思ったことでした。政治に直接たずさわっていない私たち国民のそのような気持ちのあらわれが署名運動です。「杉の子会」会員もすすんで参加しました。

　この署名運動をきっかけに、「杉の子会」は本来の読書会はつづけながら、原水禁運動だけには深いかかわりを持ち、後には「原水協」に正式に加盟して、街頭募金をしたり、「世界大会」や「平和行進」にも参加しました。そして原水禁運動が政党の勢力争いの場となり、また国際的な平和運動の対立の影響をうけて、最初の頃の超党派の、人間の命を守ろうとするヒューマニズムの精神からかけはなれたものになってしまった「第十四回世界大会」の頃まで、小さな「杉の子会」として、できるだけの運動をしました。

　それは読書会で学んだことを、社会で生かす又とない機会であり、さまざまな体験は読書会の勉強をさらに深めました。(後略)[注]

(杉の子会会員　安井 田鶴子)

注　本文は会報「杉の子」12号（1969年6月発行）から転載したもので、後略の部分には、運動の間に親しくなった各国の人々への思いが記されている。

参考資料

原水爆禁止署名運動に参加して

　1954（昭和29）年杉並婦人団体協議会が誕生して3か月、3月1日ビキニ環礁で焼津の漁夫達が「死の灰」をかぶって放射能におかされたニュースに接し日本中はおそれおののき、魚屋さんは商売することもできず、魚類を一家の栄養のもととしている一般の人々の不安も深刻なもので、放射能の雨から子供を守らなければならない、日本中の生命、いいえ生きとし生けるものの生命の問題になって、3月15日の婦人団体の例会で期せずして数人の代表の方々から『これはただ事ではない、何とかしなければならない』と発言され熱心な話し合いとなり結論の出ないまま翌4月16日の第6回婦人週間を杉並婦人団体協議会として初めて区立公民館で開催しての席上で魚屋さんの『水爆問題を取り上げて下さい。私達は明日から店を閉めなければなりません』と激しく訴えられ、集まった婦人達は是非とも行動しなければならないとさらに決意しました。そして婦人団体協議会の区議村上綾子さんを通じて区議会に署名運動を強力によびかけ、一方婦人団体協議会の生みの親であり公民館館長の安井先生ともご相談し、先生も国際法学者として「公海での原水爆実験に就いて」国会で証言をされ、先生のお考えも大きくうごいておられたこともわかり、ついで4月17日杉並区議会が全員一致で原水爆反対決議が行われ、遂に安井先生の呼びかけで署名運動準備会の招請状が「区議会」、「社会福祉協」、「杉教組」、「労組」、「婦人団体」、「医師会」、其の他に出され5月9日公民館に集まり「原水爆禁止署名運動杉並協議会」が結成され、議長に安井先生を決定し、スローガンとして誰にも簡単なものとして、

　1、原水爆禁止のために全国民が署名しましょう！
　1、世界の政府と国民に訴えましょう！
　1、人類の生命と幸福を守りましょう！

の3つのスローガンで署名運動が展開されたのです。この協議会には杉並婦人団体は申すに及ばずあらゆる団体、有力個人、区長、議長、区議会、杉並区教職員組合、小中学校長、ＰＴＡ会長、都職労、杉労協傘下の労組、福祉協議会、民生委員の方々、各種商工会、魚商組合、平和団体、学生等実にあらゆる層の方々が参加されました。

　「杉並婦人団体協議会」の全員も強力にこの運動に参加し各団体の特徴を生かして、回覧板式に各戸に署名簿を廻された団体、戸ごとに一軒一軒

歩いて署名の意義を説得しながら署名をとった団体、二重署名を出来る限りさけるなど細かい配慮で推進されました。5月26日（土）午後高円寺、阿佐ヶ谷、荻窪、西荻窪の4駅頭で婦人団体、区労協の方々と学生の方々と街頭署名を致しました時は実に13,000の署名を集めることが出来て驚き且つ勇気百倍とよろこびあい、運動に対して確信を持ちました。

このようにしてこの署名運動も6月23日を第1期として区切り、累計署名総数273,000で予想外の大成果を収めることができました。当時杉並区人口約38万とすれば、赤ちゃん幼児をのぞく他は皆この署名をされたわけです。特に総署名中、婦人団体と労組婦人部、即ち、婦人の手によって集めた署名数は191,019署名で婦人の果たした役割は評価されました。

他の地域でも杉並のこの成果に刺激され、運動はさらに発展し杉並段階から全日本の段階、そして世界のすみずみまでも私どもの叫びはこだましたのです。広島長崎の原爆の惨害、平時に於ける水爆実験の犠牲を受けた日本、世界唯一つの被害国日本として当然のことと思います。

杉並婦人団体協も生まれてはじめてこの大きな運動にとりくみ、各団体統一してそれぞれの立場で行動され、平和運動史の一頁を記したことは大きな誇りではないでしょうか。

そして翌年55年第1回世界大会を広島で開催し、被爆者の方々はあの大会場で『生きていてよかった』を絶叫されたのを見た杉並代表の方々は胸の中に、あの運動に参加してよかったと思われたにちがいないと思います。

第2回世界大会以後、運動の発展にともなう意見の相違から婦団協として統一して行動はされませんが、いまだ被爆者救援援護法制定、核戦争反対の運動をつづけている団体もあることを記しておきます。

（飯野 かく、小沢 綾子）

注 この記録は1987年発行の杉並区教育委員会社会教育部婦人青少年室発行の「婦人だより」No. 1～No. 50より転載した。婦団協のメンバーであり、かつ水爆禁止署名運動杉並協議会事務局の中心的活動をになった飯野かく（上荻窪婦人会）と小沢綾子（母親連絡会）が、運動より16年後の1970年3月に連名で「婦人だより」に寄稿したものである。

はたして新たな「公民」の「館」を見出せるか

　1988年度に閉館（廃館）となった杉並区立公民館（以下、杉並公民館）をめぐっては、関わる人々の手でさまざまにその功績がまとめられたり、歴史的な事実についても掘り起こされたりしながら現在を迎えている。行政の側からこの歴史を受けとめつつ、その流れがどうであったのかを述べておきたい。

1. 語り継がれる「公民館」との関係

　杉並公民館が、杉並の社会教育を語るうえで必須の存在であり、また、時空を超えて重要な存在であったという事実は、さまざまなところで示されている。

　私事になるが、私が杉並区に社会教育主事補として採用されたのは84年5月1日のことであった。もともと杉並の出身で、杉並公民館に併設されていた杉並区立図書館を利用したり、大学時代にゼミで杉並公民館について取上げていたこともあり、木造モルタル造りの杉並公民館に足を運んだりしたことはあった。が、残念ながらその程度しかふれる機会がなく、専門職として社会教育行政に携わって以降、杉並公民館のもとで直接働く機会も得られなかった。

　後に「ポスト杉並公民館」として設立される社会教育センターに配属されるものの、どちらかと言えば杉並公民館という「存在」を意識しながらも、異なる立場にある行政の側にいたと理解している。

　当時の杉並公民館長は、教育委員会事務局の社会教育課長が兼務していたが、「上司の命」として、社会教育主事に対して、直接、公民館事業や公民館運営審議会のような場への参画などが求められることはなかった。唯一、閉館に際しての記念事業の企画・運営について、当時公民館に配属されていた若手の職員と一緒に仕事をさせてもらったことがある程度である。

　いわゆる公民館主事等の専門的職員の配置が実現されない中で、杉並公民館事業に携わる歴代の社会教育主事もいたが、大方は杉並公

民館を会場とする教育委員会事業や利用する関係団体への学習支援をはじめ、社会教育行政としての関与というようなスタンスであった。

　したがって、当時の社会教育主事（補）の日常業務は、例えば杉並公民館で実践されていた「公民館講座」に対して、教育委員会事務局で開設する「区民大学講座」に従事するなど、事務局の各種事業に携わることがほとんどであった。

2. 社会教育センター建設という選択の中で

　私が教育委員会事務局社会教育課に就任した段階では、すでに杉並公民館の廃館が定められており、新たな社会教育センター建設についても、すでにスケジュール化されていた。

　ちょうどその前年の83年3月に、81年2月に設置された「社会教育行政検討プロジェクトチーム」から「社会教育行政検討プロジェクトチーム報告書」（以下、報告書）が出されたところであり、いまから思えば、社会教育行政の方向性を定める重要な時期であった。この報告書に関して言えば、「生涯学習の時代に応えて」というタイトルにもあるように、「生涯学習」概念が導かれる当時の状況にあって、社会教育に関する行政全体を視座に据えダイナミックに切り込むものであった。特に具体的な内容が含まれないまま、いちはやく公言された「社会教育センターの設立」であったが、ここにきてようやく様々な期待が語られるようになる。

　この社会教育センター建設に関しては、71年に当時の社会教育課から『(仮称) 社会教育センター建設構想資料』が、さらに73年には、杉並区立社会教育センター建設協議会の名で『杉並区立社会教育センター建設に関する報告書』が発行された経緯がある。この中でかつての行財政計画上「文化センター建設」計画を包含した展開になるが、こと社会教育に関しては、（10年後にしたためられた）この報告書がもととなり、後に行政施策の新展開やコンテンツの発展根拠となったり、社会教育センターの設立をして期待を実現せしめたりしている。

　なお、施設等のハード部分についてであるが、それまで（蚕糸の森公園へ学校を移転した後の）杉並第十小学校跡地に廃校になった

校舎を改修して建設する案であったが、計画設計当時の好景気という「追い風」もあって、全面改築による大規模な都市型文化施設として建設されたことを申し添えておきたい。

3.「公の施設」として実現してきたもの

　後の「杉並区立公民館を存続させる会」等の杉並公民館の重要性を認識させる人々の運動や、その人々をして杉並区立社会教育センター建設協議会による主要な提言を報告に盛り込み、具体的な施策に反映されたからこそ、その成果として現在に至る社会教育センターや社会教育行政体制を整えることにつながったという事実と重要性を認識しているところである。

　では、行政の側から出されてきた社会教育センター設立に求めた新たな方向性はどうなったか。

　先の報告書がしたためられた時期と前後して、例えば他自治体の設置する公民館の事例も様々に出現し、多様な都市型公民館をもとにしながら、自治体として新たな「公民館」像を構想するようなことも可能である。ましてや複数の公民館設置計画に仕立てていくことなどもあり得るわけである。

　しかし、当時の杉並区においては、（併設されていた図書館体制そのものは構想化していくものの）公民館そのものを豊かに捉えることなく、社会教育センターの設立や、いわゆるコミュニティセンターである「地域区民センター構想」の導入を判断し、結果として杉並公民館の廃止という選択を導いている。さらに杉並公民館とともに区内に3館あった区立青年館（高円寺、高井戸、井草）についても、改めて社会教育センターの分館として位置づけ直すことを同時に行った。

　この「地域区民センター構想」については、（他の方の記録で語られているように）さまざまな意見もある。こと社会教育センターとの関係では、地域区民センターとの併設により都市型文化施設となっただけではなく、結果として複合施設という構図になってからんでくる。その意味で杉並区は、公民館・青年館以外の多様な社会教育施設経験を持つことなく、社会教育センターを拠点として整備しつつも、新たな「公の施設」像の追求をすすめたことになる。

なお、杉並公民館廃館後の社会教育の展開については、別な機会にまとめたものがあるので、そちらをご参照いただくことにしたい^(注)。

4. 再び「公民館」が求められるか

　語り継がれるべき杉並公民館を舞台とした歴史的なできごとは、地域住民のものである。よって、その後の行政計画によって「発展的解消」をうたう背景に一つの指摘を見出すことができよう。

　すなわち、「原水爆禁止署名運動」が、後にイデオロギー論争に巻き込まれる中で「分裂」という事態となり、行政に言う公正・公平な立場で関与することが困難な状態となったからではないかということである。

　このことは、「社会教育センター」を設立するということを導く中で、「公民」の「館」が「社会教育」の「センター（拠点）」へ、と質的な変化として導かれる点、特に重要なことは職員の関与ということに付加されたのではないか、と考える部分とも関わっている。

　この杉並の地で、恐らくは地域や住民が二度と公民館体験をすることはできない。だからこそ、杉並公民館という歴史的存在を語り継ぐ必要があることを強く受け止めたい。しかし、語り継ぎを重ねるだけでなく、杉並の住民が「公民」としてのいまを生きるために必要な新たな公共空間―「館」―をどう手にしていくことができるのか、ぜひ、多くの人々と話し合い、創造してくことこそを課題にしていかねばならないと考えている。

　新たな教育基本法が公布されたいま、社会教育法もその影響下で運用されつつある。この歴史的な転換期においてでさえも、恐らく多くの人々が社会教育の主体者として学び続けている。であるならば、かつての杉並公民館で多くの人々が学びあったように、人々が自らの手によって豊かな暮らしや生き様を多様に描けるようなひとつの「館」を、人々の中に見出していく以外にないように思うからである。

　　　　　　　（杉並区教育委員会事務局社会教育主事　斎藤　尚久）

注　斎藤尚久「杉並区立公民館廃館後にみる社会教育の展開」藤田秀雄編著『ユネスコ学習権宣言と基本的人権』教育史料出版会、2001年・所収

杉並区立社会教育センター（セシオン杉並）の外観

I-2　子どもと歩む

　1951年9月対日講和条約締結後、民主化は抑えられはじめた。その後地方教育行政の中央集権化が図られ、教科書が偏向しているとした。60年代後半、家永三郎氏は教科書検定を違憲、違法とする訴訟を提起し、この裁判の支援運動は全国に波及した。教科書裁判のうち、70年の「杉本判決」は教育の自立と子どもの学習権を保障した。

　杉並でも「教科書検定訴訟を支援する杉並区連絡会」が教師と父母の連携によって誕生し、これが契機となって教育活動が各地域で盛んとなった。第二次ベビーブームを背景として進められた高校増設運動もその一つであった。

　子どもたちと歩んだ活動については、息の長い取り組みをしてきた文庫活動が広く展開していったが、子どもが育つ環境を守り、良くしたいと願う人たちによって、じつにさまざまな取り組みがなされてきた。その一つに、100歳超えてなお道路問題に取り組む井上アイさんの闘いがある。

　現代の子どもを取り巻く環境への新たな取り組みは、「われらプロジェクト」の活動にみられる。

移動図書館「たびびとくん」（1978年）

杉並地域家庭文庫活動のあゆみ

　戦後の混乱期を過ぎ、人々が豊かさを物質で求め始め、親たちは稼ぎに追われ、子どもたちの相手をするのは、テレビ、マンガ雑誌という状況の中で、1960（昭和35）年に椋鳩十氏が親と子のこころを結びつける「親子20分読書」運動を提唱された。また、石井桃子氏が58年に始められた「かつら文庫」の7年間の活動をまとめられた『子ども図書館』が刊行された。これにより、「親子読書運動」と、「こども文庫」運動が全国的に広まり、杉並でも60年代から子ども文庫が出来始めた。

　この頃から、杉並の各地域で読書環境の整備に関する運動も起こり、72年には、公民館で住民の企画委員吉村証子氏などの協力で、「児童文化と子どもの本」全20回講座も開講し、終了後は、受講者による「杉並子どもの本の会」も発足した。又、急速に子ども文庫が増加し、多い時には20を越え、係わる人々で「杉並文庫連絡会」もつくり、子どもに本を読む楽しさを知って欲しいと願う様々な活動が活発となった。

　77年には、子ども文庫を育成するために、杉並地域家庭文庫育成要綱、住民参加の審査会も出来、それまで個人の篤志、会費、寄附などに頼っていたものが、区から多少の助成を受けることになった。そういう中で加盟17団体により「杉並文庫・サークル連絡会」も発足し活動を拡げていくことになる。一方で、住宅事情の悪化などにより、個人の善意で家庭を開放していくことの難しさもあり、一部の子ども文庫は、個人の住宅から児童館、区民センターの図書室へと活動を移さざるを得ない状況になっていった。子どもをめぐる社会の変化により、子育ての難しさ、子どもの読書ばなれが言われているが、歩いていける所にある子ども文庫の方々の努力で、本との出合い、楽しさを知っている子どもも着実に育っていったことと思う。

　92年にはこれまでの活動をまとめ、念願の『すぎなみ文庫の十五年』を中央図書館の協力で発行することができた。続いて2005年には『すぎなみ文庫のあゆみ』も発刊した。現在も8文庫は活動を続け

ている。最近では低年齢の子どもの利用が多く、1歳未満の乳幼児も母子で参加している。そういう中で子どもの読書環境を整備する活動を種々進めている。

　03年9月地方自治法が改正され、「公の施設」に指定管理者制度(注)を導入することが可能になった。杉並区では05年4月に成田図書館、続いて11月に開館した方南図書館に導入され、ついに中央図書館の窓口業務も委託された。その後、南荻窪、今川、成田、阿佐谷、高井戸などの図書館への指定管理者制度、業務委託の導入が進み、図書館は民間企業が区民へのサービスをするようになった。

　杉並文庫・サークル連絡会としては、日本図書館協会や国会でもこの指定管理者制度は図書館になじまないという見解がでていることもあり、かねてよりこの制度に対する意見書、要望書を提出してきた。区は10年からすべての地域図書館を指定管理者制度にすると発表してきたが、10年7月の区長の交代により、この制度の再検討がなされている。

杉並区立小・中学校図書館司書配置に関すること

　杉並文庫・サークル連絡会では子どもたちが利用している学校図書室があまり機能していないことに気づいて、小・中学校の図書室を見学してきた。2000年頃から、このことに何か活動をしなくてはと学習などの準備を進め、07年11月に「専任司書がいる学校図書館を実現する会 in 杉並」を発足させた。杉並文庫・サークル連絡会の会員は勿論のこと、PTAを含む多くの区民の方の賛同を得て活動している。学習会、講演会、要望書、陳情書の提出、関係団体への働きかけ、小・中学校校長会、区議会の各会派、会から委員を推薦している杉並区図書館協議会、杉並区子ども読書推進委員会など多くの協力で、09年2月に小学校7校、中学校4校に司書の配置が決定し、6月から実現した。その後、10年、11年と順次増え、12年には杉並区の小・中学校にすべて司書を配置することが決まった。12年にはこれらの活動をまとめて記念誌を作ることになった。これにより杉並区の小・中学校の図書室は子どもにとって読書環境が素晴し

いものになると思う。

　こうした活動の中で「私たちの図書館プランを作ろう」と会員の「杉並・図書館を考える会」の呼びかけで会のメンバーが中心となり活動してきた。完成までには数十回の検討を重ね「私たちの図書館プラン」が出来上がった。区民の方々の意見も聞き、図書館などに提出し、参考にしていただいている。
　今、東日本大震災の被災地で図書館が心のケア、情報発信、災害記録の収集保存など地域の復興を支える拠点となり、その担う役割の重要性は大きい。
　　　　　　　（杉並文庫・サークル連絡会会員　地頭所 冨士子）

注　　**指定管理者制度**
　　　民間事業者もまた、区に代わって施設の運営と維持管理を行うことができる制度で、2003年の地方自治法の改正によって創設された。図書館では、貸出・返却・督促などの一連の窓口業務のほか、施設の維持管理を行う。事業者については、区議会の議決を経て、決定される。杉並区では、2005年4月1日から図書館運営業務の委託を開始し、2007年4月1日からは、指定管理者制度を導入して民間事業者による図書館運営が行われている。

子ども文庫の三十年

子ども文庫

　2007年の4月に杉並区にある子ども文庫の一つが創設三十年を迎えた。子ども向けの図書館では「東京子ども図書館」がつとに有名であるが、それは財団法人によって運営されている。また「国際子ども図書館」という施設もある。それは「国立国会図書館」の一支部で、児童書や児童への読書文化普及を目的とし、児童図書館員や児童書出版者、研究者やこども文庫の運営者のための専門図書館で、本来子ども向けの図書館ではない。また一般には、子どもたちに対する図書館サービスは公共図書館や児童館などの社会的施設や学校図書館でも行われているが、ここでいう子ども文庫とは、家庭文庫などとも呼ばれ、個人が自宅に児童書を集めて、乳幼児から小学校高学年くらいまでの地域の子どもたちに開放している文庫のことである。大概はそれぞれの家庭の主婦が主宰しており、近隣の同好の人たちの支援を得て、週1、2回程度開館している。インターネットで検索すると全国に随分とあって、ホームページを開設してそのときどきの活動内容や利用状況を紹介している文庫もある。

ある文庫の誕生とその後

　その文庫は、1977年4月16日に始まった。ウェブで公開されているホームページや『すぎなみ文庫の十五年』や『すぎなみ文庫のあゆみ』(いずれも「杉並文庫・サークル連絡会」刊)からこの文庫の成り立ちやいまの様子をうかがい知ることができる。

　その文庫は衝動的な開設であったと主宰者は語っている。その衝動はどうやら彼女の当時の生活状況と学生時代の経験に原因があったようだ。一つは当時小学校3年生になっていた子どもの本が増え、狭い廊下に置いた本棚から溢れていたこと、いま一つは自宅北側にあったわずかな空き地を上手く使えないかなと常々考えていたこと、そして三つ目は、学生時代に児童図書館に興味をもち、その勉強とアルバイトを兼ねて家庭文庫の先駆けとして有名であった子ども文

庫で"ぶんこのお姉さん"を経験していたことである。

　彼女は、思いついたが吉日と、すぐにその空き地に20平方メートルほどのプレハブを建て、あちこちから本棚を集め、200冊ほどの息子さんの蔵書を並べてなんとか文庫の体裁を整えた。最初の会員は30名ほどで、息子さんの友人や隣近所の子どもたちだったようだが、その後遊びに来る子どもたちも増えてきた。それがいまでは登録者数、1,500名（延べ人数）を超えている。文庫を続けてきた喜びの一つについて、「息子やその友だちの子どもたち、つまり親子二代にわたって私の文庫に来てくれていることです」と主宰者は語っている。

　文庫なので、そこは子どもたちが本を見たり、読んだり、読んでもらったり、お話を聴いたりする場である。しかしこの文庫ではそれだけでなく、専門家の指導で百人一首をしたり、おとな相手に将棋をさしたり、手芸・工作や手遊びをしたり、時には一緒にケーキを作ったりもしている。そうしたことを通じて子どもたちの間のつき合いはもちろんだが、おとなと子どもの交流もあり、また幼児に付き添ってくる若いお母さんたちのお喋りも自然と盛り上がることになる。おそらく育児についての意見や情報交換が盛んに行われているのであろう。10才の子どもが4、5才の幼児に絵本を読んでやったり、それを真似てやっと字を覚えた幼稚園児が自分より年上の子どもや付き添いのお母さんたちの前で"読み聞かせ"をするなど、楽しいこと、面白いこと、心に沁みることも毎週のようにあるようだ。

　開設十年後に自宅を建て替えたとき、新居の居間と食堂の続きに書庫を造って文庫スペースを確保し、その後また居間の続きにサンルームを増築して、いまでは70平方メートルの広さとなった。蔵書もいまでは2,500冊を超え、その空間をはみ出してしまい、毎週水曜日の午後は家中が文庫状態になってしまう。はみ出すといえば、たとえば読み聞かせや手遊びや手芸などは、文庫を越えて地域区民センターなどの催しなどにも参加している。

　三十年を振り返って主宰者は、「連れ合いは常々私の文庫のことを道楽といっていますが、長いことその道楽を続けてこられたのはいろいろな方々のご支援があってのことです。いま常時12名の方々に

ある日の文庫風景

応援していただいています。また杉並区の地域・家庭文庫助成は私たちの文庫の蔵書を随分と充実してくれました。」と語っている。

子ども文庫のあり方

　子ども文庫活動の本質は子どもたちに読書の愉しさを知らせることだが、その活動のありようには大きく分けて二つの方向がある。一つは、児童の感性や知と心を適正に育成するのに相応しい書を精選し、それを素材として正しい読書習慣を子どもたちに躾ようとするもの、いま一つは、マンガを含めさまざまなレベルの児童書を集め、それらを素材として読書の愉しさを子どもたち自身に発見させようとするものである。それは文庫主宰者の書物観あるいは読書観の違いによるものだが、一方は子どもの知育・徳育・情操教育における読書の有効性を理想的に追求し、いま一方は読書世論調査における50%の読書人を少しでも上積みできるように、書物を子どもたちのさまざまな遊び道具の一つとしてしっかりと意識させようとしている。適否の問題ではない。どちらのあり方も重要である。

（アカデミーヒルズ六本木ライブラリーフェロー・大東文化大学講師・元慶應義塾大学情報学部教授・元慶應義塾図書館事務部長　澁川　雅俊）

注　本文は、フリーマガジン「Noblesse」vol.12（2007.9.28発行）に掲載されたエッセイに加筆した。

市民活動と図書館

図書館協議会の活動

　図書館協議会とは、図書館法第14条で規定されている機関であり、市民の意見や要望を図書館運営に反映させるためのものといえる。杉並区では、中央図書館の建設に先立ち、1980年に「(仮称)区立中央図書館建設協議会」を発足した。この委員の選任にあたり、一般公募と団体推薦を行っている。その結果、公募委員5名、団体などからの推薦委員16名が選ばれた。この建設協議会の経験をもとに、中央図書館開館と同時に図書館協議会を設置することとなった。

　協議会委員は、当初は学校代表2名、社会教育団体3名、公民館運営審議会委員1名、区内の学識経験者4名の計10名で構成されていた。学識経験者は大学教授や児童文学作家等の区民であり、さらに文庫の主宰者やPTA会長が名を連ねている。84年3月には、答申集が出され、視覚障害者サービスや児童・青少年サービス、レファレンス（調査相談）サービスなどについての館長からの諮問に答えている。

　その後、委員の構成が変わり、2007年～10年の委員は、小・中学校代表2名、社会教育団体代表1名、社会教育委員代表1名、学識経験者3名、区内大学連携代表1名、利用者団体代表者2名、公募区民3名の計13名である。公募により区民が協議会委員となったのは07年からであり、今後の協議会の活動に注目したい。

児童サービスと市民活動の連携

　杉並区の図書館に深く関わりのある市民活動は、子どもの本に関する団体を抜きには語れない。1974年に発足した杉並子どもの本の会は、73年の公民館教養講座「児童文化と子どもの本」の参加者が母体となっている。この会の分科会として、75年に文庫連絡会が発足した。

　文庫連絡会は、77年に杉並文庫連絡会（後に「杉並文庫・サークル連絡会」以下、文庫連）として17団体で発足、同年から図書館の

地域・家庭文庫の育成事業が開始された。その内容は、情報の提供及び助言、図書の貸出、書架の貸出であった。

　これらの団体と図書館が大きく関わることになったのは、85年から始まった「子どもの本の講座」である。この講座は、文庫連の要望から生まれたものであり、企画運営委員会は杉並子どもの本の会、文庫連、民話の会といった団体のメンバーと図書館の児童奉仕担当職員で構成された。第1回のテーマは「親が子に与える読書の楽しさ」で、なだいなだ氏や田島征三氏ら、子どもや子どもの本に関する専門家による講演が全5回行われた。その後も、谷川俊太郎氏や落合恵子氏をはじめ、作家、画家、教育評論家など、企画運営委員会のアイディアと豊富な人脈で、バラエティーに富んだ講座が開催された。また、86年からストーリーテリングの実務講座として「語りの講座」も行われ、その参加者から「三つのりんご」というおはなしのグループが生まれている。子どもの本の講座は、99年度に終了した。

　おはなしのグループもだんだんと増えていき、おはなし会の運営を任せる図書館が増えてきた。また、2002年度からブックスタート事業(注1)が本格的に始まり、翌03年度からは、ボランティアと職員の協働により行われている。

　03年10月、「杉並区子ども読書活動推進計画」が策定された。策定を行った検討委員会は、教育委員会や学校の関係者、図書館職員のみで、区民はメンバーに入っていない。この計画は、07年3月に改定され、その結果、「子ども読書活動推進委員会」が設置された。委員会には、学識経験者、学校代表のほか、子ども読書活動関係団体として文庫連のメンバーが入り、公募により選ばれた区民も加わっている。

対面朗読サービスなど

　児童サービス以外にも、長い間区民ボランティアが活躍している事業がある。1979年に始まった対面朗読サービスである。都立中央図書館の対面朗読利用者と朗読ボランティアからの希望により、荻窪地域区民センターの開館と同時に同館の相談室で行われることになった。

82年に杉並区立中央図書館が開館すると、館内に設けられた対面朗読室でも行われるようになった。登録された朗読者が、対面朗読だけでなく、図書の録音テープ化も行っており、講習会や研修会も実施している。
　また、98年から設置されているふれあい図書室[注2]については、03年からボランティアを募集して職員と共に運営を行っている。

（杉並区職員　佐川 祐子〔1986年4月～2000年3月
杉並区立図書館勤務〕）

注　　　上記の文章は、『杉並の市民活動と社会教育のあゆみ』第3号の「杉並区立図書館の歴史」から抜粋したものである。

(1) **ブックスタート**
絵本を通して保護者とあかちゃんが楽しいひとときを過ごすことを支援する事業（2002年開始）。杉並区では区内保健センターで行われる4ヶ月健診受診者に絵本（2冊）の入ったブックスタートパックをブックスタートのメッセージとともに手渡している。2003年度からはボランティアと協働で行っている。

(2) **ふれあい図書室**
図書館未整備地域での図書館サービスの提供を目的とした拠点サービスで毎週1回開催し、図書の貸出し・返却等を行っている。現在はボランティアとの協働で運営している。当初3室で開室されたが現在は馬橋ふれあい図書室のみである。

子ども図書館くがやま文庫
草創のころ

　"十年一昔"といいますから、もう二昔半も前のことです。私どもが三鷹市内の公団住宅から久我山の分譲アパートに引っ越してきたのが1968年の4月。そのさい住居用の3DKと同じ階に借金をして1LDKを買い、翌月の"こどもの日"に開設したのが「子供図書館くがやま文庫」です。

　これに先立つ三鷹時代、吉村証子先生（1925～79）に誘われて文庫みたいな活動にかかわっていたので、息子たちが愛読した作品群に絵本を40冊ほど買いたした250冊たらずの蔵書で店開きしたのでした。それほどにまで事を急いだのは、久我山地区を見渡す限り、読書施設が皆無に等しいことに焦燥感をいだかされたからです。

　杉並区は都内屈指の文化区…と聞かされてきたのに読書施設の貧しさは意外でした。

　公立図書館は4館（当時）しかなく、久我山から最も近いのが永福図書館でした。住民の自主的な読書施設でありながら、公立図書館を補充する立場にもある子ども文庫も、荻窪に「かつら文庫」があるだけでした。

　図書館なし、文庫もなしという読書施設空白地帯での開店ゆえに、子どもたちが集ってくるだろうとは予想したのでしたが、あれよあれよという間に200人を超したのには驚かされました。看板事業の「童話をきく会」（読みきかせ）は間もなく「幼児部」と「小学生部」に分け、その「小学生部」を二分して「低学年」と「高学年」にし、さらに二年輪切りの「低学年」「中学年」「高学年」にして「幼児部」とあわせて4部制にしなければさばき切れなくなりました。子どもの減少傾向に歯止めがかからない、といわれる今となってはウソみたいな話です。

　くがやま文庫の取り組みで特筆できると思われるのは、吉村先生のお導きで科学読物へのアプローチをはかる"科学あそび"を手がけたことです。私自身は文学系。とりわけ民話の世界にひかれる人間なのですが、月に一度の"科学の日"にみせる子どもたちの生き生き

した反応に魅せられ、のめりこみました。

　70年代になって文庫が急増した中でも科学は珍しかったらしく、"科学読物文庫"と呼ばれたこともありました。

　いま一つは、母親を対象にした「特別講座」（年2回）を催したことです。子どもたちを本好きにするために、お母さん方にも「読書と発達のかかわり」を理解していただく必要を感じたからでした。児童文学、児童文化、教育界の第一線の方々（鳥越信・古田足日・長崎源之助・西郷竹彦・金沢嘉一・丸木政臣各氏ら）を講師として迎えました。先生方も私の気迫にのまれたのか、あるいは怖さ知らずに恐怖を感じられてか、ともかく"車代"にもたりない薄謝で出講し、講話に質疑応答にとサービスに努めて下さったのでした。

　しかし、順風満帆に終始したわけではありません。思いもかけないアカ攻勢にさらされましたし、「子どもたちが騒がしい」との苦情に頭を抱えたこともありました。子どもたちの盛んなリクエストにこたえながら「会員制、ただし会費無料」の大原則を保ち続けるのも容易なことではありませんでした。

　くがやま文庫が第1期（家庭文庫）から第2期（地域文庫）へと発展し、さらに第3期（バス文庫）へと展開して今日を迎えることができたのは、石井美智子さんを先頭にした母親チームが知恵と汗をふりしぼって支え〔第1期〕、機関車として引っぱり続けて下さった〔第2・3期〕からに他なりません。

　　　　　　　　（子ども図書館くがやま文庫〔第1期主宰〕　清水 美千子）

ムーミン文庫
猪突猛進型人間万歳！

ふた昔も前

　十年ひと昔なら、もうふた昔も前のことになります。その頃、近くの吉村証子さんという、子どもの本の研究をされていた方とPTAで知りあい、特に科学読物についていろいろ教えられたり、図書館問題や子どもと読書について啓発されました。

　そして、親子読書・地域文庫全国連絡会の講座に誘われ、親子読書、学校での読書などを熱っぽく語る講師の方々の雰囲気にのまれ、丁度その頃、近くに図書館が欲しいと願っていた矢先でもあったので、友達3人で家庭文庫を始めてしまいました。狭い社宅の事も、次男が赤ん坊である事も、手持ちの本の少ないことも考えなかったような気がします。

　「ムーミン」の作者が女性で、ムーミンのお尻が少々私に似ていたので迷わず、ムーミン文庫と名付け、友人はかわいい木彫の看板をつくってくれました。

文庫なんてやって子どもはくるのかな

　子どもの活字離れ、読書離れがもうこの頃から話題になっていました。近くに図書館がほしいと行政の人に話してみても、「今どきの子どもは本なんかあまり読まないんじゃないの」と、あしらわれたりもしました。ワラ半紙四切りの紙にムーミン文庫の地図を入れ、水曜日1時から、と書き、あちこちの家のポストに入れ、初日にどきどきして待ちました。15人位もやってきたでしょうか。それが12ヶ月の内に300人の子どもが登録し、本を置く六畳間の他に八畳間で読みきかせ、それも幼児クラス、1・2年クラス、3年以上クラスとあり、待っている部屋も必要となり、おもちゃのある六畳間も開放する事になり、家中に子どもがあふれ、廊下で知らない子どもに逢うと、その子も私の顔を見て誰かなという顔をしたり、まるで海の家のように部屋中が砂でザラザラしていたり、もうごったがえしていました。

図書館との関わり

　当然本が不足し、吉村証子さんやくがやま文庫の清水美千子さん、科学読物研究会仲間の坂内登美子さん達と、地域の区議さんを通して杉並区立図書館長に本の貸出しについてのお願いに行きました。お願いなんておとなしいものではなく、みんな図書館に対する諸々の要求を抱え顔もひきつっていたでしょう。本の団体貸出しの件、借りる本の運搬の件、図書館の整備の件など、がむしゃらに図書館長にぶつけていきました。当時の館長は大谷益宏氏。今までの経験で行政に何かをぶつけると、必ずそちらの人の顔もこわばると思い込んでいた私たちは、終始にこにこしながら話を聞き、最後に「図書館についていろいろ意見をもらってとても嬉しい。今すぐできる事からやりましょう。団体貸出しもしましょう。本は私が自分の車で今日にでも運びましょう」と答えられ、押しかけた私たちは、一瞬ぽかんとして、少し経ってから緊張がほぐれたものです。

文庫の日水曜日が生活の中心

　本の貸出しを通して一人ひとりの子どもたちの好みの本や、人となりなどが少しづつわかってくると、まるで我が子が大勢いるようで、水曜日は朝から家中を文庫型にするため家具を動かしたり、ふすまをはずしたり、わくわくしながら片づけ、1時前から玄関前でワイワイと騒いでいる子どもたちの声にうっとりしたものです。

　読みきかせの中で「桃太郎」の本のくらべ読みをしたり、水をテーマに三態変化や水の循環を続け読みしたり、5年続いた文庫生活は、今でも私の心の宝となっています。

（ムーミン文庫主宰　山辺 昭代）

ムーミン母親クラブ
ムーミン文庫の変遷

　図書館の空白地帯である高井戸地域に、1971年5月、山辺昭代さん主宰の家庭文庫「ムーミン文庫」が始まり、相前後して、富士見丘教会で「高井戸親子読書会」、吉村証子先生宅で親の勉強する「めんどり会」も出来、親たちの子どもの文化に対する関心が生まれてきました。

　文庫では、本の貸出しや読みきかせなどお母さんたちの協力で活動していましたが、利用する子どもも増え、個人宅での文庫活動の限界も分ってきました。そういう中で、読書環境を整備する請願などを区に提出しましたが解決せず、数百冊の蔵書を持って75年5月から高井戸西児童館の図書室を週1回利用する事になり、名称も「ムーミンクラブ」と変更しました。その一方で親の関わる「高井戸親子読書会」「めんどり会」は解散しました。

　しかし、児童館職員の積極的な協力と理解により、本の貸出し、読みきかせ、子どもの本の勉強会など活動はスムーズに移行し、その中で館の行事である子ども会、餅つき会などにも協力するようになりました。特に行事にあわせて、ペープサート、人形劇、影絵などを年1回作成して公演する事は、第1回の「どろぼうがっこう」をはじめとして現在も続いています。これは、会員が共にものを創るという作業の中で連帯が生まれ、その作品をよく理解し、勿論子どもたちも喜んでくれ、現在まで活動の中心となっています。

　77年には、児童館の母親クラブとして登録し、「ムーミン母親クラブ」となり、読書活動以外の活動もすることになりました。これには補助金もつき、ありがたい反面、第1回の育成(注)の本はいただきましたが、以後児童館の母親クラブとなり、文庫育成としては認められなくなりました。しかし、同じ文庫活動の仲間として杉並文庫・サークル連絡会には、当初から会員として現在に至っています。

　又、現在まで活動を続けてこられたのは、児童館の幼児クラブのお母さん方に会員になっていただき、常に会員を補充出来た上に、会長も1、2年で交替し、誰にでも親しみをもって、活動出来るよう

になった事もあると思います。これは、当グループが女性の地域に於ける社会参加と社会教育の一環を担ってきた側面をもっている事は確かです。

　83年4月に高井戸地域区民センターの図書室がオープンし、地域の読書環境の一部として杉並文庫・サークル連絡会からも委員を推薦する事になり、当クラブからも委員を出してきました。

　翌84年からは、読みきかせにも協力する事になり、現在まで深く関わっています。

　母親クラブ活動も、85年6月に杉母連、87年5月に都母連が出来、こちらの方も委員を出して活動しています。

（ムーミン母親クラブ会員　地頭所 冨士子）

注　1977年から始まった図書館の文庫に対する育成事業で図書費が支給された。現在は図書の貸出しの支援を受けている。

現在の会員文庫のリスト

① 【ジルベルト文庫】
気の合うスタッフがそれぞれ才能を発揮して、文庫に来る子どもたちを迎え入れているジルベルト文庫は、「ジルベルトの会」[注1]とも連動し、幅広い活動を続けている。

② 【ポプラ文庫】
初代から現在の6代目代表まで、文庫の所在を変えつつも、大勢の関係者をつなぎとめ、多彩な活動を営んでいる。ポプラの幹から出た枝は海外へも。

③ 【バンビ文庫】
開設からもうじき30年。世代をつなぎ確実に何か大切なものを子どもたちに手渡している。伝統的な季節行事やお料理、かるた取りなどを取り入れたイベントは好評。ホームページあり。

④ 【ポケット文庫】
開設から20年以上。永年読み継がれている本がどんな本であるかなどをよく知った大人が、子どもたちに本を手渡していく大切な役割を担っている。

⑤ 【文庫ピッピ】
90年代に入ってからの開設。「読んでと持ってきた本は必ず読んであげるのが、ピッピのモットー」である。子どもたちの要求には丁寧に応じているところは、文庫仲間からみてもお手本のような姿勢だ。学校などにも読み聞かせやお話[注2]にも出向いている。

⑥ 【のびのび文庫】
「すくすく親子文庫」が継続困難となり、94年より引き継いだ2代目文庫で、800冊の本からスタート。子どもたちの"そばにいる"あるいは、そっと寄り添いながら、文庫を続けたい。

⑦ 【ちいさいおうち文庫】
02年開設の「ちいさいおうち文庫」は、児童文学作家の石井桃子さんの「幸福な子ども時代が大人になったあなたを支えてくれる」という言葉を大切にしながら、丁寧に子どもたちに本の読み聞かせをしている。大入り満員が続く。

⑧【このあの文庫】

05年に産声をあげ、児童書の編集者である30歳のご主人、25歳の奥様が2人で始められた文庫。熊本の実家は児童文庫であったという経緯もあり、いわば文庫二世が文庫を新たに始めた。

(2005年現在)

かるたとりの練習（バンビ文庫）

注　(1) ジルベルトの会
　　　　大人が子どもの本のお話を覚えてお互いに"語ったり聞いたりして"楽しむ会
　　(2) お話
　　　　昔話やグリム童話などを覚えて語ること

参考資料 文庫・サークルの歴史

```
        71  72  73  74  75  76  77  78  79  80  81  82  83  84  85  86  87  88
```

- 68年5月より 子ども図書館くがやま文庫 ─── 9月子ども図書館 くがやま文庫 ─── くがやま文庫（ハヌ文庫）───
- 5月ムーミン文庫 ─── 5月ムーミンクラブ ─── ムーミン母親クラブ ───
- ００文庫（ゼロゼロ）─── 11月すぎの木文庫 ─── 9月ぐるんぱ文庫 ─── 子どもの本研究会ぐるんぱ ───
- 7月くすのき文庫 ───
- グループ「モコ」……… 人形劇「モコ」───
- 2月峠の園読書会 ───
- 3月やぐるま文庫 ───
- 8月すくすく親子文庫 ───
- 11月ポプラ文庫 ───
- 4月大好子ども文庫 ───
- 4月ちびっこ文庫 ───
- 4月土曜文庫 ─── 4月ジルベルトの会 ───
- 2月長泉寺子ども文庫 ───
- 4月バンビ文庫 ………………
- 5月しらゆり子ども文庫 ───
- 11月あすなろ文庫 ───
- 6月杉並ユネスコ文庫 ───
- 11月なかよし文庫 ───
- 10月ポケット文庫 ………
- 6月きりん文庫 ……

82　Ⅰ-2　子どもと歩む

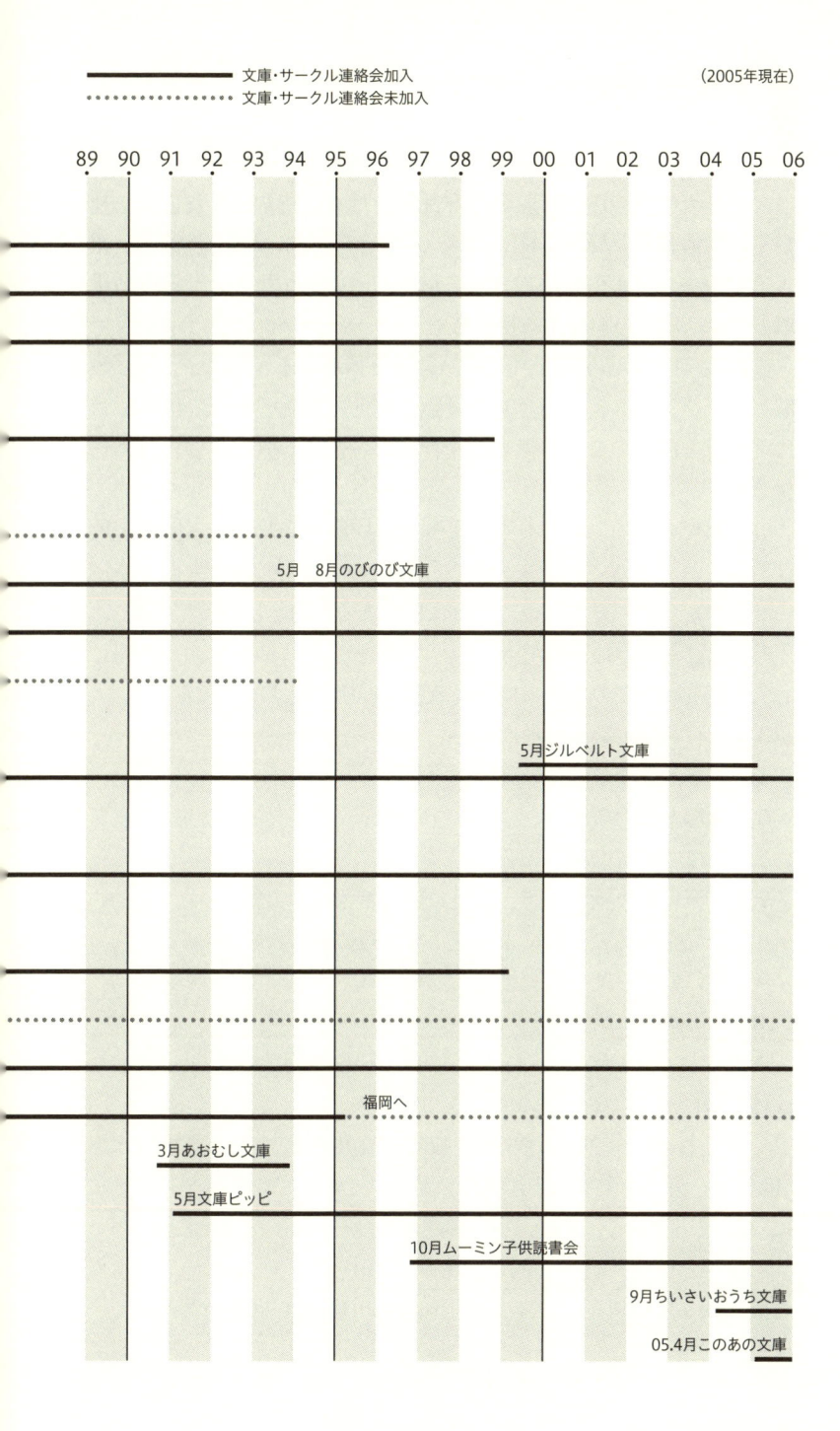

━━━━━━━━━ 文庫・サークル連絡会加入　　　　　　　（2005年現在）
・・・・・・・・・ 文庫・サークル連絡会未加入

89　90　91　92　93　94　95　96　97　98　99　00　01　02　03　04　05　06

5月　8月のびのび文庫

5月ジルベルト文庫

福岡へ

3月あおむし文庫

5月文庫ピッピ

10月ムーミン子供読書会

9月ちいさいおうち文庫

05.4月このあの文庫

83

学校後援会が「PTA」になった

　アメリカ生れのPTAを敗戦の混乱した日本に持ち込んだのは、連合軍民間情報教育局（CI&E）であった。第一次米国教育使節団は報告書の中で、日本の軍国教育を一掃し、民主的な社会教育推進の手段として、PTAの組織化を提言した。

　文部省は、1946年各学校にPTA結成を指導すると共に、省内に設置された「父母と教師の会」委員会は、研究審議を重ね、48年12月に「父母と教師の会」参考規約を作って各都道府県教育委員会に送付した。

　しかし会の目的、方針から始まって、12章43条にわたる参考規約は敬遠され、さっさと従来の学校後援会の看板をPTAに書換えて済ませたのが多かったらしい。それにはPTAの目的として、

1、児童青年の福祉の増進
2、民主社会での市民の権利と義務の理解を促す成人教育
3、新しい民主教育の推進
4、家庭と学校の関係の緊密化
5、父母と教師の協力
6、学校の教育的環境の整備
7、児童青年の補導保護、福祉に関わる法律の実施
8、公立学校への公費による適正な支援の確保と協力
9、その地域の社会教育推進
10、国際親善に努める

とあるが、せいぜい3、4、5、6、くらいを規約にのせ、「自主的な団体」のPTAが誕生したのである。

　しかし杉並では既にいち早く47年、高井戸第二小や桃井第二小「桃友会」が、今までの学校後援会の会則を変えて、PTAを発足させていた。

　それから僅か2、3年の間に、全国の小中学校で、本家のアメリカを凌ぐ82％の達成率に、連合軍総司令部（GHQ）は驚いたという。

PTAに育てられて

　上の2人の私の子どもが通っていた小学校では、あまりPTAの話は聞かなかった。夫の転勤で、杉並に移って出合ったのが、沓掛小学校のPTAだった。そこで広報部の副部長を押し付けられた。もともと書くことは好きだったし、よい友達に恵まれ、すっかりPTAにハマってしまったのである。

　このPTAでも広報は当初先生におまかせであったが、58年に業界紙の編集に関係していた人が「先生に教えてもらって、みんなで広報を作りましょうよ。」と言い出し、割り付けから整理、校正まで自分達でやるようになった。今までの年1回の雑誌形式から、61年にはタブロイド版の新聞を年6回発行するまでになった。学校やPTAの行事、研修会の報告、校長室や職員室にも取材にいったり、かなりハードだったが、みんなで編集するのは楽しかった。会員の投稿も多く、「広報はPTAの絆」であるという考えが芽生えた。

　自主編集を呼び掛けたこの人は、PTAの総会では、学校後援費などの問題点を鋭く質問し、校長との一問一答が面白いと、みんな誘い合わせて出席したという。そして付けられた仇名が「総会屋さん」。その校長先生は私と入れ替えに転出され、総会名物のこんにゃく問答は残念ながら聞けなかった。役員は3月の委員総会で各学級から推薦された候補者の中から投票して決めた。

教育環境の整備に追われ

　沓掛小は53年4月に創立。戦後のベビーブームで児童数が急増し、近隣4つの小学校から1年〜4年の児童を分けて創った新設校であった。校地は子ども達がザリガニを取りにいく小さな小川の流れる湿地帯で、壊れた丼や不用品の捨てられたとても学校が建つとは思われない空地だったという。

　校舎の建設が間に合わず、近隣の若杉、杉並第五、桃井第一、桃井第五の4校に分散して授業を受けた。9月に、12教室と職員室、調理室ができ、やっと分散していた児童たちは初めて一緒になったのである。翌年9月、4教室、56年、6教室と保健室。57年、2教室、音楽室、理科室の増築でやっと完了した。完成校を待ち望んでいた父母

達の促進会は、早速総会を開いて会則を作り、PTAが誕生した。

　完成の喜びの記念として校庭の隅に図書館を建設したが、募金が120万円しか集まらず、教職員も給料の百分の一を拠出、PTAも再募集して150万円支払ったという。（その後、地方財政法の改正で、このような私費による公立学校の施設の寄付行為は禁止された。）

　新設校の教育環境の整備はゆき届かず、その後も花壇、砂場、はんとう棒、すべり台などはPTAの寄贈による。

　杉並では45年に空襲で全焼した高四、西田、方南など9校に及ぶ復旧に追われ、また6・3制による中学の新設もあり、教育環境の整備が公費だけでは賄いきれず、どこのPTAも学校側からの要望や、また自主的にPTA会計の中に特別会計として校費全体の4割前後の学校後援費が組み込まれていた。

　憲法にいう「義務教育は無償」の原則やPTA本来の目的である社会教育活動も後回しになった。従来のPTA会費一口50円で3口以上であったのを、「PTA会員はすべて平等」にすべきだとして、一律に世帯100円に改め、減収分を補足するために登場したのが、廃品回収による売上金とか映画会の収益で増収を計り、違法を承知で学校後援費をひねりだしていたのである。

　杏掛小も61年、幸いにも公費でプールはできたが、体育館はない。雨天の日の体育の授業は悩みの種で、PTAでも早期建設の要望書を持って、何度も教育委員会（以下、教委）に陳情にいった。63年の総会では体育館建設が重点課題となり、5月に地域で署名運動が起こり、1798筆の署名を添えて陳情書を教委に提出した。

　しかし、たとえ体育館建設が決定したとしても、内部施設の経費はPTAの負担となる。それを準備した学校から優先的に建設するという。63年のPTA総会で、毎週土曜日、児童に古新聞を学校に持参させ、廃品回収の売上金をプールし、約40万円溜った所で意気揚々と陳情書をもって区教委にいき、やっと次年度には体育館を建設するという口約束を得たのである。

　65年3月のPTA広報「くつかけ」は一面に、「体育館設立決まる」と喜びの記事が載った。廃品回収は窮余の対策としてあちこちのPTAで実施したらしいが、「学校に集積するのは不衛生」と中止の要請が

都教委から出た。結局内部施設は、PTAと区が折半することになり、永年の苦労が報われた。

区費では（45万円）、バレーボール設備、低鉄棒、バドミントン設備、はんとう棒（以上30万円）放送設備（15万円）。PTAの負担（45万円）は、電気工事3万円、椅子（1000円×200脚　20万円）暗幕（19万円）とび箱（3万円）であった。

昏掛小の体育館は、66年1月、PTA会員の三番叟の「こけらおとし」で始まった。幸せ一杯の児童、そして親たちであった。それまでは普通教室を3つ打ち抜きにした殺風景な卒業式だったのが、新しい体育館、金文字の校章の輝く幕にさぞ感無量だったであろう。

私費負担解消への動き

「義務教育は無償（憲法26条）」の原則をふまえて、私たちは安易に学校運営費などを、PTA会費から補充せず、必ず行政に予算の増額を要望してきた。それで駄目ならPTAがやるしかなかった。

そういう経過の中で、都も無視できず、57年からは、特別区財政調整により教育環境整備の財源措置を何とか続けてきた。そして64年度には学校運営費暫定標準を作成し、27億円の増額で、ようやく私費負担解消に向けての第一歩を踏み出したのであった。ついで66年、学校運営費標準が告示された。

標準学校規模として、校舎、校庭の規模、教職員の人数、備品等を細かく規定し、教科、学年別にも、備品、消耗品などを算定、また学校行事では、国旗、紅白の幕、生花、花瓶など驚く程詳細に算出されている。この基準について財政措置をするから、PTAは今後、学校運営費などに関わる公費を負担しないようにという、当時の教育長の名に因んだ画期的な「小尾通達」が各学校、PTAなどに届けられた。

東京都も、私費負担解消実施のPRに乗り出し66年6月、都広報室提供の番組「こんにちは東京」（12チャンネル）で野尻教育長を囲んで、私を含む5人のPTA会員が「PTA会費は下がるか」のテーマに出演した。

「PTA会費はそれぞれのPTAの運営方針によるが今度の『私費負担解消』によって、学校後援費がなくなり、その分をPTA本来の社会教

育の活動費にまわせば、会費は安くならないが、会員にはプラスになる。今年は予算措置が遅れたが、補正予算が6月議会を通れば、私費負担解消は実施できる」という教育長に対して「本当に予算がつくのか」「学校は信用していない」「校長から後援費がほしいといわれれば切るわけにはいかない」「公費は手続が面倒ですぐ使えないと先生はいう」など苦情も出た。「今迄は学校を援助する形だったが、今後は先生と親達が一緒になって、社会教育的な研究なり活動の場にする。会費はその為に使うべきだ」が、結論となった。

　私費負担禁止の「小尾通達」はPTA会長のみならず、各学校長にも届いているはずなのに、いざ学校後援費を打ち切ろうとすると、それを不満として、校長とそれに迎合する一部PTA会員の策動によって辞任においこまれたPTA会長もあった。

　お金の切れ目が、縁の切れ目、そんなPTAはいらないなど、学校とのトラブルも耳にしたが、沓掛のPTAを始め、この年から学校後援費はPTAの予算から消え、成人教育に目を向けるPTAが増えていった。

PTAの拡がり

　64年の秋、沓掛区内の路上で起きた傷害事件は、被害者が5年生の児童、加害者は自分の犯行が新聞にどう報道されるか、興味を持っていたという。その年の暮の26日、犯人逮捕の報で幕は閉じたが、その高2の少年は異常な両親の期待で大学受験にノイローゼになった。そのストレス発散が犯行原因だという。事件解決後、「通り魔事件をめぐって」の座談会が広報「くつかけ」に載ったが、受験重視の現在のありよう、友達とのコミュニケーション不足、加えて親子の対話不足で、ますます孤立感が深まっての犯行と、私たち親として注意すべき問題が浮彫りになった。一番初めの事件の時、もっとことの重大さに気付いて対応すれば、あと未遂を含めた十数件は防げたのではないか、という反省も出たが、ともあれ校外活動部のパトロールや、街ぐるみで子どもを守る環境作りが実を結んだのではないか。荻窪警察署から「事件解決はPTAの皆様の真摯な御協力の賜物」と、感謝状が届いた。

　通学路安全の為に青梅街道幹線道路に信号や歩道橋の設置、交通

の規制など、どこのPTAでもやっていると思うが、何年もかかって、地域ぐるみで難問解決に挑んでいるPTAもある。

　66年杉並清掃工場敷地が上高井戸に決定すると、地元では早速、上高井戸地区建設反対同盟が結成され、高井戸小PTA（以下、小P）では、反対同盟協力要請書を、全家庭に配布して反対運動が始まった。翌年4月には反対デモを決行、反対同盟と協議し、高井戸第二、高井戸第三、久我山、富士見丘各小Pも参加し、運動は拡がっていった。

　交渉が思うようにいかず行政訴訟を提訴した。

　高井戸小P会長の尾崎さんが、私が小P協会長になったばかりのところに見えたので、「お役に立つなら小P協としてもお手伝いしますよ」と答え、「ところで運動に忙しくて商売にさわりませんか」と聞くと、すまして「油を売ってます」と答えられ、大笑いしたことを思いだす。尾崎氏はガソリンスタンドを経営されていた。

　区や清掃工場側との交渉に紆余曲折はあったが、結局74年11月和解した。工場排煙の処理や分析データーの公表、ゴミ搬入自動車の通路の変更などの条件がつけられ、工場は建設された。

　65年富士見丘小学校の校舎すれすれに中央高速道（高架下は放射5号）が通る建設計画を知って、「子どもたちが危ない、老人施設もあるし」と、自宅もすぐそばの井上アイさんは、早速高井戸地区公害対策協議会を作り、反対運動をはじめた。一番被害を受けるはずの富士見丘小PTAは、校長に牽制されて動けず、別に「富士見丘と子どもを守る会」を作って共闘していたが、守る会の大田正子会長がさまざまの妨害を押し切ってPTA会長となり、また運動を妨害していた校長が更迭され、後任の校長は道路建設の現状に驚き、反対運動に協力するようになった。そして抗議のため2千人の風船デモを校庭から挑戦、マスコミ各社も報道して、この運動は成功した。

　強硬だった道路公団も折れて、高井戸地区公害対策協議会やPTAを含む5団体との協議会を作り交渉に応じることになった。

　そして国会はじめ都、区、環境庁、建設省などあらゆる所に陳情に行った。その苦労のかいあって、いま富士見丘小は、公害の常時測定器があり、校庭には散水器、校舎は5基の空調と二重窓、そして子どもたちの体力と健康状態測定観察を行っている。しかしそんな機械

で健康を守るより自然の風に吹かれ、校庭で自由に遊ばせたいのが親のねがい。中央高速道建設阻止はかなわず放射5号線とインターをどうするかが今後の課題となった。井上アイさんは今は95歳、まだまだ死ぬわけにはいかないと、運動を続けている。これについては、井上アイ『蟻んごの闘い―道路公害に命燃えて―』(1993年) に詳しく書かれている。

PTAとは

以上、PTA活動は会員内でのコンセンサスを得るのが難しい。それに学校の立場というのが入ってくると面倒になることがある。

それでも日頃の暮らしの中や、社会の動きの中で子どもにとって不条理なことであれば、学級会で勇気を出して話し合ってみる。そして納得のいかないことであればPTAに問題提起して、P協や教育委員会、区議会などに陳情するなどの行動をおこす必要があるだろう。それまでの数々の障害を乗りこえて。

事例としてあげたPTAの人達の根気強さ、たくましい行動力には心から敬意を表したい。

「子どもの教育を受ける権利に対応して、子どもを教育する責務を荷うものは親を中心とする国民全体であると考えられる」(家永教科書裁判「杉本判決」)。

「親も教師を主体とする学校も、同等に『子どものしあわせ』のためにつくす義務がある。それを果たすのがPTAではないか。

『学校あってのPTA』ではなく『子どもあってのPTA』である」(東京都教育委員会発行「PTA一問一答集」から)。
(杉並区立小学校PTA協議会元会長・杉掛小PTA元会長　石崎 暾子)

蟻んごの闘い
道路公害に命燃えて

　それは、まったく寝耳に水の話だった。1962（昭和37）年頃から環状八号線の「中の橋」を起点に、広い畑の中を通る予定の中央道が急に変更になり、迂回して玉川上水を埋め立て、両側の家や、小学校、老人施設まで削り取る案に変更になり、静かな住宅地は、上を下への大騒ぎとなった。

　玉川上水べりの上高井戸1、2丁目に住む私たちは、直ちに「中央道反対協議会」を結成して、運動を始めた。署名を集め、バスを連ねて都庁や区役所に陳情に行く。夜は代表格の永田さんの家に集まって対策を練る、というてんやわんやの毎日が続いた。そして、浴風会に視察に来る佐藤総理に直訴しようとした。結局誰かに紹介して貰って、佐藤総理に手紙を渡す事になり、私は夜遅くまで起きて、一生懸命佐藤総理に手紙を書いた。

　「とうの昔から路線が決まっていたのが、急に玉川上水を埋め立てる今の案に変更したこと、上水の両側の小学校や、東京で一番大きい老人施設の敷地が削られる。昔ながらの武蔵野の俤を残す玉川上水はぜひそのまま残して、他の路線に変えて欲しい――」と便箋4枚にこまごまとしたためた。それを私は次の日、衆議院議員会館に某代議士を訪ねて手渡した。

　まさか、これをきっかけに、その後20数年、来る日も来る日も、"中央道"に明け暮れるようになるとは夢にも思わぬことだった。

風船デモでアピール

　「風船に手紙をつけて飛ばしてはどう？宛先を書いて、拾った方から返事を貰ったら？」と、私は提案した。

　この集会に参加した百人の、千個の風船が、晴れ上がった7月の空高く、舞い上がるのが、テレビで放映された。

　　この風船は中央道の起点（東京杉並高井戸）から飛ばしました。
　　ここからの排気ガスはあなたの所まで届くでしょう。拾った方は

ご連絡下さい。

　　道路公害から生命と生活を守ろう。
　　子どもを喘息から守ろう。
　　教育環境破壊を許すな。

という内容の参加団体連名のビラが風船につけられた。

　この可愛いい使者は、空高く大宮市や川崎市まで飛んで、その日の夕方から電話のベルが鳴りっぱなしだった。
　「私どもも公害に苦しんでいます。」「がんばって下さい。」という言葉が添えられた。
　協力団体には、「富士見丘子どもを守る会」、「219を公園道路にする会」、「電通大宿舎公害対策協議会」も参加した。
　風船デモのアピールは成功したが、都の建設局は環八から浅間橋まではとうに完成していると、共用開始を迫るが、烏山北住宅の間だけ車を通さないため、手前の4メートル足らずの細い杉並―世田谷の区境通りに車が殺到して、事故が絶えない。今でさえ大変なのに、どっと車が入って来たらどうなるのか。私たちは到底首をたてにふる訳にはいかなかった。私たちは必死に抵抗したが遂に押し切られた。
　ようやく下り線オンランプ抜きで、浅間橋以西の道路を整備することになった。地元では、残念なことに上り線オフランプまではどうしても及ばなかったのである。
　私たちは、一層地域の人々と結束を固め、年毎に悪化してゆく公害の防止や、交通対策に取り組む毎日である。
　　　　　　　　（元杉並公害対策住民連絡会事務局長　井上　アイ）

参考文献　• 井上アイ『蟻んごの闘い―道路公害に命燃えて―』1993年（自費出版）

「PTA」が取り組んだ高校増設運動

　全国的に少子化が進み、小中学生が減少傾向にあるなかで、高校が足りなくて親たちが高校増設に取り組んだ時代があったと話しても、現在の多くの親たちには想像できないかもしれない。私自身も今後、高校増設に取り組まなければならない時期が来るとは思えない。それでもかつて杉並区で小・中学校PTAを中心に取り組んだ高校増設の記録を残しておくことは無意味ではないだろう。運動は、PTAを中心に子どもの教育にかかわるあらゆる区民が、都や区の行政に働きかけて実現した運動だったからである。

運動の発端

　杉並区で最初に高校が不足するということが話題になったのは、「杉並教育法研究会」第1回定例会である。当時、家永教科書裁判の進行に伴って家永訴訟支援会が全国的に広がり、父母と教師がともに教育問題を語り合う学習会が頻繁に開かれた。1970年8月27日に日本教育法学会が設立、杉並でも教育法研究会が結成された。

　71年4月、第1回定例会が開催され、その席上、第一次ベビーブームの子どもたちの高校不足から増設に取り組んだ報告があり、第二次ベビーブームで再び高校不足が目前に迫っていた。そのことを知った母親たちが高校増設運動に取り組む決意をしたのがそもそもの始まりだった。

　98％の高校進学率のなかで都立高の受け入れは30％までに落ち込み、このままでは進学率の低下は必至であった。就職には高校卒が最低の基準である。生徒の急増対策は都教育庁にとって緊急かつ重要な問題となっていた。

　すでに第3学区では、中野区の刑務所跡地利用に高校設置の運動が始まっていたし、練馬区では3校増設を決め、具体的に用地確保の運動まで進んでいると聞かされて、杉並区の出遅れを痛感した。

　60年代後半から70年にかけて、杉並区内では「和泉おかあさんの会」「久我山教育懇談会」「井荻子どものしあわせを語る会」「方

南おかあさんの勉強会」など教育問題に取り組む会が結成され、活動していた。思うに70年代は全都的にも教育運動が高揚した時期といえよう。

PTAの取り組み

　73年度の最初の杉並区立小学校PTA連合協議会（単位PTA会長と校長会代表で構成、以下、小P協と略）で、杉九小PTAから高校増設運動に取り組んでほしいと要請が出された。このとき、ほとんどの会長は、中学校PTA協議会（以下、中P協と略）でも取り組んでいないのに、そのような運動をなぜ小P協で取り組まなければならないかという疑問の声が圧倒的であり、提案者の説明にも関心が弱く、ともかく別途委員会を設置することにとどまった。

　小P協各分区から1名が選出され、7名で「高校増設特別委員会」が発足した。私が委員長に推されたが、委員は山住さんをはじめ河野庄次郎さんや小林未央さんなど増設運動をすすめようというメンバーで、毎月一度定例会を開き、運動の進め方、会員全員に進捗を知らせる広報活動の必要を話し合い、74年度予算は運動のための費用を捻出するために、各校の分担金の増額が可決された。

　74年度、小P協の会長を山住正己さん（当時、東京都立大学助教授）が引き受けられ、私が副会長と「高校増設特別委員会」の事務局を兼務した。委員は各単Pから1名選出してもらい、各分区1名の小委員会が窓口となった。会員に運動の趣旨を理解してもらうことが何より大事であり、みんなが納得して進めなければ実現は困難だった。またこれまで小P協は会長しか参加できないとされ、小P協で話し合われたことや議決されたことが各単Pに伝わらなかった。小P協は単なる会長の親睦団体ではなく、子どもたちの未来のしあわせのために活動する団体でありたいというのが山住さんの強い願いだった。小P協には代理の参加が認められ、必ず出席して欲しいと要請した。それでも出られない小学校には会議の内容や決定したことを知らせた。

　74年7月、都の中期計画が手直しされるとの情報が入り、急遽、有楽町交通会館で「都立高校に関する懇談会」が開かれた。都教育

庁関係者7人が出席、私たちは都教育庁に中期計画を見直して第三学区にも高校増設を要請した。この会には小P協、中P協、都立高校教職員組合第3支部（以下、高教組3支部）、杉並教職員組合（杉教組）、私立学校教職員連合会（私教連）西部ブロック、自主的な学習会で結成された杉並教育連絡会、練馬区、中野区の増設運動にかかわる人々や学識経験者、区議など総勢100人が参加して狭い会議室はいっぱいとなった。

席上、都の高校増設中期計画手直し案が説明された。84年度までに88校の建設を予定している、用地が確保されたところから建設する、練馬区に設置計画はあるが、杉並、中野には適当な用地がなく計画には入っていない、と都教育庁担当者から説明を受けた。

用地さがし

用地を見つけなければ事は進まないことがわかり、早速、用地探しが始まった。杉並区のどこに高校を建設できる土地があるのか、私など半信半疑だったが、蚕糸試験場や機械技術研究所などの国有地が筑波へ移転する計画なので、跡地を利用するのはどうかという案を聞かされたので、杉並区にも用地がないわけではないと多くの参加者が希望を持った。

そうした状況のなか、9月、住友不動産が杉並区永福1丁目に所有する約1万2000坪の更地を条件付で都に譲渡してもよいという意向が新聞記事で報じられ、それを読んだ私たちは直ぐに参集、にわかに慌しくなった。

住友不動産はこの地にマンション3棟を計画していたが、永福小学校では生徒増となる上、建設中の登下校の安全や日照権問題で反対が強く、計画を断念したのである。

夏休み気分も抜けない9月7日、小委員が参集した。「都立高校増設中期計画区手直しと、杉並区永福1丁目所在住友不動産所有地を高校用地としての取得の緊急実施についての陳情書」という長いタイトルの陳情書の原案を作成し、小P協で多少の手直しをして、完成したばかりの陳情書を携えて、中P協や運動に参加した多くの方々とともに都の佐藤教育長はじめ関係部局、住友不動産本社、都議会

の各会派を回り、協力をお願いした。その日のうちに区役所へ戻り区教育長、区議会各会派、さらに校長会、教頭会、杉教組へ写しを持参した。

　永福では、9月25日、マンション建設計画に反対し、都立高校建設をすすめようと、「杉並区高校増設をすすめる会」（以下、すすめる会）が結成された。

　この運動は杉並区が全体で取り組まなければ実現は不可能であり、10月23日、「杉並区高校問題連絡会」を結成、この会には小P協、中P協、区立小・中学校校長会、教頭会、杉教組、高教組三支部、私教連西部ブロック、教育研究会連絡会、すすめる会、教科書訴訟を支援する杉並地区連絡会（教科書地区連）、新日本婦人の会杉並支部（新婦人）杉並区民主教育をすすめる会が参加した。その他に地元住民団体に、用地隣接の東側町会、南側寺町、南側隣接住宅のグループがあった。

　私は行き掛かりで小中P協を離れても連絡会の事務局を引き受けることになってしまった。

　運動の進捗状況や都から得た情報は以上の団体と都議会・区議会の各会派、区教委に同様の文書で報告した。情報はすべての関係者が共有することが大事だと思ったからである。また、陳情書や要請書には「すすめる会」すべての代表者の署名・捺印をもらわねばならず、各団体の事務所を訪れた。労をねぎらってくださったり、にべもなくあしらわれるなどいろいろだったが、いまとなってはよい経験をしたと思っている。

小P協のアンケート調査

　75年1月、小P協では会員全員を対象とするアンケート調査を実施した。配布数27,595　回答数18,330、回答率66.4％。増設運動に賛成は86.4％であった。この運動が単位PTA会員に支持されていることを知り、会長の集まりである小P協で本格的に取り組まなければならないという姿勢が強まった。

　2,000枚のアンケートの自由記入欄にはさまざまな意見や要望が書かれていた。会長の山住さんはじめ委員は目を通し、集計結果を『P

協だより』に掲載した。当初はそんな大掛かりなアンケートが必要あるのか、という意見もあり、校長会会長である杉九の校長先生に協力を要請したとき、「反対意見が多かったらどうします」といわれた。山住会長は「中止せざるをえないでしょう」と応えられたが、私たちはこの運動が多くのPTA会員に支持されているという自信があった。

反対の声

　陳情書は関係者を動かし、用地確保が具体的になっていった。しかし、運動というものは具体的になればなるほどさまざまな意見が出され、些細なことでこんがらがってしまう。

　まず、予定地に隣接する町会から高校増設は困ると反対の声が上った。学園紛争で明治大学和泉校舎ではセクトの争いで、血まみれの学生が逃げ込むこともしばしば、異様な学生が多くて怖い、この上、高校生が増えるのは困るのだ、といわれた。今の私には理解できる。確かに黒い学生服の集団は威圧的である。地元の関係者と話し合わなければ、と永福寺で話し合ったこともあった。

開かれた高校

　新しい高校は地域に開かれた学校にしたいというのが増設に携わってきた者の願いであった。図面を見せてもらったとき、図書室が4階になっていた。高校生の活字離れ、本離れが話題になり始めたときで、図書室は生徒の利便を考えて1階に変更してもらうことや車椅子使用の生徒も受け入れられるようにエレベーター設置の要望が出された。

　都立大学の長倉教授が子どもたちに居心地のよい校舎を提唱されていたこともあって、従来の校舎ではなく、子どものための学校建築のあり方を勉強する会も生れた。

用地取得が実現

　76年3月、用地取得について進展があり、都は半分を取得、残地は地元住民の公共用地として都と交渉することになり、お互いに協力を確認した。

4月、光丘高校が世田谷工業高校を仮校舎として開校。77年度の都の予算に高校用地7校分が計上され、そのなかに永福高校の用地も含まれた。都と地元住民の説得に尽力くださった区教委の最上教育長からその報告を受け、用地買収が順調に進めば78年校舎建設、79年4月開校の予定と聴いたときは嬉しかった。紆余曲折、さまざまなことがあったが、開校の目処がたち、それが目前になっていることを実感したとき、この運動にかかわったことを素直に喜べた。
　78年12月、都立永福高校の説明会が開かれた。79年4月、永福高校は都立大泉北高校内に仮校舎が設置され、12月、校舎が完成した。
　79年2月3日、「すすめる会」が中心となって「都立永福高校を祝う会」が豊多摩高校会議室で開催され、約40人が参集した。
　祝賀会の司会は74年当時の永福小PTA会長で最初から運動に関わった宮城早苗さん、「すすめる会」事務局長の上野章子さんが経過報告をされた。
　小P協、中P協の関係者、永福高校初代校長の遊川益次先生、山本恒太郎教頭、都の前教育庁施設部長の吉田重治氏、都と地元との橋渡し役を務めてくださった区教育長の最上正志氏、中学校校長会からは中瀬中学校の岡喜三校長も出席された。
　だれもが6年間の運動の苦労を振り返り、永福高校開校の実現を喜びあった。
　山住さんはこの日の感想を次のように述べておられる。
「…最後に、丁度、節分の日だったので、豊多摩高校の校長さんによる豆まきがあって散会した。この日の会は、ささやかだが、会の趣旨や参加者の顔ぶれからいっても、日本教育史上、画期的といっては大げさかもしれないが、まことに珍しい集まりだったということは許されるだろう。（中略）この問題については、地球上のどこにもいい先例を見つけることができないのである。しかし、父母、教職員（校長も組合員も）、行政当局、地域住民など、この日参集したような人々の組み合わせがうまく力を発揮すれば、高校も恐らく生まれ変わるだろう（中略）参加者一同、きっと同じ思いであったにちがいないと思う」（「ある高校の開設を祝う会の感想から」『PTAで教育を考える』所収）。

運動は終わった

　一段落したある日、私は下村好代さんと一緒に最上教育長に御礼を申し上げ、二人で買ったささやかな花束を差し上げた。最上さんは思いがけなかったのだろう、とても喜んでくださった。帰りに二人で近くの喫茶店でコーヒーを飲みながら互いの労をねぎらった。あまりにも多忙な日々のなか、多くの辛苦をわかち合い乗り越えてきた同志として語り合えたのは下村さんだけといっても過言ではなかったのである。

　練馬区では76年に光丘高校、80年に大泉学園高校、81年に田柄高校が開校。目標の3校の増設を実現させた10年に及ぶ運動だった。

　以上が第3学区と杉並の高校増設運動6年間のあらましである。紙幅の関係で大事なことを落としてしまったかもしれないが、お許し願いたい。

　　　　（元「杉並区高校増設をすすめる会」事務局　久根口 美智子）

参考文献
- 山住正己編著『学校教育と住民自治』総合労働研究所、1977年
- 山住正己著『PTAで教育を考える』晩成書房、1982年
- 杉並教育法研究会『年報』創刊号（1973年12月）。第2号～第11号までは毎年発行。第12号（最終刊）は1988年2月発行。毎号一年の定例会報告と高校問題の論稿を掲載。
- 雑誌『教育』1975年9月号～11月号、1976年1月号掲載の拙稿「あるPTA連合協議会の一年」
- 練馬区高校問題連絡会『待っていたら間に合わないから』1986年（自費出版）
- 杉並区高校問題を考える会・中野区高校問題連絡協議会共編著『父母と教師の教育実践』1990年（自費出版）。東京都立高等学校設立年表と杉並区と中野区の増設運動の詳細な記録を掲載。

子どもの健やかな成長と大人の役割
われらプロジェクトの活動

　これは、「子ども自身を知り、心と体を健やかに育くむ」というテーマの活動に、「社会福祉医療事業団」から活動助成金を受け、中曽根聡区社会教育主事を通じて、区から全面的な協力を得て実施された「われらプロジェクト」の活動と、活動助成終了後の区民有志の活動の報告である。

　このプロジェクトは、(1) 杉並の地域調べ　(2) 冒険遊び場づくり　(3) 不登校・引きこもりへの対応、の3本柱からなっている。この3つの活動に加えて、関係者間の連携を今後も創出し継続しようとすることをも意図した。

　違った分野で各々活動してきた区民有志が20世紀末に会合をもち、自分たちの分野での活動の基盤を土台にして話し合いを重ねていき、子どもも大人も　主体者である、という共通認識の下に、会の名称は「われらプロジェクト」となった。

1. 2000年度活動について：手探りのスタート
(1) 杉並の地域調べ ― 総合学習授業の活用

　「総合的な授業の時間」という、まだ小学校に正式には導入されていなかった授業の時間を活用できることになり、杉並区のほぼ中央を東西に流れる善福寺川に沿った井荻小、杉並第二小、松ノ木小が活動に参加することになった。

　「われらプロジェクト」の活動目標の一つは、「子どもの気付きを大事にする」であるので、子どもが主体性をもってトライしたものが評価されるよう、各小学校担当教師と「われらプロジェクト」のメンバーは事前打ち合わせを入念に行った。

　井荻小ではクラブ活動が、杉並第二小では5年生の川調査が、松ノ木小では6年生の地域調べの授業が対象となった。

　小学校側と「われらプロジェクト」のメンバー双方の努力が成果を上げることとなった。

(2) 冒険遊び場づくり ― 実践と学習

　杉並区の南側を流れている神田川流域の塚山公園が「冒険遊び場」づくりの出発点となった。

　世田谷の「羽根木プレーパーク」の活動を知って、杉並にも冒険遊び場を、と願う区民たちと、プレーパークで実践指導を受けた1人の青年及び東京都の青少年指導者がプレーリーダーとして参加した。

　「冒険遊び場実行委員会」を設定して仲間造りをしながら、教育長、教育委員会、女性青少年課、公園課などを回り、「なぜ遊び場が必要なのか」を話して理解と協力を求め、区からの後援や、木登り、焚き火の許可を受けた。

　「冒険遊び場」は、10月に3回実施され、その後はほぼ月に1回開かれて合計9回実施された。

　また、「杉並に冒険遊び場をつくろう！」をタイトルにした4回の連続学習会が開かれ、講師の話と現場体験の効果の違いから、地域との接触の必要性が通感された。

(3) 不登校・引きこもりへの対応
　　　―引きこもり体験者も参加した講演会

　開催した講演会は、NPO法人「ニュースタート」（千葉県市川市内）の二神能基氏、沖縄の星野人史氏、山形の武義和氏らによる不登校児のためのフリースクールの話、教育評論家斉藤次郎氏の講話の会などである。これらの会には中学校時代に引きこもりを経験した2人も参加し、私たちは現状を知ることとなった。

2. 2001年度活動について：広がり、深まっていった

　暗中模索で始まった活動も2年目を迎えて徐々に軌道に乗り始めた。メンバーは自らの担当以外の分野の活動にも参加できるようになり、子どもたちの現状への理解が深まっていった。

(1) 杉並の地域調べ ― 環境提言をまとめる

　松ノ木小の4年生は、「川と仲良し」をテーマとして、子どもの意向収集→川調査のための計画づくり→調査内容の吟味検討→善福寺

川事前調査→善福寺川本調査という順序で活動をすすめて、川入り3度目で本調査を行った。

　松ノ木小5年生は、「身近な環境」の学習に取り組んだ。最終目標を杉並区長への環境提言を作成することとし、それに向けて段階を踏んだ学習を行い、2002年1月19日に開催された「杉並教育フォーラム」に於いて、子どもたちは自分たちで主体的に考え、自分の言葉で書いた提言書を区長に手渡した。

(2) 冒険遊び場づくり ── 地域に浸透

　月に3回塚山公園において冒険遊び場が催された。この活動は地域に徐々に浸透していき、区民の働きかけで行政の複数の窓口と連携するきっかけとなった。

(3) 不登校・引きこもりへの対応 ── 冊子「こころの地図帳」を作成

　杉並区広報での呼びかけや臨床心理士の渋谷英雄氏の協力を得て、不登校・引きこもり経験者と、今も引きこもっている子どもたちに参集してもらい、冊子づくりに取り組むことになった。

　引きこもっていた人たちが、電車に乗ってやってきて編集会議に参加し、インタビューの予約を相手から取り付けてインタビューに出かけたり、座談会で発言したりした。

　冊子の題は、元引きこもりの1人の提案で『こころの地図帳』と決まった。29頁の可愛いい冊子だが、杉並区立済美教育研究所訪問記、ニュースタート事務局訪問記、フレンドスペース訪問記、テーマ「ひきこもりをこえて」の座談会、親の心情・子どもの心情などの項目が載っており、終りには「われらプロジェクト」の活動も紹介されている。

3. 2002年度活動について：最終年を迎えて

　各分野それぞれに一層の充実した活動を目指して取り組んでいったが、このような地域活動に何が求められているのか、また、どんな問題点があるのかが浮きぼりにされてきた。

(1) 杉並の地域調べ ― 行政・学校・地域の協働

松ノ木小4年生、5年生を引き続き対象として活動が繰り広げられた。

新4年生は「善福寺川の調査」の前年度調査を引き継ぎ、5年生はビオトープの計画づくりを行った。彼らと「われらプロジェクト」チームの合同で考えたビオトープ案は実現されず、全く別の区担当部局が業者に委託した内容のビオトープがつくられてしまい、行政・学校・地域の活動が分化し、協働は名ばかりのものになってしまった。

2003年度から学校教育コーディネーター制度が導入されることとなり、「われらプロジェクト」のメンバーは、それぞれの自由な判断により学校と関わることになった。

(2) 冒険遊び場づくり
― 仲間が仲間を呼び

参加者も増えていき、活動内容は多様化していった。

助成事業終了後も、「子ども夢基金」などの活動助成を受け、遊び場が常設化されることを目標とした活動は継続されていった。

現在、冒険遊び場は柏の宮公園を活動拠点として常設されており、05年から杉並冒険遊び場の通称を「のびっぱひろっぱ」と命名、07年からは井草森公園にも周辺住民の要望があり冒険遊び場がある。リーダー養成講座を適時行い、夏期には夜間映画会を開催している。

秘密基地ペンキ塗り

(3) 不登校・引きこもりへの対応 ── 地域で集会

冊子『こころの地図帳』づくりに参加した若者たちから、自分たちの「居場所」が欲しい、という声があがった。それを受けて杉並区の7館の地域区民センターを会場にして、不登校・引きこもりの若者や経験者とその家族の人たち、そして地域住民が意見交換する会を開いていった。

これらの会と並行して、社会教育事業の一環であったすぎなみコミュニティカレッジにおいて「居場所づくりプロジェクトサポーター育成講座」を「われらプロジェクト」は企画運営した。

杉並の不登校・引きこもりの実情やそれへの対応等が多方面にわたって話し合われ、検討されていった。

そこからは、不登校・引きこもり当人のみではなく、その親、家族の人たちの居場所も必要であることが分かってきた。

3年間の助成終了後、「われらプロジェクト」は、個人のお宅を開放してもらって、プロジェクトに参加した人々や、区広報、ちらしでの参加呼びかけに応じてくれた人々で、「みんなの居場所づくり」の活動を引き続き行っていくことになる。

この活動は、「はじめの居場所」づくりと名を改めて、不登校児の

社会福祉・医療事業団(子育て支援基金)助成事業

こころの地図帳
ひきこもり・・・。

事業実施団体　社団法人全国子ども会連合会
事業実行団体　われらプロジェクト（東京都杉並区）

目次
「こころの地図帳へのねがい」
ひきこもりとは
医療・カウンセリング
杉並区立済美教育研究所訪問記
ニュースタート事務局訪問記
フレンドスペース訪問記
座談会「ひきこもりをこえて」
「親の心情・子どもの心情」
われらの編集物語
われらプロジェクト─冒険遊び場づくり
われらプロジェクト─善福寺川地域しらべ
相談所一覧

『こころの地図帳─ひきこもり…。』
(社団法人全国子ども会連合会、2002年3月発行)

親たちの話し合う場へとつながっていった。

結び

　2001年には、「杉並の地域調べ」「冒険遊び場づくり」「不登校・引きこもりへの対応」の3分野に分かれて活動していたメンバーの間に、活動当初掲げられた目的である連携が生み出されていき、われらプロジェクトメンバーが一堂に会して総括シンポジウム[注1]を開催することができた。

　「杉並の地域調べ」では、担当各人が引き続き学校と関わりを持っていくことを確認し合った。「冒険遊び場づくり」は参加者も年々増え、遊び場も増設され、子どもの保護者、地域からの理解、認知度も高くなり、活動も多角化し続けているが、それらの活動を継続していく資金の確保が年々難しくなっている。今後は、行政の委託事業としての「冒険遊び場」も視野に入れる必要がある。

　「不登校・引きこもりへの対応」では、話し合いから、地域に「居場所」があることが求められていることが分かってきた。「みんなの居場所づくり」の呼び掛けから始めて、まず「はじめの居場所」づくりをしようと、個人宅を開放してもらって月1回午後2時から4時までの集まりが2002年10月から始まっている。

　話題提供者の10分間程の話の後、参加者が自分の話を順番にする型だった。自分の好きな時に立ち寄って、というスタイルで続けられていった。

　全く面識のなかった人たちが集って、子どもたちと共に歩みたい、という共通の願いで「われらプロジェクト」は誕生し、3年間一定の時間を共有した。「子ども自身を知り」という言葉で始まったこの活動は、「われらプロジェクト」メンバー、そして、活動の呼びかけに参加した人々も自分を知ることとなった。

　自分の身の回りから少し遠いところにも目を向けるようになり、現実を見る力をつけていった。

　そして、当時区内に事務所があった（社）全国子ども会連合会が助成金の窓口となったこともあり、これらの取り組みは『東京都杉並

区におけるモデル事業報告』^(注2)にまとめられ、三つの観点からの問題提起を含めて全国に発信された。

（元われらプロジェクトメンバー　森内 和子）

注　（1）総括シンポジウム（2001年2月17日）
　　　　（テーマ）冒険遊び・地域調べ・引きこもり、不登校
　　　　（コーディネーター）門脇厚司氏
　　　　（ゲストパネラー）二神能基氏
　　（2）『東京都杉並区におけるモデル事業報告』社団法人全国子ども会連合会、2001年3月

参考文献
- 杉並の市民活動と社会教育を記録する会編『杉並の市民活動と社会教育のあゆみ』第4号、2010年、44-70頁
- 杉並の市民活動と社会教育を記録する会編『杉並の市民活動と社会教育のあゆみ』第3号、2008年、60-61頁
- すぎなみコミュニティカレッジ講座記録Ver.14-1『「居場所づくりプロジェクト」サポーター養成』杉並区教育委員会社会教育センター、2003年

「子ども自身を知り、心と体を健やかに育む事業」をすすめるための組織図

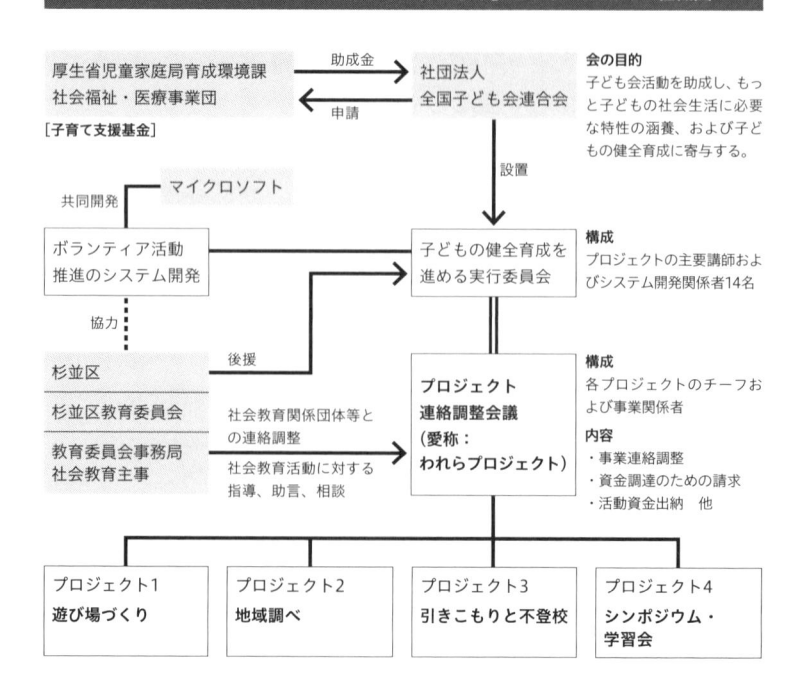

厚生省児童家庭局育成環境課　社会福祉・医療事業団　[子育て支援基金]
　── 助成金 →　社団法人 全国子ども会連合会
　← 申請 ──

会の目的
子ども会活動を助成し、もっと子どもの社会生活に必要な特性の涵養、および子どもの健全育成に寄与する。

マイクロソフト
共同開発 →
ボランティア活動推進のシステム開発
協力 ↕

設置 ↓
子どもの健全育成を進める実行委員会

構成
プロジェクトの主要講師およびシステム開発関係者14名

杉並区
杉並区教育委員会
教育委員会事務局　社会教育主事
── 後援 ──
社会教育関係団体等との連絡調整
社会教育活動に対する指導、助言、相談
→
プロジェクト連絡調整会議
（愛称：われらプロジェクト）

構成
各プロジェクトのチーフおよび事業関係者
内容
・事業連絡調整
・資金調達のための請求
・活動資金出納　他

プロジェクト1　遊び場づくり
プロジェクト2　地域調べ
プロジェクト3　引きこもりと不登校
プロジェクト4　シンポジウム・学習会

子どもと若者をめぐる杉並の歴史

　より良い社会の形成と持続を願い、未来を担う子どもや若者たちにかける期待や思いは、時代が違っても、地域であれ学校であれ、行政であれ大きく変わるものではないだろう。

　杉並の戦後の歴史をみても、子どもや若者の可能性を信じ、その育ちを支えるために行われた取り組みは様々あり、それらの実施主体も偏ったものではない。ここに、子ども・若者への理解が深く、教育に熱意を持った杉並の特徴が表れていると思う。

　「杉並の市民活動と社会教育のあゆみ」第3号における「子どもと若者」も、他と同様、さまざまな取り組みに携わった方々に記録的な視点で原稿をまとめていただいた。よってここでは、青少年に関わる区の動きを中心に、戦後から2008年現在に至るまでの変遷を、簡単ではあるが、追ってみようと思う。

　なお、「子ども」や「若者」といった用語の使用において、厳密な分け方をしていないことを断っておく。

1. 戦後、教育再建に向けて

　2006年の「教育基本法」改正は議論を呼んだ。この法律が憲法と一体の法律として制定されたのは1947年のことであった。この年、区内においても、高井戸第二小学校のように「PTA」が組織され、子どもを取り巻く活動が展開されるようになった。また、同年には、区内各所で「緑陰子ども会」の活動がはじまり、やや遅れて、青年団が活発に活動しはじめるなど、戦後の混乱期にありながら、教育再建に向けた取り組みが起こった。

2. 公民館設置から

　杉並区立公民館（以下、公民館）が開館したのは、教育委員会（公選制）設置の翌年、1953年のことである。公民館では、青年学級振興法に基づく「青年学級」（1954年）や「子ども映画会」（1955年）を実施した。「青年学級」は、勤労青年の余暇活動を支援し、区内

の青少年の健全育成を図る目的で、高井戸（1962年）・井草（1965年）・高円寺（1967年）に青年館を設置して以降、青年館で実施されるようになる。また、「子ども映画会」は、公民館が閉館となるまで多くの子どもたちに親しまれた。

　高井戸青年館では、1967年、地域活動や子ども会など青少年育成に携わるリーダー養成として「子どもリーダー講習会」を始めた。これをきっかけに、その後も名称や対象を少しずつ変えながら、青少年指導者養成は取り組み続けられた。

　一方、行政だけではなし得ない子ども・若者の学習支援には、1953年に都が設けた「青少年委員」制度によって、11名の委員を委嘱するなど、地域住民の力を得ることで、青少年の教育振興を図った。

3. 社会教育センター開館に伴った変化

　豊かな学習活動の拠点であった公民館が閉館となり、かわって、杉並区立社会教育センターが開館した1988年は、社会教育行政にとって、子ども・若者をめぐる点で大きな節目の年である。社会教育センター開館に伴い、青年館の利用が一般区民にまで広げられ、名称も社会教育会館に変更されたのだ。

　しかし、日頃から地域とのつながりが持ちにくい層を対象に、公民館時代から続く「区民企画講座」を社会教育会館で実施することで、若者との接点を保ち続けた。その「区民企画講座」の一つが「高円寺若者雑学塾」である。「高円寺若者雑学塾」からは、地域に根付いたイベント「ハート・トゥ・アート」が生まれた。

　また、先述の青少年指導者養成も、子ども会組織がないという実態に合わせ、直接的なリーダー養成から集団活動を育てる「ジュニアチャレンジコース」へと変化していった。

4. 社会教育における青少年事業のあり方をめぐって

　1995年、社会教育委員の会議から「杉並区における青少年教育行政のあり方について」（答申）が出された。そこには「新しい発想に立って魅力的で躍動的な青少年教育事業を再発見・再創造する

必要がある」とある。

　杉並区の特徴の一つに児童行政の充実があげられる。その代表と言えるのが「ゆう杉並（児童青少年センター）」の開館であろう。中高生世代に関しては、新たな事業が展開されているが、主に若者層への働きかけが重要になってきているというのが、答申の指摘であった。

　これを受け、若者層への施策が展開されたかというと疑問が残る。先の「ジュニアチャレンジコース」をはじめとする青少年教育事業が、1999年頃から徐々に青少年施策の統合化、体系化のもと、児童行政へ組み込まれていく過程を踏まえると、社会教育行政においては、青少年事業の迷走期だったと考えられる。

　しかし、それとは対照的に、社会福祉・医療事業団の助成金を受けて地域で行われた「われらプロジェクト」（2000年〜2003年度）のように、区主催事業に留まることのない、今でいう住民との協働による取り組みも展開されていた。

5. 学校教育を中心とした教育改革の渦の中で

　区教育委員会は、地域の力を生かした教育力の向上による教育立区を目指し、2002年度「教育改革アクションプラン」を策定した。2004年度には、杉並区が目指す教育と教育改革の方針を示した「教育ビジョン」と、その推進を図る「教育ビジョン推進計画」を策定した。これらの中心は学校教育であり、社会教育への言及は、学校教育を支える家庭と地域の教育力向上である。

　社会教育への期待は、かつては直接的に子どもや若者を対象とした青少年教育事業を行うものであったが、整理統合によって縮小され、学校教育を支える地域づくりやその担い手の育成が大きくなっている。

　門脇厚司氏は、著書『子どもの社会力』（1999年　岩波新書）の中で「社会力（社会を作り、作った社会を運営しつつ、その社会を絶えず作り変えていくために必要な資質や能力）」の必要性と、そのための「他者との相互行為を豊かにし、他者と共同で行う実体

験を豊富にする必要性」を説いている。子どもや若者が、同世代の仲間と活動し、地域の大人と関わりながら成長できる場が求められるのは、今後も変わることはない。さらに、これは子どもや若者に限ったことではない。子どもや若者を通して得られる豊かな学び、気付きが大人にもあるからだ。

　子ども・若者が生き生きと育つ場が保障され、これからも様々なかたちで継続されていくよう、ときには過去の取り組みに学び、大人の役割を考え、共有することも大事ではないだろうか。

(杉並区教育委員会事務局社会教育主事　秦　弘子)

現在の「区民企画講座」におけるミーティングの様子

I-3　生活・環境を豊かにする

　1970年代は福祉への取り組みが盛んになって、「杉並・老後を良くする会」ほかの団体による介護、食事サービスなどの活動が拡がっていった。また障害者が地域で生活することを応援しようという取り組みもなされた。

　69年には「杉並区消費者の会」が設立され、医療制度や年金、また添加物などによる食品公害や食の安全、石油タンパク禁止運動などが進められた。72年には杉並区立消費者センターが開所し、消費者運動は一層活発化した。日本の経済が高度成長や生産・輸出の振興により右肩あがりであったということは、一方で福祉、公害、ゴミ、リサイクル、消費者保護など環境破壊に関わる取り組みの必要性が生じたのである。

　さらに80年代に入ると、環境破壊ストップを訴える「都民の直接請求で環境アセスメント条例の直接請求を」の運動が、杉並をはじめ全都に拡がった。

杉並清掃工場建設中の様子（1981年）

婦人学級から生活学校へ

　戦後、小学校に子どもが入学すると、まず親はPTAという組織に所属した。その中でいろいろなサークルもあり、どこかの活動に誘われる。PTAの活動をしているうちに区の社会教育が企画する活動へと広がりをもち、その頃たいへん盛んに行われていた「婦人学級」へ参加することとなった。

　男女同権、女性も手をつないで行動をといったことで、社会活動への基礎を学ぶ。会議のもち方、司会、記録、レクリエーション、ここで学んだことが、PTAの中でも、それから後の社会活動の中でも大切な知識であり、技術として活用できたことは言うまでもない。意見のまとめ方、発表の仕方、記録の取りまとめ、そしてその間には簡単なゲームや体操、合唱などを体験し、自分のものとしてきた。そしてメンバーのリーダーとしての資質が育てられた。

　新生活運動の中の活動として、杉並区でも「生活学校」が8校生まれた。第1生活学校、第2生活学校は区内全域から集まった人々で構成されていた。前述の「婦人学級」から、「生活学校」は生まれたのである。他には町内会を母体とした学校もあり、次々に開校していった。そしてそれらの連絡会が、1966（昭和41）年につくられている。初代会長は小原寿美氏であった。学習をした人の中から助言者として活動する人も次々に生まれ、杉並区のこうした学習活動をいやがうえにも盛りあげていった。

　「生活学校」は、その名前の通り生活にかかわることを問題として取り上げ、調査をしたり、見学をしたりと、知識をひろげ、世の中の問題も取りあげていった。食べ物のこと、行政の動き、環境のこと、そしてそのうちに、杉並区で起こった「ゴミ戦争」についてもいろいろと活動をひろげていったのは言うまでもない。

　こうしたことをきっかけとして、家の中のことだけにかまけていた家庭婦人の社会への進出が始まった。杉並区といえば、そういう活動の盛んな所という基礎が先輩たちによって培われていたことも忘れてはいけない。

「生活学校」の中では、メンバーの他に補佐メンバーという役目の方がおられた。要するにこの組織を円滑に運営するために力を貸してくださる方であり、「つかず、はなれず」というのがその立場をよくあらわしている。
　私たちの第2生活学校では、この役目にあたってくださったのが室井光子先生であった。
　「生活学校」ではいろいろなことを学習した。学習といっても単なる「うけたまわり」ではない。主体メンバーなのだから、自ら何を学びたいかを出し合い、それをどのような方法で学んでいくかを話しあう。時には先生のお話を伺い、時には調査をする。見学ということも何度もあった。また、そのジャンルも幅広く、生活全般、まさに「生活学校」である。思えばそれらを基にして、消費者運動につながっていったといっても過言ではない。
　杉並区の女性の活動というものは、先輩達の進んだ積極的な活動を基に、その上にこのような学習の積み上げによってより深く、自然に育まれ発展していったものと言えよう。中でも「光化学スモッグ」が発生したのが70（昭和45）年、立正高校であり、隣の練馬区石神井南中学であったことから、今も年2回、6月・12月に「NO_2」の測定が続いている。
　この間に起こった杉並区の大きい問題として特筆しなければならないのが「杉並ゴミ戦争」であり、都区懇談会とは別に「区民ゴミ問題懇談会」を組織して、できる限りの活動を行った。これも「婦人学級」・「生活学校」で学んだことが基本になっていることは言うまでもない。
　何も知らなかった一介の主婦が、地域の方々と力をあわせて大きい働きを進めることができたのもやはり基礎からしっかりと学ばせて頂いたことが大きい力であった。これからの世の中においてもこのような学習の機会を数多く作って頂き、しっかりとした動きが自信をもって進められるようにと願ってやまない。

（杉並区消費者の会　寺田 かつ子）

参考資料

杉並のゴミにとりくむ

　ゴミ問題は私どもの会でも深い関心を持って、行政との話し合いや、ゴミ減量運動などを進めてきましたが、問題は非常に大きく、ゴミに関する将来への不安も高くなっています。

　そこで区民全体で問題であるゴミについて各種団体が手をつないで積極的な運動を押し進めていこうと、昨年（71年）7月に次の参加団体によって「杉並区民ゴミ問題懇談会」（「ゴミ懇」）が作られ、私どもの会もそのメンバーとなっています。

○ 参加団体

　杉並区清掃事業協力会、杉並区商店会連合会、杉並区町会連合会、杉並区婦人団体協議会、杉並区生活学校連絡会、王さまの会、杉並区消費者の会

○ 活動のあらまし

7月24日　都清掃局次長、区清掃事務所長、区長、区民部長、区議（清掃問題特別委員会）、杉並区選出都議の出席をえて次のテーマについて懇談会を持った。
　　　　　テーマ：① 現地の収集体制と改善策
　　　　　　　　　② 区民運動としてのゴミ減量の推進
　　　　　　　　　③ 杉並区に於けるゴミ終末処理の展望

9月25日　○ 現状のゴミ問題をどうするか（週3回収集になったものの、現実にきちんと3回収集されない地区あり）。
　　　　　○ 一区一工場といわれるが、高井戸建設予定地が白紙に戻ったことについての対策を話し合う。

11月15日　○ 会の正式名称、構成等について、若干の世話人、書記、会計を決める。
　　　　　○ ゴミの現状（清掃事務所長）一日排出量581トン（焼却、埋立約半々）。収集能力に対する排出量－月・火は120%（とりきれず）、水・木80%（収集車空く）、金・土100%。

11月24日	○ 年末のゴミ対策について。年末に増えるゴミが処理能力をオーバーするため、区内に中継地（積替所）を設け小型車で収集したものを大型車に積み替えて埋立地、焼却工場へ運ぶ案について。候補地は和田堀公園予定（清掃事務所長より）。 ○ 区民への年末のゴミ減量のPRをどうするかの相談。
12月 4日	和田堀公園内ゴミ積替所設置反対同盟の反対運動に対し、反対運動中止を申し入れ、地元の人達にも現状を理解し協力方依頼の申し入れ書を個別に配布。
12月 6日	「ゴミ懇」としては積替所設置を強く要望する要望書を作成、都知事、都清掃局長宛提出（都庁訪問）。
12月18日	反対同盟による阻止運動により和田堀公園内積替所設置不能のため、年末のゴミ解決策を相談。
12月21日	区の広報車に分乗、ゴミ減量の協力を区民にPRするため、呼びかけ、ビラ配り。
12月22日	江東区議会による杉並の収集車阻止。事態解決のため区長、区議会正副議長等に積替所設置実現を強く要望した決議書を提出。何とかするとの確答を得る。
12月23日	区営松ノ木グラウンドを使用すべく工事着工の報告あり、反対運動の中心であった田中都議、区議3名に公開質問状を出す。
1月 9日	田中都議はじめ区議からも公開質問状への返事なし。ゴミに関する区民の意識が非常に高まったので、今後の運動の方向を相談。
1月17日	区選出都議6名出席を要望し、終末処理に対する区内清掃工場設置に協力してほしい旨申し入れる。
1月24日	区議会正副議長、区清掃問題委員会正副委員長、各党幹事長と懇談、工場設置協力を依頼。

注　この記録は、杉並区消費者の会発行『杉並区消費者の会だより』No.1〜No.58の第9号（1972（昭和47）年度　第2号）から転載した。

見て、きいて、知って「動いた!!」
行政との協働へ

　婦人学級から財団法人にまで大きくなった「東京ウィメンズカレッジ」(後に東京コミュニティカレッジと改称)で学びました。社会経済、法律、哲学、心理学、民俗学、それぞれの専門コースと一般教養コースがあり、コース長その他の役でしごかれ、良い経験をしました。

　その後、自分の地元でやれることがないかと思い、そのころ、消費者の置かれている立場に疑問を持っていたので、消費者の講座に出かけたら、「消費者の会」が出来たばかりだと聞き、早速行ってみたところ、「こだま会」でご一緒だった寺田かつ子さんが代表だったので早速参加しました。そこで、まず女性は経済問題が苦手である、ということで、やさしく経済を学ぶ経済グループを立ち上げました。東京コミュニティカレッジで杉並の住人とわかった方に次々声をかけて経済グループに仲間入りしていただきました。

　経済グループの学習時代のこと、毎年暮れになりますと、国の予算がたびたび新聞に載ります。数字が大きいのでとっつきにくいのですが、それは私たちの家計から出た税金で賄われているわけです。私たちの暮らしが税金で賄われている部分が大きいことに気付き、財政の勉強を始めたわけです。予算制度とは国民がその代表機関を通じて政府の行動を規制・監督する手段であることを知り、関心を持たなければ自らその権利を放棄することになると強く感じました。

　また、その頃東京都で「新財源構想」というのが作られたのですが、それが発表されているのを知り、都庁まで行き、一部40円で人数分買い求めて、経済グループの仲間と勉強の素材にしました。次に一番身近な区はどうなっているのか。消費者センターに行き、分厚い予算説明書を見せてもらいましたら、民生関係の予算の中に、69という数字が並んでいます。6万9千円ですね。家庭に眠っている不要品の活用という項目があり、これは何に使うのかと聞いたら、まだ決まっていないという答えです。それなら、それを利用させてもらおうと思ったのですが、ずいぶんいろいろな条件をつけられたので自分達でやりました。さらに、予算というものに目を向けないといけない

と考え、消費者行政については、毎年、来年度の予算が編成される8月から9月には翌年度の予算要望を出し、新年度の初めには、必ず内容の説明をしていただくのが恒例となっています。

　1987年度のこと、「消費者グループ連絡会」の窓口の当番がきました時に、牛乳パックの回収のシステムを立ち上げました。区内にいくつか拠点をつくり、区から予算もいただき、回収車を回していただくことにしました。その後トレーの回収も業者と一緒にやりました。また、販売する側にも責任があると考え、スーパーマーケットにも関わってもらうために掛け合いに出かけました。現在、スーパーでトレーと牛乳パックを集めるのがごく当然のことになってきましたね。

　最近、区は、地方自治は住民が主体だと言い出しました。区政に積極的に参加するよう、またNPO法人の立ち上げを勧めています。今後は、実際に地域の中で一生懸命になって動ける人が求められます。

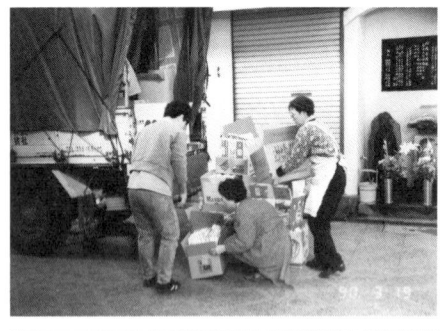

いま活動中の人は高齢化しているので若い人につないでゆくことも大切ですが、それだけでなく、定年退職した男性の方、体力はまだ十分残っていますし、専門的な仕事で培った知識と技術をお持ちです。昔の男性と違い、女性と横並びの関係にも抵抗が無く、こまめに動かれますので、リサイクル協会でも大いに活躍されています。

　ただ、こういう人たちに実際に区政に参加していただくときに、これだけは基本的に抑えておくべきことを学ぶ場があってもよいと思います。どういうことかといいますと、最近出来た条例に「住民自治基本条例」というのがあります。また、「清潔で美しい杉並をみんなでつくる条例」も改正され

阿佐谷の元消費者センターの前で、借り上げの車に回収した牛乳パックを積み込み中

ることになっています。そういう条例の内容や、情報の公開とか個人情報の保護に関する条例の内容、あるいは予算制度、財政の仕組み、予算内容などは基本的に抑えておく必要があります。しかし、杉並区にはこれらを学ぶ場が用意されていません。一方、各分野別にノウハウ的な講座は花盛りです。基本的なこういった学習を担うのは社会教育であり、社会教育センターの仕事ではないかと思います。だからきちんと予算を組んでやってほしいと願います。
（元杉並区消費者の会役員・同元経済グループ代表・NPO法人杉並環境ネットワーク事業委員・同エコマーケット代表　大橋 とも子）

参考文献　・『時代に学ぶ地域活動』杉並区教育委員会社会教育センター、2003年、29-32頁

安全な食を求めて産地直送と共同購入

　私は消費者運動の中で安全な食べ物を手にいれたいということで、皆と歩んできました。消費者運動なくして私はありません。1969年に「杉並区消費者の会」は発足しました。

　当時物価がどんどん値上がりし、かつ食品の安全性に関する問題が出てきました。当時うさぎの肉の入った豚ひき肉を売ったり、馬肉の入った牛肉の缶詰とか、うそつき食品が氾濫していました。そういうとき東京都の経済モニターの経験者が声をかけて、小さな声を大きな声にしないと力にならないということで、発足したのが「杉並区消費者の会」です。まず知識を得るために勉強しなければならないということで、公民館の講座をはじめいろいろな講座に参加しました。そのとき「食品添加物とは」とか、「食品添加物の功罪」というような話をききました。私たちが食べている食品の殆どに合成添加物が使われています。その数は358種、現在339種ですが、その中に有害物とか使用基準量が守られていないものもあったり、さんざん使われていたものが取り消しになったりするものがあり、一人ひとりが知識を得て、選ぶ力を持たなければと痛感しました。

　強烈に残っているのは、ビタミンCを補うためにと信じて子どもたちに飲ませていたジュースが、実験などして分かったのですが、色付き水で、合成着色料と合成甘味料からできていたのです。また、たんぱく源が必要だからとハム・ソーセージなど練り製品を食べさせていたのが、それにAF2というものが入っていて、恐ろしい発癌物質だと聞きました。さんざん子どもたちに食べさせていたものを、はきださせられないよねって、皆涙ぐんだのを今でも思い出します。

　知らないことはなんと悲しいことだろうかと、様々なところへ行って勉強し、情報を得てくることに繋がっていきました。世の中、大量生産で大量消費といって広域的に物を流通させるには、食品添加物なしにはできあがらないというのが企業の考えです。有吉佐和子さんが『複合汚染』という小説を書かれましたが微量であってもいくつかの添加物が体の中に入ったとき、複合作用がでるのではない

かと心配しました。それで私たちの手で、私たちの求めるものをつくってもらおうじゃないかと無添加ハムつくりになったのです。なぜ無添加かというと、ハム・ソーセージに使われる亜硝酸塩が体の中に入ったとき、ジメチルニトロソアミンという強力な発癌物質になるからです。亜硝酸塩を使わなくてもハムがつくれないかと、当時立川短大の松岡先生や吉田先生にお話を伺うなどお世話になりました。いくつかの大手は発色剤なしにはつくれないというし、農林省のJAS規格でも発色剤を抜いたものはハムとはいいません。未だにJAS規格では発色剤を使うことになっています。

　中小企業でいうと小にはいる大多摩ハムという会社が、何か安全なものをつくりたいといっているのを知って、いくつかのグループと働きかけをし、3年かかって無添加の試作品ができました。その時の喜びは大きなものでした。ボツリヌス菌の問題やハムに含有している水分の関係など難しく、私たちも、にわか勉強しました。要するに私たちが扱いに気をつけるから、ぜひつくってほしいといったのが、現在購入している無添加ハム・ソーセージ類です。

　つくってもらうには買い支えなくてはなりません。一つの釜で1ロット50キログラムです。皆で買い支えるために「共同購入連絡会」をつくり、始めてすでに25年以上経ちました。若いお母様たちの働きもあり、現在東京都と近県に70近いグループが加入しています。学校給食では教育委員会の関係や栄養士さんの意見やら困難がありましたが、現在は

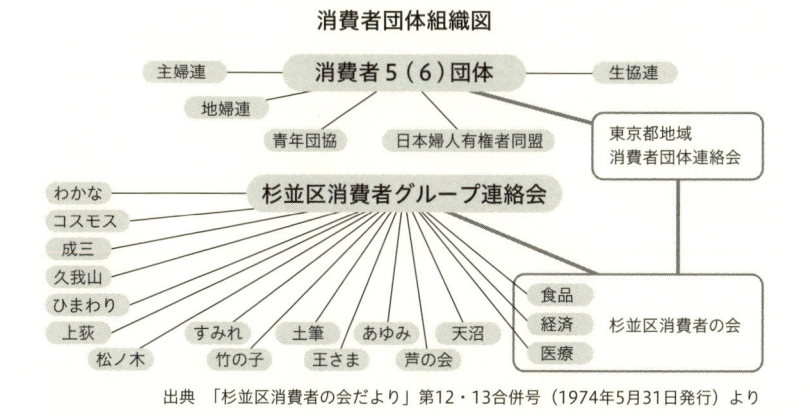

消費者団体組織図

主婦連 ― 消費者5（6）団体 ― 生協連
　　　　地婦連
　　　　青年団協　日本婦人有権者同盟　　東京都地域消費者団体連絡会

わかな ―
コスモス ―
成三 ―
久我山 ―
ひまわり ―
上荻 ―　　　　　　杉並区消費者グループ連絡会
松ノ木 ―　すみれ　竹の子　土筆　王さま　あゆみ　芦の会　天沼
　　　　　　　　　　　　　　　　　　　　　　　食品
　　　　　　　　　　　　　　　　　　　　　　　経済　― 杉並区消費者の会
　　　　　　　　　　　　　　　　　　　　　　　医療

出典　「杉並区消費者の会だより」第12・13合併号（1974年5月31日発行）より

栄養士さんとも連絡をとり、産地や工場を見学するなど動いています。残念ながら、杉並区では何校かが使っていますが栄養士が替わるとそれでおしまいとなって、つながっていかないのです。価格的に少しでも安いものをとなると難しいのでしょう。大多摩ハムは福生市にあることから多摩地域や埼玉県などは殆どが学校給食に取り入れています。

　共同購入者も高齢化して、以前より購入量が伸び悩んでいます。無添加は高いと思われていますが、決して高くないと思います。スーパーに置いてもらって、いつでも誰でも自由に買えるようにしたいし、それが夢です。大多摩ハムに自慢していえることは、原料の豚肉まで見える形で消費者と生産者が努力していることです。現在の経済の仕組みの中でどんな困難があるのかとか、それを解決するにはどうすればよいのかとか、生産者とともに話し合っています。

　その他、石鹸や歯みがきなどの日用品も共同購入しています。歯みがきも界面活性剤や合成甘味料を使っていない製品を手に入れています。スーパーでこうした製品は多少目にしますが、あまり売れないといわれ、スーパーの経済効果から売り場が縮小されています。正しい情報を多くの人に伝え、価格だけでなく、よいものを選んでいただくように、広めていかなくてはと思っています。共同購入し、学習し、試して、声を出して、世の中を変えていくことにエネルギーを使っています。また組織のあり方も考えていかなくてはなりません。いいものをメーカーや流通業者に扱ってもらうことによって、いつでもどこでも自由に手に入れば、共同購入は止めようと話し合っています。中途半端な共同購入をしているわけではなく、多くのグループとの情報交換や自分たちも情報をつかんで、どうしたらいいものを食べ続けられるか、健康な食べものは何か、氾濫している情報を確認しながら、眼で見て耳で聞いて試して歩んでいかなければならないと思っています。これが消費者運動の基本です。

（杉並区消費者の会　小澤 千鶴子）

注　本原稿は杉並区立公民館開館50周年記念事業のひとつであった連続講座（2003年開催、区社会教育事業推進委員会主催）『「とき」を拓き、明日を紡ぐ』の記録（2004年発行）の第1回（10月9日開催）「杉並公民館から巣立った市民たち」から、一部修正および短縮して転載した。

朝顔の葉っぱと大気汚染

朝顔の調査は「生活学校」でやりました。

　1952年頃から総務庁が音頭をとり全国的に新生活運動がはじまりました。杉並区では社会教育指導主事のもと、66年に第1生活学校が発足しました。たまたま70年に杉並区の立正高校で、全国初めての光化学スモッグ被害がありました。それから2年たちまして、練馬区の石神井中学校に光化学スモッグの被害がありましたが、その時は因果関係が不明で、地域の方々は非常に不安な日々を送ったと聞いております。そんなときに私たちは「生活学校」として何をなすべきかということを皆さんと相談した結果、大気汚染が身体にどんな影響をおよぼすか、大気汚染の仕組み、植物がどんなふうに影響を受けるか、杉並区には工場がいくつあるか、など調査し、そしてまた自動車の交通量調べなどをやることになりました。杉並区は、7つの地域に分けられており、7つの「生活学校」がありましたから、分担して幹線道路の4車線の往復を調査しました。ストップウオッチでもあれば楽だったでしょうが、指で数えて一生懸命やっているうちに、天気のいい日には目がチカチカするし、頭が痛くなるような経験をしていました。

　皆さんの関心も深まってまいりまして、その時たまたま読売新聞に、大気汚染の測定には朝顔が適当ではないかという記事が出ました。早速東京都の公害研究所に行きまして、専門家から資料をいろいろいただきました。幸い種もスカーレット・オハラという外来種を入手することができました。スカーレト・オハラは、発芽率が低く、一晩40度の湯につけこんで翌日地ならしした土壌に蒔くのですが、発芽率が低いから水を忘れないようにして、双葉が出ましたら植木鉢やビニールパックに植えかえ、調査する段階になりますと、親づるを一本たてまして、横づるは全部欠くようにして、本づるに支柱をたてます。下から5枚ばかりは成熟葉でないから感受性が悪いので、未成熟葉は対象とせず、その上の15枚ばかりを調査の対象とします。

あさがお無惨
被曝後 1〜2日
被曝後 5日位
被曝後 10日位
被曝後 14日位

東京都新生活動協会　杉並区生活会議地域診断
グループ報告書　1983年発行より

　被害の状況というのは、軽い場合には2、3日経ちますと表面に白い斑点が出るわけです。その斑点がダニと間違えやすいので虫眼鏡でよく見ます。少し重い場合は葉脈の間が灰白色になります。1週間ほど経ちますと水膨れ状態になります。それが少し経ちますと葉脈が火膨れ状態になり、そうなりますと何日も経たないで落葉します。被害にあった日と時間を正確に記入して、大気汚染が身体に及ぼす影響ということで健康日誌もつけました。そういう時に光化学スモッグ注意報が出ますが、その時の天気も書きました。そういう時の被害葉がどれくらいで、被害がどの程度であったかという記録を72年7月1日から8月31日までやりました。疑問がおこるとすぐに公害研に行ったりして、実際に植物にどんな影響があるかも調べまして、講演会など開き勉強しました。皆さんに関心もどんどん高まってまいりまして、74年、杉並区公害対策連絡会が発足しました。同時ぐらいに東京都全体として大気汚染測定運動の連絡会ができ生活学校も参加しました。そんなことで朝顔とタイアップしながらやりましたけれども、住民連絡会として環状七号線を控えている区民や他区の方々もお呼びしまして、気象研究所で二酸化窒素の測定の準備と分析とを泊まり込みで行い、パネル作りもしました。同時に東京都の連絡会のほうは、国の関係各省庁に行ったり、自動車工業会に行ったり、都庁で調査結果の報告をしながら、10年間やりました。

　私たちが朝顔の調査を始めた72年頃、東京都が18歳未満医療費助成ということをはじめ、杉並区は75年から疾病別・地域別・年代別

に報告書をまとめました。都の条例では健康被害者は18歳で医療費助成を受けられなくなるのです。

　それより1年遅れ、公害健康被害補償法は国の制度で、この基準は亜硝酸ガスで、杉並・中野・世田谷・練馬の4区は除外されたのです。東京都の衛生局がたまたま幹線道路沿いの主婦の肺癌の死亡率がふえたということと、都心の学童の肺機能が低下したということを発表したわけなんです。そういうことがありましたから、ぜひ私たちは環境基準の健康被害の補償制度の中に二酸化窒素を加えてほしいと申し入れましたが、どうしても実施してもらえなかったです。その間に杉並区では72年公害監視委員会も発足したし、緑化計画推進協議会も同時発足がありました。

　健康被害はせめて幹線道路沿いの患者を認めてほしいと運動を続けましたが、78年環境基準が0.02ppmから0.04〜0.06ppm（1日平均値）に緩和されてしまいました。「82年までに達成します」というのを、88年になっても達成しなくて、「達成のめどがない」という形になりました。住民はこれではいけないと運動しましたが、その甲斐なく、公害健康被害保障法は87年廃案になり、患者はこれ以上認めないとなりました。

　いまCO_2による地球温暖化が叫ばれ、冷夏になったり、梅雨時に雨が降らなかったり、異常気象が続いています。ひとつしかない地球を救うために、これからも大気汚染測定のお手伝いをしていきたいと考えています。

（杉並大気汚染測定連絡会　渡辺 正子）

注　本原稿は杉並区立公民館開館50周年記念事業のひとつであった連続講座（2003年開催、区社会教育事業推進委員会主催）『「とき」を拓き、明日を紡ぐ』の記録（2004年発行）の第3回（11月26日開催）「公民館から巣立った市民たち」から、一部修正および短縮して転載した。

直接請求で環境アセスメント条例の制定を

1. 進行する環境悪化

　立正高校で、はじめて光化学スモッグによる健康被害が発生したのが1970（昭和45）年。都市化が進行し自動車の急増による、想定外のツケであった。

　光化学スモッグの主因ともなるNO_2は、肺の深部を侵し、人体に及ぼす影響は極めて大きいと言われ、自動車の排ガスなど身近にその発生源があることから、「杉並公害対策住民連絡会」では、72年以来、毎年6月と12月にNO_2の測定運動を続けてきた。

　その結果、平均値が0.05ppm（環境基準の2倍以上）、環状七号線の方南陸橋などでは、10倍から20倍にも達していた。健康アンケートでも、ここ1年風邪をひきやすいと答えた人が40％、目がしみる、タンやセキがでるなど有訴率も高い。

　そこで私たちは、毎年の測定調査の報告をもって、環境庁、都、警視庁などに行き、①地域指定の要件にNO_2を入れることと、②NO_2汚染の主因である自動車排ガスの規制、③車の走行量を減らす総量規制を訴えつづけてきた。にもかかわらず、突然78年7月、「NO_2の環境基準を、今までの0.02 ppmから0.04～0.06ppmに緩和する」という暴挙を、中央公害対策審議会（中公審）にも諮問せず環境庁が独断専行した。公害健康被害補償費の負担増加をおそれた産業界の圧力によることは明らかで、私たち都民15名はNO_2環境基準緩和取消を提訴した。しかし直ちに東京地裁でも高裁でも却下されてしまった。

　「すべて国民は健康で文化的な最低限度の生活を営む権利を有する」とする憲法第25条は無視されたのである。

2. 都アセスメントに託す行政のまやかし

　国の公害行政のねらいは、NO_2環境基準緩和と、公害健康補償法の地域指定の解除、それに各自治体で先行しはじめた環境アセスメント条例（以下「アセス」）の制定に、あまい法案の網をかぶせることによって、横出し、上乗せを禁止し、産業界の要請に応えようとし

たものと思われる。

　都の公害監視委員会も、75年2月、アセスを行うにあたっては住民代表などによる第三者機関の評価を必須要件とする旨を知事に、緊急要請。地域集会の意見も集約して知事への報告書に盛り込むなど、都のアセス条例制定にはきわめて積極的であった。

3. ついに出た、条例案の撤回

　「福祉と公害行政については美濃部都政を引き継ぐ」という公約にもかかわらず、鈴木都知事は、環境週間の集会で「大都市に住む以上、ある程度の公害は我慢すべきだ」と発言し、小・中学校の公害読本の予算の削除、さらに同年10月17日の都議会アセス条例案撤回となった。

　事業者は環境の保全を考えれば、周到な調査は当然の義務であり、公正な評価で住民とのコンセンサスが得られれば、トラブルは少なく、工期はかえって短縮されることも期待できるのである。

　住民参加ということは、何も異議ばかり唱えることではなく、その結果については住民も責任を荷うことなのである。

　自分たちの生活環境を責任をもって守り、住みやすい街づくりをする。そうしてこそ本当の郷土愛も生まれ、また住民自治も根付いてくるであろう。アセスはそのための必須要件なのである。

　かつて、東京オリンピックの準備のために東京の自然は破壊された。その仕掛け人だったのが鈴木都知事。形式だけのアセスは、逆に開発促進の免罪符にもなりかねない。

　次代の子どもたちのためにも、東京の自然をこれ以上荒廃させることは許されない。私たち住民がいろいろの形で参加し、発言して創り上げた条例案なのである。それをもう一度提出させる方法はないだろうか。そして出た結論が直接請求運動であった。

4. 直接請求で「美濃部案」の復活を

アピール（抜粋）

　わたしたちは、いま、環境破壊をストップさせるアセスメント条例の制定を、祈りにも似た思いで願っています。

　美濃部都政から、鈴木都政にかわったここ十ヶ月の間、鈴木都知事は、財政再建をいそぐあまり…ただでさえ貧しい福祉を、こともあろうに切り捨てようとし…公害行政の全面後退です。鈴木知事は"東京に住んでいて、きれいな空気や水を望むのはぜいたくだ"と、まるで死なない程度の環境があればいいとも受け取れる発言をし、都議会に提出されていたアセスメント条例案を撤回してしまいました。

　鈴木知事が、財政再建と併行して打ち出した「マイタウン」のことを予測したからでしょう。

　そしてこの東京の自然は、東京オリンピックを機に、目を覆うばかりの破壊が押し進められてきました。…人間は自然の厳しさと闘いながらも、自然との共存関係の中で生き続けてきました。都市の中で、自然のやさしさから見放された生活環境にあって、大人もさることながら未来に向かって息づき始めた子どもたちは、心と生命を急速に蝕まれはじめています。

　…行政のツケを、子どもたちが、生命と健康をもって支払うことを、黙視するわけにはいきません。

　…まちづくり情報の徹底的な公表と、市民参加を保障したアセスメント条例を出発に、環境破壊を事前に防止する街づくりのあり方を、創り出していきたいと希望しております。

直接請求で環境アセスメント条例制度を求める会
1980年1月25日

5. 直接請求署名運動はじまる

　請求代表者8名が、3月1日からいよいよ2ヶ月間にわたる署名収集に入った。
銀林浩（江戸川）明大教授、斉藤浩二（目黒）弁護士、
澤地久枝（世田谷）作家、竹内直一（練馬）日本消費者連盟代表者、
寺田かつ子（杉並）都地域消費者グループ連絡会代表、
中島通子（三鷹）弁護士、藤本豊（品川）東京地評議長、
宮子（吉武）輝子（杉並）評論家

アピール

すべての都民に訴える！

　「環境破壊をストップさせるアセスメント条例」直接請求運動への参加！
　「いちど失われた自然はもどりません。健康をむしばむような環境は人間をはてしなく破壊していきます。
　…「人間が生きるにふさわしい環境を、都民が要求する権利を保証する」システムが必要だと言えましょう。ここに私たちの直接請求していく『東京都環境影響評価に関する条例（案）』です。美濃部前知事の提案した（案）と一字一句ちがいません。
　その条例案について、議会は昭和53年10月から4度も継続審議の末、昨年10月、鈴木都知事がそれを不当にも撤回してしまいました。…地方自治法で、直接請求権が保障されています。それで私たちの行使が保障されています、それで私たちは、主催者としての条例提案権すなわち直接請求権を発動し、私たちの条例案を実現したいのです。

私たちの条例案は
　(1) きめ細かに都民の知る権利を保障する徹底した情報公開制度の創設
　(2) 関係住民等や区市町村長の意見書の提出権など都政参加原理の導入
　(3) 事業主体の手続き義務における公・私の区別を排し、第三者的な評価機関をつくる公正評価主義の採用
　…東京の自治をつくりあげるために、すべての都民が直接請求運動に参加されるよう心から訴えます。
「環境破壊をストップさせるアセスメント条例」の制定を！

直接請求全都受任者集会
1980年3月1日

6.「問答無用」に抗議する「でんでん虫」大集合

　さて6月30日、いよいよ本番の都議会がはじまったが、直接請求条例案の扱いをめぐって、やはり32万2千の署名の重みであろうか、与党内でも、継続審議を唱える慎重派と、一発で否決してしまえという強硬派と、微妙な揺れ動きがあった。直接請求案を支持するのは、社会、共産両党のみとなってしまった。

　7月5日、注目の都市計画公害委員会の2日目、前日傍聴できなかった私は、この日正午前から都議会議事堂前に待機していた。すると、でんでん虫のTシャツ姿の若者たちがつぎつぎに集まってくる。階段や通路に押し立てた旗もでんでん虫。

　傍聴席のゼッケンが持ち込めないからと編み出した「直接請求をすすめる会」(以下、「すすめる会」)のアイデア。問屋から安く仕入れたTシャツに学生たちは楽しみながら、シルクスクリーンででんでん虫を印刷した。

　赤字で「あせすめんと」と書き添えたのもある。でんでん虫は緑のないところにはいない。運動のはじめから会のシンボルマークとして使っていたものである。大学に着ていったら、忽ち注文が殺到した。大量生産してカンパ活動にも一役かったという。かくて都庁前はでんでん虫に埋め尽くされた。

　第1日は、「問答無用で葬れ」という自民、公明に対して、「32万の都民の意志を尊重すべきだ」とする社会、共産が知恵をしぼって質疑を重ね、ともかくもこの日の採択を引き延ばした。が、これからの議事運営をめぐって、なんとか継続審議に持ち込もうとする社共と、9月議会で鈴木アセス案と対決させることは不利と見る与党

読売新聞（1980年7月8日付）

の思惑とが対立し、かなり紛糾したらしい。

　結局、この日は、各党が45分ずつ質問することで、やっと委員会開催の運びとなったのが、定刻を2時間も遅れた午後3時。この日は美濃部前都知事も、受任者の一人として、傍聴席の中央に席をとった。

　まずトップバッターの自民。「この条令案はもう死んでいる。いまさら審議する必要はない」の発言には、すかさず、「地方自治法を否定するのか」「アセスは生き返ったのだよ」とヤジが飛ぶ。

　いま審議されているはずの直接請求の条例案は、たしかに去年、鈴木知事が撤回した「美濃部案」と同一の文章ではある。しかし、都民が困難な直接請求という非常手段に訴えてまでも議会に提出させた以上、これはもはや「美濃部案」ではなくて「都民案」である。

朝日新聞（1979年11月14日、15日付）

総評新聞広告

7. 傍聴人を追い出し「都民案」強引に否決

　この無法な運営に、傍聴席の「すすめる会」の若者たちは思わず委員席につめよったのも無理からぬことで、それをきっかけに議会は混乱し、委員長は事態収拾のために休憩を宣した。

　混乱の発端は傍聴人にあるにしても、その誘因は条理をわきまえぬ強行採決をしようとした与党側にある。しかも、この混乱の最中に、こともあろうに片手のない身障者に、自民党が暴力をふるい、「機動隊をよべ」と叫ぶ始末。

131

私たち傍聴人を廊下に追い出したまま、非公開のうちに、大急ぎで採択を行い、否決してしまった。

都民の眼を逃れ、議事運営のルールに反してまでも、是が非でも強行採決しなければならなかったのはなぜか。粛然と何時間も委員会室の廊下の両側に坐って、委員会の成り行きを案じている私たちに、理由は一切示されぬまま、「庁舎の内から退去するように」という警告が再三なされた。

都民の議事堂であり、しかも私たちの条例が審議されているのである。私たちは黙って坐りつづけたが、大切なアセス条例案が私たちの手の届かない密室の中で「なぶり殺し」にされるのを、傍聴券を握りしめながらむなしく見守っていたのであった。

マスコミは一斉に、この日の委員会の異常さを翌日の朝刊で伝え、「住民の声、空しく葬送」(毎日)「住民忘れた数の論理」(朝日)「せめて審議を尽くせ、民主主義無視を怒る」(東京)など一様に強行採決を非難した。

後日、都知事から「直接請求をすすめる会」宛てに届いた「条例案否決」の通知を、配達証明付で私たちの抗議声明と共に送り返したのが、せめてもの抗議であった。

8. 大骨抜かれて小骨ばかり

知事発言では触れてないが、美濃部案にない「情報の公開」を明文化してある。しかし、単に「必要な資料を公開し、又は提供するように努めなければならない」とあるだけで、努力目標にすぎず、住民からの請求権には言及していない。

「評価書の縦覧期間終了までは着工禁止」も新しく入ったものである。自治省の模範官僚といわれただけあって、さすがに提出した答案は、外見を見事に整えている。しかし、肝腎のバックボーンがない。美濃部知事の、旧条例案を提出したときの都議会の議事録を読むと、彼は、「この条例を作る目的は2つある。1つは環境破壊を防ぐこと、もう1つは住民自治を定着させることだ」と説明している。

鈴木案には、その住民参加、住民自治のバックボーンが欠如しているのである。その大骨が抜けて、行政指導の小骨ばかりが、ギッ

シリと並んでいる。環境保全の法衣の袖から開発促進の免罪符がチラチラしているのでは都民は安心していられない。

次いで25日には、自然保護、消費者、婦人団体など51団体が、都議会の各会派幹事長に面談して、都議会として公聴会を開き、都民の声を聞くこと、慎重に審議して、できれば継続審議に持ちこんでほしい、の2点を強く要望した。

9. ハンストで抗議

主婦1人を含む「直接請求全都学生連絡会議」のメンバーら4人は、最後の手段として、この日の午後2時から、議事堂前で4日間の鈴木条例案抗議のハンストに入った。

10. 今後の結果

残念ながら直接請求を却下されてしまった私たちは「直接請求をすすめる会」から「都民アセスをすすめる会」と改称し、今後の運動方針を検討した結果、三つの柱を立てて、運動を推進していくことにした。

一つは、今後アセス条例に則って行われるアセスの運用を監視し、東京の環境を守りぬくこと。

二つは、直接請求制度を主権者の立場から再検討し、私たちの直接請求権を実質的に確立する。

三つは、今回アセス議会で自治法を無視し、直接請求を否決した議員を、来年行われる都議選には再選しないこと。

特にアセス制度の監視は、危険性をはらむ鈴木条例ならばこそ、一層必要であろう。葬り去られた私たちの直接請求条例案への鎮魂のためにも、一つ一つ鈴木アセスの抜け穴を住民の手でふさいで、厳しい条例に改善していくことである。

日本のアセス制度は、まだ日も浅く、将来への影響を予測、評価する技法もあまり開発されていないというが、事業者からの委託を見越して、日本アセスメント協会に加盟している事業者は百十数社にのぼるとか。都の場合、年間12〜13件が適用を受けると予想されるが、何より恐ろしいのは、事業者とアセス業者との結託である。依頼主に

不利なデータを並べるはずがなく、審議会は果たしてそれをチェックできるであろうか。

　審議会の責任も重大だが、住民の側でも、他力本願でなく、説明会、公聴会など数少ないチャンスを最大限に活用して、公開された資料を読み取る能力をつけなければならない。

　すでに、各地の住民運動に対して、理論的に、技術的にサポートしてきた専門家グループの協力を得て、「アセス住民センター」もどきのものを作り、各地の住民と連携をとりながら理論武装する必要があるだろう。

（元都公害監視委員・アセス直接請求運動事務局　石崎　暾子）

注　　本原稿は東京都民による運動の記録であるが、杉並区民が中心的に運動を担ったので、記録として掲載した。

「杉並泉の会」と杉並福祉ボランティア小史

　私どもの「杉並泉の会」は、1950年東京都が設立した「東京都社会事業学校」の卒業生が学んだ学問を地域で活かそうと60年10月に発足した。

　「東京都社会事業学校」は終戦後の荒廃した郷土を復興するために、ボランタリー精神、福祉、障害児・者問題、更に広く日本経済、社会、教育分野まで教えた極めて特異な学校であった。

　当初、「杉並泉の会」は、他支部と連携しながら保育園や老人ホームを訪問、ニーズに従って、相談事業や手作業を行っていた。それが杉並支部活動として、メンバーを定め定期的な活動を開始したのは、77年以降で、その内容をまとめてみよう。

病院ボランティア

1. 浴風会病院（77～95年までの活動）
　月4回（1回4名ずつ）車椅子を押しての散歩、身の回りの世話、ミシン作業、食事介助、ガーゼたたみなどを行う。
2. 河北総合病院（95～現在までの活動）
　月4回（1回3～4名ずつ）主に古い敷布で清拭布作り、ガーゼたたみなどを行う。

杉並区及び保健所からの要請による活動

1. 「寝たきり老人」の入浴サービス（83～92年までの活動）
　主に一人暮らしの寝たきり老人が入浴を希望した場合、施設まで搬入するバスに同乗、到着後、衣服の着脱、時には相談にも応じた。
2. 保健婦の訪問看護におけるニーズへの協力作業（83～92年までの活動）
　卸問屋よりガーゼを購入、褥瘡手当のため、折り畳んで実費販売、清拭布、寝間着、円座作り、個別に車椅子カバー作りにも応じた。
3. ミニ・デイホーム「さゆり会」の開催（85～現在まで活動）
　阿佐谷地域区民センターに於いて、家に閉じこもりがちな高齢者

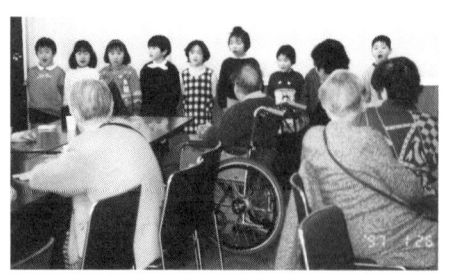

幼稚園児たちとの交歓会

菊供養のバスツアー

を対象に、月1回（主として第3金曜日）ミニ・デイホーム「さゆり会」を開催して、20年経過している。現在参加者20名前後、年1〜2回のバスハイク、会食会、年4回の音楽療法、年1回の理学療法士による体操、運動のほか、会員指導による手作業、朗読、看護婦による健康相談などを行っている。

　発足当時は、公的なデイホームが少なく、また期間も6ヶ月であったため、希望者が多く、保健師の積極的な協力も大きかった。現在は保健師また看護師、療法士の派遣、場の確保、バスの提供にとどまっており、資金面は会費収入に頼らざるを得ない状況である。

杉並社会福祉協議会及び杉並ボランティアセンターとのかかわり

　「杉並泉の会」と、杉並社会福祉協議会（以下、「社協」）は、同じ福祉に携わるものとして75年頃より、種々のかかわりをもってきた。例えば、78年3月、79年10月には、区、社協の職員とボランティア団体有志が懇談した。区側からは、ボランティアセンター、老人福祉センター、身障センターの設置についての説明があり、ボランティア側からは、区民の生活実態調査、ボランティアの組織化、民生委員、医師、保健師による総合医療体制の確立を要望した。

　このような流れの中で、杉並ボランティアセンター（当時はコーナー）が誕生するきっかけになっていったのが、新しい地域福祉を考えるためにひらかれた社協主催の"ボランティア講座"だった。ボランティア講座は82年第1回から、各団体より選出された委員が、その企画、講師の交渉、記録を分担実施した。これらの講座を受けて発

足したグループも数多かった。

　こうしたボランティアの交流の中から、「杉並ボランティアの会」が生まれ、ガリ版による『ボランティアだより』が発行された。またボランティア活動を区民に普及するために、各地域区民センターでは「福祉まつり」を開催した。「杉並泉の会」は、常に委員を派遣し、運営やバザー模擬店等に参加、地道な活動を続けていった。

　杉並ボランティアセンター（当時はコーナー）は、当初、西福祉事務所3階に設置されたが、エレベーターがなく、プライバシーの保てない場所として不適切であるとして、84年、「杉並ボランティアの会」は、区長に要望書を提出した。が、その実現は困難を極めた。

　93年、さらにセンターの早期建設を求める要望書を区議会に提出、94年に漸く南阿佐ヶ谷ビルに杉並ボランティアセンターとして発足した。

　2000年3月、区民より公募された「杉並の地域活動をすすめる区民会議」は報告書を作成、民間と行政の協働の原則として、"どちらも主役につき"同じテーブルにつき"お互いを理解"し、"目指すところは一緒"で"みんなに見える関係にしよう"と強調した。

　引き続いてつくられた懇談会で話し合った、杉並区NPO・ボランティア活動事業者及び協働の推進に関する条例（案）には、区民、NPO・ボランティア事業者及び杉並区について、それぞれの役割、責務、基金、そして協議会についての詳細を規定している。将来、杉並NPO・ボランティアセンター活動推進センターが、いかに活動し発展していけるかが最大の課題である。

他団体とのかかわり

　79年、杉並・老後を良くする会が中心になって中途失明者視力障害者センターの跡地を「小規模多目的施設」に利用したいと、区議会に陳情したが、その目的は達成できなかった。その後の連携は、主にボランティアセンターの活動を通じて行われた。

　92年1月福祉計画が自治体に委任されるということで、「杉並泉の会」を含む11団体が一般区民に呼びかけて、"杉並福祉を作る会"（福祉フォーラムすぎなみ）を結成した。折りしも介護保険制度が実施さ

れるに当たり、学習会を重ね要望書を提出し、議員との懇談を続けた。
　この制度は、5年をめどに見直すことが見込まれており、フォーラムとしては、◆保険料の弾力的設定　◆障害者支援制度との統合反対　◆要支援、要介護1のヘルプサービス継続　◆負担率の値上げ反対　◆介護予防事業について意見をまとめた。
　また、区内の医師、保健師、家族会にも呼びかけ、"介護保険2周年杉並はどうなったか"をテーマに93年には住民のつどいを行った。
（杉並泉の会代表　佐伯 昭子）

> 座談会

「杉並・老後を良くする会」と私たち

実施日時：2005年7月14日（木）午前10時〜12時
実施会場：杉並区松ノ木　友愛の灯協会3階にて

出席者
● 「杉並・老後を良くする会」会員
　　白川 すみ子さん
　　河 周子さん
　　岡本 波津子さん
● 司会／文責
　　森内 和子（杉並の市民活動と社会教育を記録する会会員）

　老後が豊かなことを願って、「杉並・老後を良くする会」は設立された。活動を進めていくうちに、さらに多様なニーズを担うことが望まれて、「社団法人友愛の灯協会」、「NPO法人新しいホームをつくる会」、「社会福祉法人サンフレンズ」が次々と生まれた。
　現在は、この四つの会がより活動の内容を充実させるために、一つにまとまろうという動きがある。
　青梅街道から少し入った、静かな住宅街の小さなビル。会の活動拠点の一つであり、友愛の灯協会の事務所もある。会設立当初から、携わってこられた白川すみ子さん。河周子さん、岡本波津子さんのお話を伺うことができた。3人ともそれぞれの個性を生かしてフル活動をされている方々で、貴重な時間を割いて集まって下さった。

司会者：今日は、活動の始まりとなった「杉並・老後を良くする会」のことを中心に、お三人からお話を伺わせて頂きます。会設立について、白川さんからまずお話し下さい。

◇ 会の草創期

白川：発足前後のことをお話します。

　簡単に言うと、一人娘で、長男の嫁という両方の親の面倒を見なければならなかった事がそもそもの始まりです。

　当時は今のような色々のサービスは何もなかったのです。幸い自宅から徒歩5分、ベッド数21床の現在は生協診療所になっている病院に入り、そこで始めて同じ屋根の下の、地域のお年寄りに目が向いたと思います。その時感じたのは、病気のお年寄りか家族のどちらかが犠牲になっている、あるいは医療関係者の犠牲的な努力の上に成り立っているような気がしたのです。どんどん思いばかりが先に行って、こういう仕組みがあると助かるのではないかとか、嫁として悪戦苦闘しているだけという事を自分の息子達の時代には絶対に繰り返させたくないと思いました。そんなことがあって前後左右を省みる余裕もなく、気がついたら走り出していました。

一番ヶ瀬康子先生との出会い

白川：立教女学院で一番ヶ瀬先生の時事問題を週2時間選択して、どこの家庭でも起こりうる出来事、個人に振りかかる出来事は、決して社会の動きと無関係ではないと教えられました。私たちにも分かるように日々の新聞を題材に説かれ、世の中で起きていることは、必ず個人や家庭の問題と関係があるという、そんな授業でした。

　老人問題も自分一人の問題ではない、我が家だけの問題ではない、と考える事ができたのはラッキーだったと思うけど、そのために33年間たくさんの人を巻き込んでしまい、たまたま河さんや岡本さんのような素晴らしい方に出会えたから、どうにかやって来れたのです。

まず一歩から

白川：最初の一歩を一緒に踏み出してくれたのが、立教女学院時代からの一番の親友山崎眞美さんで、夫同士も大親友です。

　最初から医療と福祉の連携が必要だと思っていましたが、医療関係は生協病院の先生方に助けて頂き、福祉関係はどうしようと二人で相談し合った時、彼女が「一番ケ瀬先生！」と大きな声で言いました。

当時日本女子大学教授であった先生をお訪ねすると「私にできることは何でも手伝うから」とおっしゃって下さいました。そして1972年、創立記念講演からのお付き合いとなりました。先生は専門家主導型ではなく、側面援助かバックアップ型。しかも心ある専門家を次々に紹介して下さいました。途方に暮れて相談した時だけ言って下さることをヒントにしながら歩んできました。

　地域の中のいろんなグループ、生活学校、PTA、町会などのメンバーに声をかけ、集まった90人は構成が年令20〜80歳代。そのうち男性は15％、いろいろな職業の人がいました。地域という日常生活圏内で、ここに根を生やして暮らしていた人達が中心で、その人達だけでは解決できない部分を、専門家に助けて頂きました。そういう多様性と、メンバーの多様性からくる包括性、やはり福祉や医療は、単一のパワーではすまないものがあり、結局20数年で、あれも必要これも必要と増えて4つの会（「杉並・老後を良くする会」、「社団法人友愛の灯協会」、「NPO法人新しいホームをつくる会」、「社会福祉法人サンフレンズ」）ができたのです。

◇ 老人問題への気付き

司会者：河さんに会への関わりについてお願いします。
河：会に出会ったのは、会が発足して間もない頃で、私が参加していたグループの会合に白川さんが見えて、「杉並・老後を良くする会」のお話をされたときでした。

　そのときに「病院に入院している身寄りの無いお年寄りの、洗濯をするボランティアを探している」と聞いて参加を申し出ました。即、入会を決めた理由を考えてみると二つあります。

　ひとつには、白川さんへの人間的興味です。「お年寄りもお世話をする家族も、いきいきと過ごせる地域をつくりたい」と真剣に、熱く語る姿をみて、私が今まで会ったことのないタイプの人だなと感じました。

　もうひとつは、わたしが、ガンに侵された姑を看取った直後で、それまで関心が無かった老人問題の谷間を見たと、強く感じていたので、避けて通ってはならないと思ったことです。

その頃入会した方には、お年寄りのお世話で苦労した人が多く、当事者がグループの核になっていました。
　入会してみると、一人暮らしのお年寄りが地域で暮らしてゆくための課題はお洗濯だけではないことも見えてきました。
　昼間だれもいないアパートに一人寝ている方を訪ねたときは、身動きが十分にできないために、排泄物と食べ物が一緒に置いてあって…。恵まれた人の多く住む町の片隅に苦しんでいる人がひっそりと生きて居られる現実をみて、ショックを感じたものでした。
　お年寄りを取り巻く医療、住居、福祉のサービスが整っていないことも実感しました。当時、杉並区厚生部に今で言う高齢者福祉課さえなかったのですから。
　会の創設期というのはどこでもそうなのでしょうが、発起人に仕事が集中して超多忙でしたので、見るに見かねてお手伝いしているうちにここまできてしまったというのが実感です。

実態調査をする
河：活動を始めるにあたって一番ケ瀬先生からは、地域の実態把握が必要との助言があり、生協病院の帯刀先生からは、実態を把握するなら、個数の少ないアンケートを取るより、ボランティア活動のなかで出てきた課題を、グループの共通の課題として検討し、その結論を活動に戻してはどうか、とのアドバイスをうけて実態調査会が始まりました。
　このことは、会にとってどちらも大切な指摘だったと思います。実態調査会は「友愛の灯協会」が設立された後も共催で続きました。

◇ **行政とタイアップ**
河：実態調査会での検討の結果、住民のできることと行政の責任として実施して欲しいことを分けて、先ず身近な自治体に提言する会のスタイルが育っていきました。
　その中から小規模多目的施設の構想が出てきて、行政に対する、第1期、第2期の運動に引き継がれていきましたし、区の厚生部長が間に入って菊地区長との対談なども企画して下さったのでした。

現在も会のメインの活動になっている食事サービスも、行政と対立するのではなく、タイアップする姿勢から生まれました。

高齢者への食事サービス

河：食事サービスは、会が発足直後、実態調査の第一歩として、会員で訪問したとき、皆さんが食事に一番困っていたことに気づいた人たちが自分の家のおかずを届けたことから始まりました。

　その頃、都内では武蔵野市と新宿区が配食サービスを行っているのを聞いて、何故杉並区では実施されないのか疑問をもち、そのとき初めて自治体のサービスには、国や都で決められたサービスの他に自治体独自のサービスもあることを知ったのでした。

　よその自治体が実施しているなら、杉並区でもできないか？と考えました。

　当時、美濃部都政の頃で住民の声を聞くことを大切にしていた時期で、東京都の民生部を訪ねたり、区に、担い手として私たちも協力しますからと要望を出したり、もっぱら白川さん主導で動いていましたが、住民の主体的な働きかけとはこういうことなのかと、教えられたように思います。

　1973年に初めて区に老人福祉課が誕生して、区が材料費を負担し、週一回ですが、当会のボランティアが「友愛訪問員」となって調理、配達、安否の確認を担う杉並方式が生まれました。この時、やっと杉並区から会が認知されたことになるのでしょうか。そして、グループ調理をするという方式をとったことにより、成田、松ノ木地域から区全体に広がっていったのでした。

　その後、東京都が「地域福祉振興財団」をつくり、毎日食事サービスを行う団体に助成したことから、都全体に拡大しましたし、「杉並・老後を良くする会」のメイン事業として現在も年間1万3千食の配食を続けています。

　この事業のノウハウを土台にして、今、区が実施している「ふれあいの家」の配食サービスに引き継がれているのです。

◇ 人・グループとのつながり

司会者：岡本さんが会へ参加された頃のお話を伺います。
岡本：「王様の会」で消費者運動をしていました。

　ちょうど美濃部都政で消費者行政に力を入れていた時代で、区内16団体が参加していた「杉並区消費者団体連絡会」というのがあり、「王様の会」も参加団体の一つです。浜田山小学校PTAのOGの人が作った会で今も続いています。「王様の会」は、毎年バザーをして、その収益金をたまたま「杉並・老後を良くする会」に寄付したご縁で、「王様の会」がバザーをする時に、白川さんが来られてバザーを一緒にやらせてほしいとおっしゃいました。浜田山会館を借りて当日は朝から行列ができ、収益もあがりました。杉並区区民部に奉仕活動という名目で予算がついていてボランティアの人達の昼食代が出たのです。品物は持ち寄りでした。その頃、婦団連（杉並区婦人団体連絡会）が主体で毎年1回大きなイベント（婦人のつどい）があり、各グループのPRコーナーがありました。白川さんが展示版にびっしり「杉並・老後を良くする会」のことを書いておられて、それを見て始めて会のことを知りました。

　そして「王様の会」を通しての交流が始まったのです。それが会とのお付き合いの始まりです。

　区内のいろいろな運動に携わっている人達の連絡会として「区民のための区政を実現する会」（略称"区民の会"）を1975年に作りました。

　"区民の会"の人達が「私達の手で区長を選びたいね」という思いが強くなり、選挙は別立てでということで「革新区長を選ぶ会」を作って区長選挙を展開するに至ったのです。初めての経験でしたが、駅前応援やビラまき、はては候補者の演説の手直しまでやり、無我夢中で働きました。結果は、残念ながら実りませんでした。最初から負けるのは分かっていたのですが、官僚の政治を倒し区民のための区政を！という区民の意地ですよ。

　革新区政をということで、1回きりのことだったので私が代表を引き受けたのでした。選挙が終わってからは美濃部都知事の秘書の菅原氏が情報や問題点を提供してくださり、それを基にして毎月大山健先生（「友愛の灯協会」初代専務理事）を中心に勉強会をして随分住民自

治の勉強をしました。
　「友愛の灯協会」では、私はずっと会計をやってきましたので、自然に財務も考えるようになりました。一軒一軒大手の会社を訪問したりして、寄付を頂くこともやりました。
　たまたま、事業の中の一つ、ハンディキャブ事業に、富士ゼロックスの部長さんが1年休職してボランティアとして働いてくださったおかげで、その方から経済団体の寄付のシステムがあると教えていただいたり、会社名もリストアップして下さったり力強い協力がありました。でも会のお金の心配は今でもずっと続いています。

◇「社会福祉法人サンフレンズ」の創設

司会者：3つの会(注)がまとまって、「社会福祉法人サンフレンズ」を設立されたのですね。
岡本：社団法人と社会福祉法人とは、出来る事業とそうでない事業があります。それで3つの団体がお金を出し合って「社会福祉法人サンフレンズ」を作ったのです。

司会者：岡本さんは若い頃事業か何かされたのですか？
岡本：私は戦争中小学校で教師をしていました。（男性が戦地に出てしまい教師が足りない時代）。親はサラリーマンで、事業の会計のことなど縁もゆかりもない育ちです。ただ目の前にあるものを片付けないと気がすまない。このお二人のように、使命とか理念とかをどう実現しようかという立派な考えなどなく、とにかく目の前の仕事をする。結構これでも律気なところがあって、それをやらないと気がすまないし、一つを済ませないと次に進めないタイプなのです。
白川：何もないところに先ず線路を敷いて走らせようという人や、それを複線にして行く人、故障した時かけつける人など、いろいろの人がいないと会は成り立ちません。

司会者：岡本さんはいつもお元気ですが…。ご家族のご協力のお陰ですか？
岡本：ぜんぜん駄目！　今日も夫と喧嘩しながら出てきたのです。

司会者：それが、凄い行動力を発揮されるのに、いいストレス解消になるのでは？ この会の活動は全国的にすでに知られていますね。岡本さんは講演して全国を歩かれました。その思いを伺いたいです。

岡本：私の場合はこの仕事を通じて知り合った人達が好きなのです。利用者だったり、ヘルパーさんだったり、スタッフだったり、仲間たちだったりが。その人達が皆好きだから…。

　仕事で問題が起きても徹底的にぶつかって、分かり合えばいいと思います。分かり合えない時もありますが、暫くするとしょうがないから、また相談して一緒に仕事をするという事になります。

　結婚してからは専業主婦で、家事と子育てに専念していましたから、社会参加など当時は考えた事もありませんでした。

PTA活動・住民自治

岡本：PTA活動が社会に目を向ける大きなきっかけになったと思っています。PTAの後は「区民の会」に参加した事により住民自治を学ぶ事が出来ました。

　その当時、石崎暾子さんに出会ったことは、その後の私の人生に大きく影響していると思います。私は戦中派です。戦争に何の疑問もなく模範生の軍国少女として多感な年令を過ごし、終戦になってはたと気が付いて何て馬鹿だったのかと…気が付いたけど遅かった。

　自分で物事を知り、自分で考えて自分で行動する。先ず自立することです。「区民の会」の活動は住民自治の目を開かせてくれた大きな存在であり、又住民参加への道に進ませてくれた大きな原動力でもありました。

　今、高齢者福祉の事業（介護保険関係）を行っていますが、原点は住民自治、住民参加であり、自分たちの住む、この杉並を良くしようとの思いで取り組んでいます。もちろん大気汚染や消費者運動、教育、障害者福祉などに取り組む人々と手を結んで、今でも住民自治を根付かせたいという思いを強くしています。

　今、自分が働ける時に少しでもこの地域を良くしておきたい、少しでも良い環境の杉並で、私の一生を終わりたいと思っています。

　福祉は人間同士の関わりの仕事です。みんなそれぞれ違ったタイ

プ、違った目的を持っているけれど、今やっている事で共感でき、同意して手をつないで前に進める。これが出来るから人間はすばらしい。ずいぶんいろいろな事をやってきましたね！！

◇ これから

司会者：河さんは、白川さんから会の代表をバトンタッチされましたね。

河：白川さんが5年間全力投球したので、代表を交替したいという強い要望をことわりきれず、私が引き受けることになりました。

　委員会の集団討議で検討決定し、代表を、もっと短期に替えることを条件に交替しました。それでも陰からの前代表の強力なサポートが必要だったのですが…。

　会の活動の4本柱である「ボランティア活動、生きがい対策、学習、広報活動」や方向性はそのまま踏襲しました。

　学習部では、活動に疑問を持ったことや、福祉についての課題など、会員の中におられる専門家に来ていただき、お話を聞き、手分けしてテープ起こしをし、記録に残します。それは今思いだしても大変な作業でしたが、それを活動にフィードバックすることができ、ボランティア活動のなかで壁にぶつかった場合、それをのりこえることに役立ったものでした。

司会者：いろいろとありがとうございました。

注　　「食」の問題を中心に歩んだ「杉並・老後を良くする会」、「医」療と福祉の連携を目指した「友愛の灯協会」。その後、三番手としては「住」の問題に取り組んだ「新しいホームをつくる会」が発足。

参考文献
- 安田陸男『杉並・老後を良くする会奮戦記』あけび書房、1998年
- 杉並・老後を良くする会編『老いへの挑戦』ミネルヴァ書房、1982年

手をつないできた杉並の女性たち
1953年から2000年までの活動の中で

　敗戦後の生活が落ち着くにつれ、日用品の共同購入や読書会、料理講習や手芸、子ども会、経済や教育の勉強会など生活に密着した会を、女性たちはそれぞれ運営し、やがて手をつないで組織をつくり、戦前には認められなかった女性の地位や権利を考え、社会的問題などを共有し解決してきた。どのように社会の課題にむきあってきたかを、概観していくことにする。

54年「杉並婦人団体協議会（婦団協）」の結成

　1953（昭和28）年の秋頃は「杉並婦人団体協議会」の陣痛の時であったという。協議会の結成にあたっては、その年の11月にできたばかりの「杉並区立公民館」館長安井郁が手助けをした。国際法学者として公民館長になった安井郁は、女性も社会人として戦後の日本に生きていくことを強く願っていた。館長の助力もあって、区内に組織を持つ各種の婦人団体が結束して、その主義主張や活動内容に相違があっても、女性として母親として、共通問題を協議し、行動解決しようと、54年1月杉並婦人団体協議会を杉並区公民館で誕生させた。結成当時、西松主婦の会、婦人民主クラブ、井荻婦人クラブ、上荻婦人会、芙蓉会、杉婦会、明るい生活会、ときわ会、杉並婦人文化連盟、婦人民主クラブ高円寺支部など約40団体が参加した。

　53年頃は戦後の混乱からようやく生活の立て直しができてきた時代であった。会は手をつなぐことで新生日本を生き抜こうとしたのであろう。また「協議」という名称に会の性格がよくあらわれている。どんなに議論してもお互い共通の一致点を見出す努力をしたし、一致点を見出すことのできない場合は婦団協の名称を使わず有志として行動することが会員に浸透していたという。また運営は2カ月交代で三団体による当番制であった。婦団協は結成直後、54年3月にビキニ水爆事件に向き合い、やがて「水爆禁止署名運動」に真っ正面から取り組むことになった。このことが一層多くの学びにつながり、

会の結束を強めていった。

　婦団協の活動は時代を照らす。水爆禁止署名運動に続き、54年夏には「黄変米研究討論会」の開催、新聞代値上げについて新聞社に抗議文を送ったり、零歳児保育問題に関する区長への要望や高度成長期から問題になりはじめたゴミ問題に取り組み、学習と運動を結んで世論を喚起していた。婦人会館建設の要望もした。また杉並区教育委員会（52年設置）から公民館運営審議会委員の推薦依頼があり、1名委員を出していたし、社会福祉協議会（53年発足）、青少年問題協議会（50年設置）、蚊とはえ撲滅運動委員会（運動55年開始、終了57年）、清掃事業協力委員会（57年発足）、新生活運動協議会（61年発足）などへも、会員回りもちで委員を派遣した。

　婦団協は意識の高い女性たちが会員の組織であったが、やがて婦団協設立20周年をすぎ、国際婦人年（75年）を迎えるころには、婦団協に属さない会が次々とでき、それらの団体会員たちが活動の中心を担っていくことになる。

「婦人学級連絡会」や「生活学校連絡会」の誕生と73年「婦人グループリーダー連絡会」の発足

　婦人学級は、もともと婦人が社会に目を開き、社会人として生活態度を身につける学習の場として文部省が始めたもので、54年静岡県稲取町で実験婦人学級が始まり広まっていく。

　杉並区では60年頃から婦人学級が始まり、受講生を中心に次々自主グループが結成され、66年に19グループが参加して、「婦人学級連絡会」が発足した。

　一方65年ごろから杉並区内でも根をおろしはじめた新生活運動が着実な歩みを進めていた。65年には第一生活学校ができ、69年には8校により「生活学校連絡会」が発足した。生活学校では「調査、対話、実践」というサイクルによる活動がなされた。「東京都生活学校連絡会」にも杉並から代表が参加した。

　69年には「杉並区消費者の会」も結成されて、73年には「消費者グループ連絡会」も誕生した。87年頃この連絡会には22のグループが属していた。

71年開催された杉並区教育委員会主催の第1回指導者養成講座のテーマは「リーダーの条件と役割」（講師　吉沢英子）と「なぜ団体活動をするのか」（講師　横山宏）、「実のある話し合いのすすめ方」（講師　日高幸男）、「効率的な調査統計の技術」（講師　大倉英治）、「広報活動の方法と技術」（講師　諸星孝光）であった。すでに活動している婦団協メンバーも、「婦人学級連絡会」や「生活学校連絡会」メンバーたちも、テーマにすこしく抵抗を感じながらも、この講座に参加して、あらためて組織のありかたや重要性を学んだ。

　こうしたことも下ささえになり、団体・個人の参加を認めた「婦人リーダー連絡会」を73年に結成した。(74年「杉並婦人連絡会」に変更。)そしてここを共通基盤としてよりよい地域づくりを担っていった。「婦人リーダー連絡会」は婦人合同研修会、区民大学講座の実行委員会にも関わり、とりわけ「区民のための区民による講座」を目指した区民大学講座は「婦人」の枠を超えつつあった。「政治と経済の接点を求めて」というこの講座の最中に、アラブ石油産出国が打ち出した石油戦略により、日本では73年にトイレットペーパーなどの不足やインフレを引き起こし、石油ショックがおきた。そんな情勢の中、世界は75年国際婦人年を迎えた。

79年「杉並婦人団体連絡会」の発足と活動の進展

　75年当初から、国や都レベルでは国際婦人年のテーマ「平等・発展・平和」の考え方を基にした女性の地位向上にむけての取り組みが始まっていたが、区内でこの動きが出てきたのは79年ころからであった。その数年前から、杉並婦人連絡会は独自の活動のほか、区主催の婦人研修会の企画運営、『婦人だより』（69年創刊）の編集にも携わっていた。杉並婦人連絡会は申し合わせのような形で運営していたので、会の充実と発展を願って、79年11月、会則に基づいた自主的団体「杉並婦人団体連絡会」（略称　婦団連　91年に「杉並女性団体連絡会」となる。略称　杉女連）を発足させた。

　杉並区内での国際婦人年の特徴あるひとつの動きは、この杉並婦人団体連絡会の結成にある。この会は上記の事業のほか、婦人団体活動記録の発行、各種審議会委員の選出の窓口、自主研修会、『婦

団連ニュース』の発行、リーダー養成宿泊研修の企画実施などを積極的に進めた。婦団協が以前担っていた各種審議会委員の窓口は婦団連に移行した。とりわけ審議会・協議会へはあらゆる分野への男女共同参画を願って、参加した。各種委員会での審議のやりとりは杉女連の運営委員会や定例会に随時報告された。杉女連への参加は各団体の活力にもつながった。各種委員会への参加は、どれほど会員の意識を高め、地域力に還元されたかはかり知れない。98年を例にすると21の審議会等へ36名の委員を派遣していた。

杉女連は新しく団体としてまとまりを作ったことで、「国際婦人の十年」から現在まで、男女共同参画へむけた社会づくりをめざして活動している。差別撤廃条約（85年発効）や男女雇用機会均等法（86年施行）、国籍法についての学習会、あるいは意識の変革を促す男女性別役割分業の自らへの問いかけなど、杉女連が会員や社会に対し提案し活動してきたことは多い。

たとえば女性の問題解決のための女性行動計画の策定は89年から要望書を区に提出している。92年には「女性関係施策懇談会」が始まった。この懇談会は行動計画への期待をもたせたが、結果はそれにつながらなかった（94年終了）。一方行政サイドでは「杉並女性総合計画」がつくられつつあった。区民不在のため、杉女連は94年に陳情書を提出した。なぜなら懇談会の答申には「男女平等の精神を、区民の生活とそれを支える行政のあらゆる局面にいかすことができる地域社会をつくる」とあったからである。

また93年には、あらためて男女平等を推進するためのセンターの設置も杉女連として区に要望した。婦団協の時代から50年にわたる懸案事項である。杉女連は区議たちとの懇談も時々行っていた。

区民、区議会、杉並区行政それぞれの場での取り組みが、ついに「男女共同参画社会をめざす杉並区行動計画」策定になり（95年）、やがて「男女平等推進センター」のオープン（97年9月）となり、続いて杉並区による「男女共同参画都市宣言」を実現させた（97年12月）。ここまでに至る間、杉女連は国や東京都主催の研修会への参加、全国各地にある女性センターの見学や活動する女性たちとの交流、学習など、多くの団体や人々の協力を得つつ、努力をつみか

されてきた。

　戦後から長い間、女性行政は教育委員会のもとにあった。しかし86年に社会教育部婦人青少年室から区長部局にうつり、93年には女性・児童部女性・青少年課として位置づけられた。2008年現在は、区民生活部文化・交流・男女共同参画課となっている。この変化をもたらし、行動計画の策定や平等推進センター建設への流れをあと押ししたのは、国際婦人年とその後の法律上の改革や行政の施策でもあったし、なによりも杉並の女性たちの戦後50年近い地位向上への取り組みにもよるものであった。しかしその一方で、97年の「男女平等推進センター」のオープン事業のパネルディスカッションで金平輝子さん（元東京都副知事）が「杉並には全国に先駆ける女性たちの運動があるが、ジェンダーでの視点での参加は遅れていたのではないか」と指摘された。

　いまなおこの指摘は生きていると考える。人が平等にかついきいき生きられる社会であるように、今後も男女ともに多くの人々が手をつなぎ活動していこう。

（杉並女性団体連絡会元代表　林　美紀子）

参考文献
- 『婦人だより』No.1～No.50、杉並区教育委員会社会教育部婦人青少年室、1987年
- 『すぎなみの女性たち―きのう、今日、あした―』杉並区教育委員会社会教育部婦人青少年室、1987年
- 『杉並女性団体連絡会ニュース』No.1～No.58及びNo.59～No.100、杉並女性団体連絡会、1997年、2004年
- 『杉並区女性団体活動記録』20号、杉並区女性・児童部女性・青少年課、1998年
- 杉並の市民活動と社会教育を記録する会編『杉並の市民活動と社会教育のあゆみ』第1号、杉並区教育委員会社会教育センター、2006年
- 杉並区女性史編さんの会編著『区民が語り 区民が綴る 杉並の女性史―明日への水脈―』ぎょうせい、2002年
- 戦後女性史研究「和の会」編『女性と地域の活動―杉並母親運動の史料から―』2007年

杉並区男女共同参画都市宣言

　人は歴史を創り　人は未来を創る
思いやりの心をもとに
男女が　性別を超え　世代を超え
互いに個性や能力を尊重し
さまざまな分野に参画し
心豊かな　明日の世代の夢をつなげ
平等と平和の輪を広げるため
杉並区は
ここに「男女共同参画都市」を宣言します

　　　　　　　　　　　　　平成9年12月1日

宣言文モニュメントは写真右下にある。壁のポールは「女性と男性の平等な関係と共同意識」を表す。
（制作　六角鬼丈）
杉並区立男女平等推進センター
（ゆう杉並）

I-4　まちを創る

　広くその名が知られる「阿佐谷七夕まつり」や「東京高円寺阿波踊り」が、どうして始ったかは興味深い。

　1970年代の終わりころに筑波研究学園都市が形成されるに伴い、杉並でも三つの国立研究所が移転の対象となった。その一つである蚕糸試験場跡地において、「蚕糸試験場跡地まちづくり協議会」が結成されたのは81年であった。

　63年、環状7号線ができたため、杉並第十小学校では公害と敷地の縮小に悩まされていた。これを解決するために、跡地への移転運動が起こり、移転決定後の76年、地域住民等による「杉並第十小学校建設協議会」が生まれ、学校でもあり防災公園でもある「学校防災公園」を蚕糸試験場跡地に実現させた。このことが「蚕糸の森まつり」や「さんし会」の現在の活動につながっている。

蚕糸の森まつり

阿佐谷七夕まつり

「阿佐谷七夕まつり」第1回目の開催は、1954（昭和29）年のことでありました。当時は、まだ日本中が太平洋戦争後の混乱と復興のため大変困難な時期でした。国民は食べるのもままならない生活と物不足で、誰もが国の行く末を案じ、次を背負う世代に明るい未来が訪れることを願って、全国民一丸となり汗を流した時代でもありました。

商店街パールセンターの先輩たちは、自分の家族のため、また商店街の再建のため、今でいうまちづくりに取りかかりました。

終戦直前の話になりますが、空襲が激しくなったため、爆撃による延焼を防ぐ目的で、阿佐ヶ谷駅南側の家々を壊し防火帯がつくられました。戦後、52年にこの跡地を改正道路として整備し、阿佐ケ谷駅から青梅街道までの600メートルが「中杉通り」として開通したのでした。

さて翌々年の54年には、パールセンター通りを都内で一番早く歩行者優先道路に指定し、街路灯の整備とカラー舗装を実施して、安全で楽しく快適な買い物ができる商店街を目指し、都内でも有数な商店街に発展させる基礎をつくったのです。

ここまではよくある話ですが、私たちの先輩は、我々にもっと大きな財産を後輩たちに残してくれました。それは今年で53回目を迎えた「阿佐谷七夕まつり」であります。商業環境の整備だけで満足せず、より多くの集客のための催事を検討し、「阿佐谷にはどんな催しが相応しいか、自分たちの力で開催できるイベントは何か」と考え、日本中を見学して回り、「仙台の七夕まつり」に巡り合ったということです。ここで私たちの先輩は、江戸時代からの伝統で全市を上げて行われている「仙台の七夕まつり」をお手本に、当時の青年部が中心となり、見よう見まねで第1回目の「阿佐谷七夕まつり」をスタートさせました。

まず、孟宗竹の手配も初めてのことで難しく、その上、仙台や平塚に比べ道路幅が狭いので、各店の孟宗竹に七夕飾りを吊り下げる

と、向かいの店の飾りとぶつかりあってしまうという問題がありました。そのため、商店街の道路の上方に丸太を組み、そこから直接七夕飾りを吊り下げることにしました。孟宗竹の笹飾りと個々のお店が工夫したくす玉飾りと吹流しを下げ、「パールセンター通り」は七夕飾りで埋め尽くされ、かつての夏場にはなかった華やかな賑わいを見せました。さて、当時の七夕飾りは、竹で編んだ4尺、3尺の球形の骨組みに、京花紙で折って手作りした花を飾りつけた「くす玉」や、紙の「吹流し」が主流でした。その後、いろいろ工夫がなされ、動物、人物、乗り物など変ったカタチのくす玉や張りぼてが創作され、見る人の目を楽しませました。しかし、いずれにしても、当時の七夕飾りの材料が紙であるため、雨に弱く、開催期間中に必ず一度は見舞う夕立に悩まされていました。紙の染色が粗悪なのか、雨に塗れて色落ちするので、飾りの下を通る見物人の服を汚してしまい、怒られたり謝ったり、七夕飾りを急いで店に取り込んでまた飾るなどと、それは忙しい思いをしていました。この苦い経験を経て、折角の飾りを雨で濡らさず、まつりに来てくださる人たちに安心して楽しんでもらうため、62 (昭和37) 年の第1次アーケード建設へと進んで行ったのです。

　ところで、日本には100以上の地域で七夕まつりが開催されていると言われておりますが、どの地方でも市や町の行政がかなりのウェイトで七夕まつりを予算化したり、また地方商工会議所の手厚い支援がされて開催されているようで、私どものように、一商店街で企画から経費負担を全て賄っている七夕まつりは殆ど無いように聞いております。そのような意

パールセンター通りの七夕飾り

味で商店街主催のイベントとしては日本一ではないかと私は思っています。そして、今年（2007年）で53回目の「七夕まつり」まで全く無事故で開催して来れたことは、大いに自慢できる事ではないかと思います。この幸いな実績には、「パールセンター商店街」の伝統的な七夕まつりに対する考え方である、安全第一という標榜に基づいて、杉並区を始めとする関係官庁、関係団体、近隣商店街、近隣町会など大勢の方々との意思疎通を諮り、毎年継続的なご協力をいただいていることが欠かすことの出来ない要素になっております。

　私どもは、七夕まつりを創始した先輩たちと、ご協力くださる関係者の皆々様に感謝しつつ、今後とも「阿佐谷七夕まつり」が地域のまつりとして発展するよう、街の担い手の一人として努力していきたいと思います。

（阿佐谷商店振興組合相談役　小川 勝久）

はりぼて設営

東京高円寺阿波おどり

はじまり

「東京阿波おどり」は、今年（2013年）の夏で、57回目を迎える。

大会の2日間は、延べ100万人の観客と1万人の踊り手で、高円寺の街は、阿波おどり一色になる。

東京を代表する夏の風物詩にも数えられる高円寺阿波おどりも、その初めは、1956年に遡る。

戦災で焦土と化した商店街がようやく復興してきたその頃、高円寺商盛会（現高円寺パル商店街）に青年会が誕生した。そしてこのことを祈念し、商店街に賑わいを呼ぶ行事をしようとの機運が高まった。

しかし、情報に乏しい当時のこと、思い付くのは神輿を担ぐか盆踊り位のこと。ところが、神輿は高値で手が出ない。また、道幅の狭い商店街では、盆踊りの櫓を組む場所もない。

そんな時、一人が呟いた。「徳島には、踊りながら進む阿波おどりと云うものがあるらしい。」「これなら狭い商店街でも出来る！」と即決。早速、日本舞踊の師匠に踊りを習い、お囃子はチンドン屋さんに依頼した。

このようにして、「高円寺阿波おどり」は始まった。但し、名称は、「高円寺バカ踊り」。稽古の際には、顔を白く塗り、手甲を着けるように云われた青年部の面々は、「これが本当に阿波おどりなのだろうか」と首を傾げ、正式に「阿波おどり」と名乗ることを躊躇した。

本物を求めて

参加した青年部の面々は、恥ずかしさと照れくささで、汗だくになり、汗で白粉が剥げてきて化け物のようであったとか。

そうこうするうちに、本物の阿波おどりを習いたい、との思いも高じてきた。尋ねあてた徳島県人会に指導を仰いだ。この出会いを通して、芸能としての「阿波おどり」に魅了されていった。

月に一日しかない定休日に夜行列車を乗り継ぎ、本場徳島に向

かった。演舞場で懸命に8ミリカメラを回し、高円寺に戻ってからは、フィルムが擦り切れる程、上映会を重ねた。本場の雰囲気に関係者一同は、ため息を漏らした。

そして、"本場に習え"を合言葉に、踊り手の「連」が次々に誕生した。踊る場所も年々拡大し、隣接する商店街にも広がって行った。町会、自治会をも巻き込みながら、高円寺地区全体の行事に発展していった。

そして今

2005年には、より健全な運営を図るために、運営組織を法人化し、『NPO法人東京高円寺阿波おどり振興協会』となった。

各地から集う踊り手も、2012年現在2日間で180連を数え、ボランティア・スタッフの活動も年々進化している。そして、この行事に携わることで、高円寺の街に愛着を感じてくれる人々が、確実に増えていることを実感する。

地元と他地区との融合、これこそが街の賑わいを求めて「高円寺阿波おどり」を始め、試行錯誤の末現在の賑わいを築き上げてきた先人たちの願いであり、この活動を引き継ぎ、発展させて行くことが、いまを生きる者の使命ではなかろうか。

(NPO法人高円寺阿波おどり振興協会専務理事　冨澤 武幸)

華麗な女おどり

杉並郷土史会の沿革と希望

　杉並郷土史会が誕生したのは1973（昭和48）年6月。杉並公会堂の小集会室で第1回例会を開催してからで既に38年もたっています。

　創立者であり初代会長でもある森泰樹先生が、50歳半ばで今までの事業から一転して郷土史の研究を始められました。

　杉並には他に郷土史を研究する組織的な会がありませんでした。この時、先生の志に賛成した14名の方々と共に「杉並郷土史会」は発足しました。

　この事は行政（教育委員会）をはじめ、在住の学者たちの協賛も得られ、会員は次第にその数を増やし今や約300余名からを数えるほどになりました。

　初期は、杉並中央図書館集会室や成田東の天桂寺や海雲寺、永福の永福寺、阿佐谷天祖神社等区内各寺院神社を会場に、郷土史を研究している方々が発表しあう学習会形式でした。しかし、その内容は大変貴重な発表で、郷土史に関心のある沢山の方々にも聞いてもらう会にしようということで、一般の方々への会への入会と参加を呼びかけることにしました。

　以後、区民センターが開館してから、毎月セシオン杉並（高円寺地域区民センター）や阿佐谷地域区民センター・高井戸地域区民センターを会場に「歴史講演会」や「史跡見学会（日帰り・宿泊）」を例会として今日まで490回余りを開催してきました。参加者も年通算1000名〜1500名となっています。

　また、73（昭和48）年8月に「杉並郷土史会会報（現在は杉並郷土史会史報）」の第1号を発行し（隔月発行）、現在（2012年11月）236号を発行しています。合本も第四巻を発刊しました。（杉並区

「蚕糸試験場跡地を郷土資料館に」と運動する
郷土史会、文化財を守る会の会員
（1977年12月19日、読売新聞社提供）

立図書館にも寄贈)(**参考資料①②参照**)

　地元杉並区だけでなく日本の歴史、民俗、民話、伝説と神社仏閣以外の多くの分野の研究調査などを行い、かつ他地区博物館、資料館などとも情報交換を行い、区民の史的興味を深め資質の向上など計っています。

　杉並区には、54(昭和29)年國學院大學で民俗学等の第一人者である大場磐雄、同じく岡野高広両先生等によって「杉並区史」が編纂されていて、貴重な基礎資料でした。この他には文献としても断片的なものしかありませんでしたが、杉並郷土史会の活動は、区内歴史研究を大変幅広く奥深くしたと思います。

毎日新聞(1983年3月18日付)

　また、79年、杉並区和田にあった農林省蚕糸試験場が筑波学園都市に移転することになり、杉並郷土史会では本館と守衛所を保存し、杉並区郷土資料館に再利用できるようにとの請願運動を、77年から約7年間余り、国、東京都、杉並区に展開しました。

　しかし、83年7月13日、杉並区議会国有地等対策特別委員会で、「蚕糸試験場本館を保存し、郷土資料館に活用する請願」は不採択になりました。

　その後、大宮に「杉並郷土博物館」が開館しました。諸々の内容あるイベントや展示をしていますが、何しろ交通の便が悪く、折角の催しに参加者の少ないのは残念です。06年に天沼弁天池公園内に「杉並郷土博物館別館」が開館しました。こちらは立地条件がよく参加者も多いと聞きます。

蚕糸試験場跡に「郷土資料館を」と6年余りも熱心に運動された森会長はじめ会員や多くの区民の熱い思いが実現されていたらと、今更ながら感慨深く思い出すことです。公的施設は、その立地条件（交通の便）がその後の運営にどれ程大きく影響するかを物語っています。

　森先生は、郷土史会の会長、蚕糸試験場跡地に郷土資料館をとの運動、町会長、白寿会、民生委員、みどりの推進委員など幅広い地域ボランティア活動に励まれると同時に、「杉並郷土史会」や「区史」など踏台として『杉並風土記』をはじめ、伝説など幅広い古老からの聞き取りなどによって数冊の著作をされました。そして07年に亡くなられましたが、会は私が引き継ぎ、その後を新村康敏会長が、森会長の遺志を生かした会にしていきたいと努力しています。

　杉並郷土史会例会の情報は「会報」と「広報すぎなみ」やチラシ等でお知らせしています。

　歴史研究の発表や、会報への投稿も歓迎です。一人でも多くの方が賛同され活躍されるような会にしたいと念じています。

　地元杉並を知ってもらう為の一助となり、杉並区を愛す気持ちにも通じると思いますので、是非例会へ参加ください。

　　　　（杉並郷土史会前会長　原田 弘　資料整理：杉並郷土史会員
　　　　　　　　　　　　　　　　　　　　　　　　　　西 トミ江）

参考資料①　　杉並郷土史会初期の頃
杉並郷土史会の歩み　（例会）
1973（昭和48）年～75（昭和50）年

例会NO.	年月日	演題	講師	参加者数	会場
1	48.6.17	杉並の地名の話	森　泰樹	14名	杉並公会堂
2	7.22	杉並区西北部の井口氏	井口金男	17名	杉並公会堂
3	8.19	武州多摩郡大宮前新田村史	井口大吉	16名	杉並公会堂
4	9.30	塚山古代住居址発掘見学会	江坂輝弥	55名	旧朝日農場
5	10.21	私の郷土史観	佐久間兼次郎	21名	海雲寺
6	11.23	杉並郷土史研究の今昔	杉山　博	55名	天桂寺
7	12.15	下井草篠崎家建物の解説	尾藤さき子	22名	阿佐谷天祖神社
8	49.1.26	幕末期の江戸地廻り商品経済	吉見周子	24名	高円寺
9	2.26	地元古老座談会	竹田信孝	35名	永福寺
10	3.25	堀の内妙法寺見学会	庄司寿完	27名	妙法寺
11	4.28	井草八幡宮見学会	宮崎茂樹	30名	井草八幡宮
12	5.26	上下井草村の板碑	井口金男	24名	妙正寺
13	5.30	武蔵野の新田開発について	伊藤好一	42名	春日神祉
14	7.28	古代の杉並	平山久夫	44名	熊野神社
15	9.20	久我山、玉川上水の話	秦　暢三	35名	久我山稲荷
16	10.20	医王寺の薬師如来像	前島　茂	40名	医王寺
17	11.24	大宮八幡宮見学会	川埼義雄	39名	大宮八幡宮
18	12.15	天沼の今昔	森田金蔵	36名	蓮花寺
19	50.1.20	観泉寺の歴史	田中敏哉	50名	観泉寺
20	2.16	高井戸宿の盛衰	内藤新兵衛	42名	高井戸天神
21	3.16	龍光寺見学会	梅田謙蔵	37名	龍光寺
22	4.29	多摩探訪第1回見学会	浅井徳正	26名	青梅市内
23	5.25	米良文書と中世の杉並	大谷光男	27名	杉並公民館
24	6.22	後北条と杉並	杉山　博	24名	上荻会館

NO.25～NO.193省略

1990（平成2）年～92（平成4）年頃

NO.	年月日	演題	講師	参加者数	会場
194	2.9.16	大江戸捕りものの話	名和弓雄	86名	阿センター
195	9.16～17	会津若松史跡見学会	運営委員	49名	バス1台
196	10.28	天皇の即位式と大嘗祭	吉野裕子	53名	阿センター
197	11.25	新選組　女ひとり旅	赤川倭子	82名	阿センター
198	12.16	オランダ使節と長崎屋	川崎房五郎	53名	阿センター
199	3.1.27	太平記の時代	童門冬二	138名	阿センター
200	2.9	共催　尊氏と後醍醐天皇	永原慶二	129名	阿センター
201	2.22	尊氏と後醍醐天皇	永原慶二	98名	天桂寺
202	3.17	大江戸の都市計画	樋口清之	98名	阿センター
203	4.10	太平記の里見学会	運営委員	147名	バス3台
204	5.10	深川区史跡見学会	運営委員	152名	深川区内
205	6.16	国勢調査ことはじめ	三潴信邦	50名	阿センター
206	7.21	シーボルト事件	川崎房五郎	99名	阿センター
207	9.22	道しるべの話	稲神和子	75名	阿センター
208	10.14	神奈川県史跡見学会	運営委員	150名	バス3台
209	11.17	徳川将軍家の話	田口冨重	105名	阿センター
210	12.8	江戸時代の村人の一生	森　安彦	72名	セシオン
211	4.1.17	千葉県成田柴山見学会	運営委員	104名	バス2台
212	2.13	織田信長の生涯	森　泰樹	90名	阿センター
213	2.16	太宰治と荻窪時代	近藤富枝	49名	阿センター
214	3.7	共催　キンカラ革の話	イザベル田中	51名	阿センター
215	3.17	文京区史跡見学会	運営委員	139名	本郷～湯島
216	4.19	織田信長と有楽斎	渡辺良次郎	90名	阿センター
217	5.7	栃木県史跡見学会	運営委員	110名	バス2台
218	6.14	芝増上寺将軍家の墓発掘秘話	鈴木　尚	150名	セシオン
219	7.19	江戸の下肥取り	稲垣吉一	120名	阿センター
220	8.27	奥秩父史跡見学会	運営委員	154名	バス3台

221	9.20	築地外人居留地	原田　弘	99名	阿センター
222	10.18	死体は語る　監察医の記録	上野正彦	90名	セシオン視
223	11.15	先覚者の悩み　蒲生君平	西村輝雄	76名	阿センター
224	11.20	府中市周辺史跡見学会	運営委員	155名	府中市内
225	12.13	秀吉と利休	渡辺良次郎	138名	阿センター
226	5.1.7	三浦七福神めぐり	運営委員	97名	三浦半島
227	1.17	日本刀の歴史	工藤昌利	98名	阿センター
228	2.7	戦国時代の江戸	永原慶二	155名	セシオン
229	3.14	野毛大塚古墳発堀調査報告	寺田良喜	107名	セシオン視

（No.230以降省略）
（注）阿センターは阿佐谷地域区民センター

参考資料②　　杉並郷土史　会報から

第1号　　1973年8月
　　　　　「地名の話」　　　　　　　　　　　　　　　森　泰樹
　　　　　「杉並区西北部周辺の井口氏について」　　　井口金男

第2号　　1973年11月
　　　　　「武州多摩郡大宮前新田開発村史」　　　　　井口大吉

第3号　　1974年1月
　　　　　「杉並郷土史研究の今昔」　　　　　　　　　杉山　博
　　　　　「杉並区古文書探訪のあれこれ」　　　　　　大谷光男
　　　　　〈郷土芸能紹介〉大宮ばやし（獅子舞・大黒舞）

第4・5号　1974年4月
　　　　　「幕末期の江戸商品経済」　　　　　　　　　吉見周子
　　　　　「永福寺村について」　　　　　　　　　　　佐久間兼次朗
　　　　　　　明治の永福寺村地図　折り込み

（以下略）

区民の健康と親睦のラジオ体操会

　ラジオ体操は、国民の健康増進を目的に、1928（昭和3）年当時の逓信省簡易保険局（現在の郵政）が制定、NHKの電波に乗り日本人の心を捉え、「いつでも、どこでも、だれでも」気軽に出来る、優れた健康法として全国的に広まり定着している。

　戦後一時中断したが、51（昭和26）年5月5日全国放送が再開され各地でラジオ体操会が再開され全国的に活発に行なわれている。

　杉並区でも、各町会や商店会で夏休みにラジオ体操会が開催され、更に年間を通して行う常設の体操会も増えて63（昭和38）年8月9日杉並区立若杉小学校で結成大会を行ない、「杉並区ラジオ体操連盟」として一つにまとまり活動を行っている。

　ラジオ体操は、第一、第二、みんなの体操3種で、みんなの体操は身体に障害のある人にも出来るように工夫され、3種目とも手足だけでなく全身を動かし、更に伸ばす時はしっかりと伸ばして身体の各部分に十分に刺激を与え、血流を良くする事で健康的に効果がある様になっている。このためラジオ体操連盟では、体操会に参加するだけでも十分であるが、尚、一層の効果を上げるために参加者に「正しいラジオ体操」を指導している。

　指導員は毎月、東京都ラジオ体操連盟主催の講習会と、杉並区ラジオ体操連盟主催の研修会に参加し技術の向上を図りラジオ体操の指導に当たっている。

　杉並区ラジオ体操連盟の目的は、ラジオ体操を通じ、区民の体育向上と社会体育の振興を図り、併せて会員相互の親睦とスポーツ精神の涵養を培うことを目的とし、多くの区民に利用されている。

　ラジオ体操会は、子どもたちの健康と情操教育のため夏休みに子どもラジオ体操会を行ない、文部科学省の「早寝、早起き、朝ご飯」運動に協力している。特に「おはよう、ありがとう」を言えない子どもがいるのを見て、子どもたちに挨拶や、有り難うを言えるように10年くらい前より指導してきた、最近ではほとんどの子どもが元気に声を出してくれる様になり喜んでいる。

ラジオ体操は全国的組織で運営されており、全国ラジオ体操連盟―東京都ラジオ体操連盟―杉並区ラジオ体操連盟―各地域の体操会としっかりした組織で活動している。

　活動内容は、NHK全国放送ラジオ体操・みんなの体操大会で、NHK、郵政、全国ラジオ体操連盟主催の中央大会、NHK、郵政、東京都ラジオ体操連盟主催の東京大会、杉並区ラジオ体操連盟主催の杉並区民祭スポーツ・レクリエーション大会ラジオ体操会（区長、区議長、教育長が出席）の参加と開催が先ず重要行事である。

　2007（平成19）年NHK夏期巡回全国放送ラジオ体操祭東京大会は、8月26日（日）上井草スポーツセンター野球場に2,500人の参加者を集めて、NHK長野信一先生の指導により盛大に開催された。

　2013（平成25）年には、国民体育大会が54年ぶりに東京で開催され、東京都が大変力を入れており、杉並区もデモンストレーション行事ラジオ体操会を10月6日（日）上井草スポーツセンターで行う。

　杉並区内では、夏休みに約80ヶ所で60数ヶ所の町会・商店会・小学校のPTAが主体となって10日間程度ラジオ体操会が行われ多くの子どもたちの夏休みの想い出となっている。

　また、年間を通しては連盟に加盟の体操会が、妙正寺公園、善福寺川緑地公園、蚕糸の森公園、井草森公園、桃井原っぱ広場、久我山団地内広場、上井草スポーツセンター等で行われ、連盟に加盟されていないが、神明宮境内、善福寺池公園内でも行われている。

　ラジオ体操連盟は、今日の高齢化社会においてその役割は益々高まっており、杉並区長を始め行政、議会の方々より事ある毎に活動を称えて頂くとともに更に一層の活動を要望されている。

　高齢者が毎日ラジオ体操会に参加し、体操と一緒に多くの人たちとのコミュニケーションを図ることは何よりの健康法である。難しいことはさておいても、毎朝、会場に来て仲間と話し合うことが楽しいと皆さんが言われるので、多くの方が気軽に来られるようにラジオ体操会は、機会と会場の提供

ラジオ体操風景

に尽力している。

　会員の親睦のために、連盟と各体操会が懇親会、旅行を毎年計画している。顔見知りの人達との旅行は楽しいとのことで、毎回大勢の参加者があり、今後も続けて行きたいと考えている。

　今後の課題としては、世話人達の高齢化が気になることで、近年話題になっている団塊世代の人達が大勢参加し協力してくれたら更に一層の活動が出来るので、気軽に参加してくれるよう心から期待している。

(杉並区ラジオ体操連盟理事長　榎本 忠良)

杉並区の区民スポーツ
社会体育事業の変遷をもとに

　スポーツは今、多くの人々にとって身近な存在となっている。特に今年はオリンピックイヤーであり（北京オリンピック2008）、ふだんスポーツに縁の遠い人も、報道などを通してスポーツに接する機会が増えたのではないだろうか。

　そんなスポーツも、かつては一部の人しか親しむことのできないものであったが、1946（昭和21）年に始まった国民体育大会、64年の東京オリンピックなど、日本における「みんなのスポーツ」の発展に沿う形で、杉並区の区民スポーツも発展してきたと言える。これらの歴史を、杉並区教育委員会が開催した大会や教室などの事業の変遷を追いながら振り返ってみる。

1. 大会中心の時代 (1951年まで)

　第1回国民体育大会の翌年、1947（昭和22）年に第1回都民体育大会が開催され、杉並区からも選手が参加しているが、翌48年には「杉並区体育会（現在の杉並区体育協会）」が創立し、区と共催で予選会を開催している。都民体育大会のほか、近県軟式庭球大会、2市3郡22区対抗陸上大会、同卓球大会、都民排球大会などへの選手派遣を行っている。

　区内大会としては、区民体育祭が48年に第1回大会として始まり、卓球、軟式野球、水泳などの種目大会がこの前後に始まった。その他、健歩大会、区内駅伝競走、新年羽根つき大会など、この時代ならではの大会もある。

　49年ごろから徐々に、バドミントン講習会、スクエアダンス講習会、区民ハイキング富士登山、フォークダンス講習会、新ラジオ体操講習会などの講習会が開催され始める。スポーツの普及のための教室や講習会の開催は少なく、大会の開催や都大会への派遣などが中心の時代であった。

2. 教育委員会が発足し、体育係が置かれた時代
（1969年まで）

　1952年11月1日、杉並区教育委員会が発足し、社会教育課内に体育係が置かれたことにより、組織的・財政的にスポーツ振興の土台が確立した。52年以降、大会の種目数は年々増加しており、区民のスポーツ人口も増加したと考えられる。この間、64年に東京オリンピックが開催され、それに先立ち61年にスポーツに関する法律「スポーツ振興法」が制定された。また、66年には東京オリンピックの開会式が行われた10月10日が国民の祝日「体育の日」となった。国をあげて様々なスポーツ振興施策が展開されたことにより、スポーツが一気に、限られた人だけでなく、より多くの人々に親しまれるようになった時代である。

　また杉並区では、多くの社会体育施設が建設され、区民のスポーツ活動の場が整備された。

　　〈この時代に開設した社会体育施設（開設年）〉
　　松ノ木運動場（1957年）、高円寺体育館（1959年）、
　　妙正寺体育館（1962年）、和田堀公園プール（1966年）、
　　永福体育館（1968年）

3. 社会体育課によるスポーツ事業拡充の時代
（1986年まで）

　1970年、社会教育課と並んで社会体育課が新設され、区の組織は係体制から課の体制によりスポーツ振興を行うこととなった。さらに79年に、教育委員会は学校教育部と社会教育部の2部制となる。杉並区（教育委員会）のスポーツ振興事業が最も充実発展し、現在の事業スタイルの原型が確立した時代と言える。

　例えば、水泳教室は「母親・家庭婦人」「勤労者」「青年」など、対象別に開催。キャンプ教室、スケート教室、スキー教室などの野外事業や、体力づくり歩こう会、体力づくりラジオ体操会、壮年体力テストなどの「体力づくり」事業など、多種多様な事業が開催された。また、72年以降、水泳、ラジオ体操、バレーボール、サッカーなどの指導者養成講習会が開催されるようになる。区民スポーツが

盛んになり、技術レベルやスポーツに対する指向が多様化してきた背景がうかがえる。81年以降、心身障害者水泳教室、心身障害者体力づくり教室も始まる。

　78年から7年間開催された「青空体力づくり教室」「青空体力づくり指導者養成講習会」は、杉並区独自の取り組みであり、この事業の受講者は現在でも活動を続けている。

4. スポーツ振興会の発足

　このように、各種の社会体育事業の拡充が図られたが、社会体育施設（体育館など）においては、区民サークル・クラブ等への貸し出し（貸し館）を主にした運営が行われていた。いわゆる「貸し館」機能だけであった社会体育施設を、事業提供の拠点として位置づけ、その企画を区民委員が行うというしくみが提唱され、1987年に、80人の区民委員による組織として「杉並区スポーツ振興会」が発足した。

　杉並区のスポーツ振興を区民主体で進める「体育協会」、スポーツ振興法に定められた非常勤公務員で区民スポーツの普及を役割とする「体育指導委員」、新たな社会体育施設運営の担い手「杉並区スポーツ振興会」、この3つの組織がそれぞれの役割を分担しつつ杉並区のスポーツ振興を支えることをめざした検討報告書、「52万区民皆スポーツの実現に向けて」がまとまったのは、89（平成元）年である。

　スポーツ振興会は、それぞれの社会体育施設において独自事業を開始し、さらに93年10月1日、財団法人杉並区スポーツ振興財団となる。スポーツ振興財団は、社会体育施設の管理運営、独自事業の開催、杉並区から段階的に移管された各種の社会体育事業の開催などを行う大組織となる。

　また、この時代の特徴として、多様なニュースポーツが導入されたことが挙げられる。ソフトバレーボール、バウンドテニス、インディアカなど、レクリエーション的な性格を持ち、スポーツになじみの少ない人も容易に行うことのできる種目が注目され、親しまれることとなった。体育指導委員の活動や、スポーツ振興財団が管理運営する体育施設の企画において、スポーツ実施層の拡大を図るため、ニュースポーツが活用され、その多くが現在も愛好されている。

5. そして、今

　戦後の区民スポーツの歴史を、社会体育事業の変遷をもとに振り返ってきた。かつて、一部の人しか親しむことのできなかったスポーツは今、全ての実態を簡単に把握できないほど、区内の様々な場所で、様々な形で愛好されている。社会体育施設のほかにも、地域区民センターの集会室や体育室で活動する運動・スポーツの自主グループ、学校開放制度に登録して体育館や校庭で活動しているクラブ・サークルは数多い。至るところでスポーツをきっかけに人が集まり、多くの自主的なスポーツ活動が脈々と続いていることは、杉並区の特徴の1つと言えるのではないだろうか。

　今や、人々がスポーツに親しむスタイルは、多種多様である。善福寺川沿いでウォーキングやジョギング、軽い体操を継続している人、スポーツ施設やフィットネス施設に通ってスキルアップやシェイプアップに励む人、郊外に出かけてアドベンチャースポーツにチャレンジする人、スタジアムでスポーツ観戦に盛り上がる人、スポーツイベントのボランティアとして新たなスポーツ参加のスタイルを楽しむ人……。今後も人々がスポーツに親しむための選択肢が豊富になり、スポーツが生活の一部として浸透していってほしいと思う。そのとき改めて、地域の人と人との関わりを核とした、地域のクラブ・サークルによるスポーツ活動を大事にしていきたいものである。スポーツから直接得られるもの、スポーツを通した人と人とのつながりから得られるものが、私たちの生活を豊かにしてくれるであろうし、杉並には人と人とのつながりが活きる豊かな地域があるのだから。

　　　　　　　　　（杉並区教育委員会事務局社会教育主事補　斎藤 尚美）

向陽スポーツ文化クラブ
設立当時を振り返って

「向陽スポーツ文化クラブ」は現在、スポーツ系18種目、文化系16種目のサークルをもち、計1,050名の会員がいます。設立当時の状況は、当クラブの10周年記念誌に詳しく書いてありますが、私なりに当時を振り返ってみたいと思います。

今でこそ学校開放は当たり前のようになり、学校内にいろいろな人が立ち入ることに対して、さほど抵抗はありませんが、当時はかなりの抵抗というか、拒否反応がありました。

当クラブは1975年に当時の向陽中学の荒木校長先生の「税金で建てられた学校施設が生徒だけで使われているのはもったいない、地域の住民にも還元したい。」との発案のもと、当時向陽中のPTA会長を務めていた故上野章子さんを先頭に、プールを開放することから始まりました。私は同窓会の幹事をしていて、正式に向陽スポーツクラブ（設立当時は文化系サークルがなかったため、この名称でした）を設立するときに、同窓会とのパイプ役として発起人の一人になるよう頼まれて会員になりましたので、設立前の苦労そのものは体験しておりませんが、後に苦労話を聞かせてもらいました。不審者の進入に対する不安が一番大きな壁だったと伺っています。また「プールに大人を入れたら性病がうつるのではないか」といった心配も強くあったそうです。

これらの不安要素を取り除くには、ひとつひとつの事柄についてじっくり教師や保護者と話し合って了承してもらう必要があるため、学校開放への道筋を作るのは、非常に大変なことだったようです。性病問題への対応としては、プール開放後に、水の総入れ替えをする対策が用いられました。

今となっては水が性病の感染源にならないこと、入れ替えには数百万円の水道代がかかることは皆がわかっていますから、もちろん水の入れ替えは行われていません。ですが30年前の社会においては、このような方法で解決するしかなかったのです。水の入れ替えを行った際には、「どうせ水を捨てるなら、水が汚れてもかまわない

わけだから着衣水泳を体験してもらおう。」との上野さんの発案で、皆が服を着たままプールへドブーと飛び込みました。わざわざ靴も履いて、どの位泳ぎにくくなるか体験するものです。私も体験させてもらいましたが、「靴を履いていても予想より楽に泳げるな、しかし冬の季節のように厚着をしていたらやはり溺れてしまうかもしれない」と感じたことを思い出しました。

　設立してからも、「施設を無料で借りているのに、年会費や活動費を徴収しているのはおかしいのでは？」との批判を受けたこともあります。設立当時は、委託費や活動費など区から頂ける学校開放のシステムがありませんでしたので、クラブ運営上、会費を頂いていました。その後区から委託費などが出るようになってからも会費を徴収していたため、ご批判を受けたのでしょうが、無料では会報すら発行できなかったと思います。（今では、むしろ会費を徴収するほうが当り前となりました）。会費の使い方に関しては、設立当初から、大人から頂いた会費の一部を子供たちの活動費への援助に使うなど、子供たちの負担をいくらかでも軽減するよう配慮を続けてきました。

　上野さんは常に時代の先を見越し、無理せず自然体で、面白いと思ったらすぐサークルを誕生させるというふうに、さまざまな発案をしながらこのクラブを育ててきました。その結果、今では全国から大勢の方が視察にいらっしゃるようなクラブになったのだ、と感じています。最後に上野章子という素晴らしい女性がいたことをこの紙面をお借りして記しておきたいと思います。

(向陽スポーツ文化クラブ会長　瀧水 昇二郎)

コラム 「杉並文化通信」発刊の頃

　1988年の秋頃、杉並にたくさんある市民活動をつなぐ新しいメディアをつくる意義を確信し、そのことを杉並区立図書館員であった田中進さんに話した。しばらくすると田中さんから連絡があった。同じようなことを考えている人がいるので集まりませんか、というおさそいであった。集まったのは北川幸比古さん（児童文学者）、渡辺汀さん（杉並母親連絡会）、玉利明義さん（杉並子どもの組織を育てる会）、そして田中さんと芝である。議論を通して私の確信は一層深まった。タイミングが大事だ。誰かに先を越されたくない。年内に創刊しなければ機を失すると考え、準備に入った。

　基本的には、発行形態として、広告で維持するフリーペーパー方式ではなく、会費を払ってくれる読者の顔が見えるものにしたいと考えた。隔月刊でなく月刊にしてこそ継続できるとも考えた。雑誌スタイルの確定も大事だった。縦組か横組か、ページ数、割り付け方、閉じ方などなど、決めるべきことがたくさんあった。試行錯誤しながらの版下作成作業をみていた家族からは、こんなことがこれから毎月続くのかとあきれられた。

　創刊号の目次は次のようになった。イベント情報、トピックス、赤い夕日にてらされて（北川幸比古）、「街は紅いろ子ども色」映画上映アンケートから、AOの企画公演「街道筋」合評会、エスペラントって、ハドソン・リバー・リバイバルに参加して（田中進）、本物とは何なのかプレハブ工法と在来工法の比較を例にして（金田正夫）、映画あれこれ・予説「88イタリア映画祭」について（桑原博）、「生涯学習と図書館」をテーマに、図書館分科会開かれる（田中進）、である。表紙のタイトル文字は娘が通っていた書道塾の先生に書いてもらった。

創刊号の末尾に次のような文章がある。

「杉並文化通信」創刊の目的は、杉並区を中心とする良質なイベント情報を広く知らせることを通して、民主的な文化運動の創造・交流・発展を図ることにある。

88年12月に創刊、創刊時の読者は50人だった。創刊時の編集スタッフは、映画評論家・演劇人・図書館職員・地域活動家など、多彩な顔ぶれだった。ほどなく20〜30代の若手が次々と加わってきた。

(すぎなみ文化通信代表　芝 貞幸)

注　本文は「すぎなみ文化通信」20周年記念号その2から転載した。なおバックナンバーは、杉並区立中央図書館・国立国会図書館・多摩社会教育市民運動サービスコーナーで閲覧できる。

蚕糸試験場跡地周辺まちづくり
学校防災公園に生まれ変わるまで

1. まちづくりが始まるきっかけ

　蚕糸試験場周辺まちづくりは、1967（昭和42）年、東京都内各地に点在する国の研究機関の筑波研究学園都市への移転が、閣議決定されたことに始まる。

　72年には、国有財産中央審議会による「都市及び都市周辺における国有地の有効利用について」の答申があった。

　このことを受けて76年、蚕糸試験場跡地への学校移転を進めるための「杉十小移転問題対策委員会」が、PTAを中心に発足した。

　杉並第十小学校は、東京の主要幹線道路である、環状七号線に面していて、車の排気ガス、騒音等による公害校であった。教室は二重窓で、窓を開けることも出来なかった。移転に関わる陳情、請願等には、排気ガスのタールがびっしり付着した空気清浄機のフィルターを持ち歩いた。また、東京オリンピック開催に向けた、環状七号線拡幅のために削られた校庭は、50mを直線で走ることも出来ない状況であった。

　移転運動は、地域への協力要請、杉並区、東京都への働きかけ、国会への陳情等々であった。しかし、学校のある地元では、「おらが学校」意識から反対意見も多く、また移転先である蚕糸周辺では、学校が来たら騒がしくなる、もっと他の利用法もあるのでは、と云った意見も多かった。

　また一方では、蚕糸試験場が1911（明治44）年の設立であったことから、建物の一部を文化財として保存し郷土博物館とする、公団住宅、公園緑地と区民運動場、青果市場、都立高校等々の争奪戦があった。

　結果、1980年、国が次のような跡地利用計画方針「利用計画の大綱」を示した。それは概ね次のようなものであった。『周辺は、総合的に危険度が高いため、防災空地を兼ねた公園とし、周辺の不燃化を推進。一部は杉並第十小学校の移転用地及び地下鉄の駅務施設として利用する。』としたものであった。

杉並第十小学校

蚕糸の森公園

そして、翌81年には、地域住民、学識経験者等による「蚕糸試験場跡地周辺まちづくり協議会」、「跡地内施設建設協議会」、「杉並第十小学校建設協議会」等が発足した。

杉十小学校移転運動から移転決定まで4年。決定から三つの協議会が出来て、計画が決定するまで4年。そして、学校防災公園としての施設が出来るまで約2年。

国の移転計画が決定し、移転運動を展開し、協議会での喧々諤々の協議、そして「学校防災公園」としての「蚕糸の森公園」、「杉並第十小学校」、「地下鉄・東高円寺駅」などの施設完成まで、実に10年を要した。

しかし、それからが真の意味での「まちづくり」の始まりであった。

2. 見守り活動団体の誕生

通常、施設建設のための協議会は、計画が決定した時点でその役割を終え解散し、活動もそこで終了する。

しかし、蚕糸周辺に関しては、移転運動に関わった人々による「地域の見守り活動」として活動が継続されている。

「蚕糸の森・学校防災公園」は、公園の中に小学校があり、行政で云うところの「災害時の避難場所」と云う位置付けにある。従って公園の周囲、どこからでも逃げ込めるようにと、小学校が存在しながら門扉も塀もない。そして、校庭も学校時間帯を外れると、24時間開放の「区民運動場」となる。広さは、4.2haで、災害時の避難場所としては十分ではないが、周辺を防火樹林帯で囲み、火災発生時にその樹木に放水する放水銃、スプリンクラー等が25基設置され

ている。更には、周辺を100m幅の不燃化住宅で囲み、防火率を高めている。

　こうした環境の中で、子どもたちの安全、少年たちの非行防止、災害時の避難場所としての機能維持等々、これらは地域住民の見守りが不可欠、との思いから地域に呼びかけ、結成されたのが『さんし会』である。

　呼びかけ先は、PTAのOB、町会自治会関係者、青年会、他地域の活動者及びその口コミで、あっという間に30名程が集った。その後一年ほどで会員は約70名に達した。更にその後、賛助会員を含め、120名に達した。それだけ、この「蚕糸の森・学校防災公園」に対する関心の高さがうかがえる。

　しかし、こうした活動団体は、行政の旗振りではなかなか生まれない。そこには、地域のキーパーソンの存在が必要だが、『さんし会』の場合、杉十小移転の前後2年間、PTA会長を務めた人物が、現役で旗振りをしたことが功を奏した。そして、現役PTA会長をそこまで突き動かしたのは、10年にもわたって移転に関わってきた、先達の熱き思いと、それに伴う並々ならぬ活動を知ることから抱いた、強烈な使命感であった。

　『さんし会』の活動内容は、地域の見守りから派生する、課題を行政との協働で解決して行く動きと、杉並区の地区計画に関わる事業用地、7か所の無償管理で、その中の一つである「コミュニティー・ガーデン」の運営、杉並区内及び他地域でのイベントへの参加、である。

3. もう一つの活動『蚕糸の森まつり』

　「蚕糸の森・学校防災公園」に関わる、もう一つの大きな活動は、やはり学校移転当時のPTA会長が旗振り役の一人で始まった、『蚕糸の森まつり』である。1988年から始まったこの「まつり」は、周辺50数団体が参加し、毎年約1万人の来場者がある。

　このイベントの発想の原点は、杉十小が移転した1986年、国内外から約3,000人の見学者があったことに由来する。門扉も塀もない学校、そして学校の構造そのものも、従来の「教室」と云うものがなく、

オープン・スペースをパーティションで仕切っただけの教育スペース、と云ったものであった。

　それだけ注目を浴びた学校の、現役のPTA会長の旗振りであれば、世間も振り向いてくれるであろう、何はともあれ今、地域が関わって行く仕掛けを作っておかねば、との思惑があっての行動であった。

　『蚕糸の森まつり』は、災害時の避難場所が会場となるため、単なる地域の親睦ではなくして、地域の連携を深め、災害時に機能するための防災訓練と位置付けている。約40張りのテントを設置する会場の設営、撤収、荒天時の対応等々、「防災訓練」と意識しなくても、結果的には訓練になっている。　現実に発災し、学校、公園が避難場所となった際、このイベントに関わった人々の中に、必ずやリーダーシップを発揮する「キーパーソン」が育っていると確信できる。

　そして、これからもこうした形で地域が、「蚕糸の森・学校防災公園」に関わって行くことであろう。

　こうした『さんし会』、『蚕糸の森まつり』の活動は、杉十小移転活動の延長線上にある。そしてもう一つ特筆すべきことは、『蚕糸の森まつり』に関して、移転活動当時関わった行政マンが、移転完了から10数年後も、まつり前日の準備作業から当日まで、手弁当で応援に来てくれることである。このことは、彼等も「蚕糸」に思いを残していることに他ならない。これこそが、行政が関わった、地域活動のあるべき姿ではなかろうか。

（元杉並第十小学校PTA会長・さんし会会長　小池 曙）

まちづくり博覧会

1. はじまり

　杉並区では、早くから様々な形で市民のまちづくり活動に対する支援を行ってきた。その一環として、「(財) 杉並区まちづくり公社」が、まちづくりグループに対して助成金を交付していた。そうした活動グループの発意で、活動成果の発表と情報交換の場として「まちづくり博覧会」が企画された。「公社」は、趣旨に賛同し、活動報告会と「まちづくり博覧会」の同時開催を条件に助成を決定した。かくして、1998（平成10）年2月に第1回「まちづくり博覧会」が開催されたのが、はじまりである。

2. まちづくり博覧会の趣旨

　開催の趣旨は、第1回の開催の際のチラシに次のように書かれている。「この度"こんなまちに暮らしたい"という夢を描きながら区内で活動している人たちが集い交流する「場」を企画しました。」
　近頃、"まちづくり"という言葉が流行っているが、いったい"まちづくり"って、どんなことを云うのであろうか。区画整理？ 建物づくり？ 都市計画？ こんな大きな建設事業だけが"まちづくり"ではない。まちに住む一人ひとりが「このまちをもっと住みやすくしたい」、「このまちに楽しい人の輪をつくりたい」と考えることも、まちづくりの第一歩である。
　「まちづくり博覧会」は、このように杉並を暮らしやすいまちにしよう、と活動している人たちが一堂に会し、日頃の活動を発表しあい、情報交換をし、問題を話し合い、深め合おうというものである。それはまた、"まちづくり"に関心はあるが、きっかけがつかめない方や"まちづくり"ってなあに？ と思っている方、行政に携わる方々にも私たちの活動を知っていただくためのものである。そして、杉

イラスト　赤山寿美

並区内外でまちづくり活動を行っているグループやその構成員がお互いに交流し、情報交換し合う機会を通じて、それぞれのまちづくり活動をより豊かなものにしていく一助となることを目的としている。

3. まちづくり博覧会の事業

まず、それぞれのグループ活動の結果を持ち寄る年1回の「まちづくり博覧会」、「まち博NEWS」の発行、「まち博ミニ」の開催である。

「まち博NEWS」は、「まちづくり博覧会」や「まち博ミニ」の成果の報告とともに、まちづくりグループの活動紹介や活動している人たちの発言の場としている。

「まち博ミニ」は、社会的に重要なテーマの話題提供者との意見交換を通して、活動上の課題、交流のあり方、行政との関わりなど、まちづくりの諸問題を掘り下げ、まちづくり活動の交流を深める道筋を探しあう場をつくろうとするものである。

4. 活動の主体

1999年度末で、（財）杉並区まちづくり公社が解散となり、助成の制度が変ったことから、主体的に活動を進める団体を組織する必要から、2000年10月に設立総会を開催し、新しい団体「まちづくり博覧会」として出発した。

会員数100名、年間予算規模30万円程度で運営している。

5. 今後へ向けて

「まちづくり博覧会」の活動は、市民による個々のまちづくり活動と、地域全体を見通しての行政としての、まちづくり活動の中間にあるので、まちづくり活動グループが交流する場であると同時に、市民と行政のまちづくり活動が交流する場となって行くことも期待される重要な役割であると考える。

こうした役割の認識に立てば、「まちづくり博覧会」は、まちづくり活動についての知恵と情報を集結する団体として、活動基盤の強化に取り組んで行くことが大切であると考える。

（「まちづくり博覧会」事務局長　松枝 廣太郎）

II 未来へ向けて

未来につなぐ「秘められた宝」

杉並区社会教育委員
国立教育政策研究所生涯学習政策研究部長　笹井 宏益

1. 実践と教養との「協働」の歴史

　この本は、「人権を守る」「子どもと歩む」「生活・環境を豊かにする」「まちを創る」という4つのテーマからなる章立てで構成されている。私たちが、自らの生活を豊かにしていく上で何をしていけばよいのかということを考えたとき、まずこれらの4つのテーマが思い浮かぶのではないかと思う。ユネスコが繰り返し言っているように、また、社会教育学の基本理念がそうであるように、自分の幸せは、「社会の幸せ」に依拠しているのだから、平和で安心して暮らせる社会をつくることは、自分自身にとっても何よりも大切なことといえる。杉並の人たちが実践してきたことを記録・編集したこの本は、一人ひとりが「より良く生きる」ことと、皆で力を合わせて「より良い社会をつくる」こととが、実はひとつのものであり、共通の土俵において語られなければならないものであることを教えてくれる。こうした活動を、多くの行政関係者は、しばしば「地域での社会教育実践の一つだね」のひとことで片づけてしまうかもしれないが、この本を読むと、こうした実践こそが、「生涯にわたって学ぶ」ということの中核であり、社会を刷新し住みやすいものにつくり変えていく原動力であることを確信するのである。

　周知のように、戦後の日本は、新しい憲法、教育基本法の下で、「社会をつくる学び」を再出発させた。当時の文部省公民教育課長は寺中作雄。彼の目標は、「公民館の構想」をはじめとする論稿に詳しく表れているが、ひとことでいえば、地域での実践をつうじて「公民」を育成することであった。ここでいう「公民」とは、教科「公民」というときの公民と同じものであって、政治思想史的にいえば「市民 (citizen／citoiyen)」のことであり、「民主主義社会を担う人びと」という意味である。寺中は、民主主義や基本的人権に関する教養の

習得とともに、実際に社会組織の運営に携わることによってそれらを真に体得することの重要性をことあるごとに説いている。それは、民主主義の思想や基本的人権の尊重という理念が、社会をつくる価値規範であるとともに、社会秩序をつくりそれを運営するガバナンス上の規範でもあることによるものである。

　杉並の社会教育の歴史を見てみると、実にたくさんの文化人が公民教養講座の講師を務めてきた。まず挙げられるのは安井郁氏（やすいかおる／国際法学者、平和運動家）が区内の公民館の館長をつとめていたことである。このほかに、朝永振一郎（ともながしんいちろう／物理学者）、上原専禄（うえはらせんろく／社会学者）、大内兵衛（おおうちひょうえ／経済学者）、清水幾多郎（しみずきたろう／社会学者）、中村草田男（なかむらくさたお／俳人）、美濃部亮吉（みのべりょうきち／経済学者、元東京都知事）、藤田たき（ふじたたき／婦人運動家）…等々時代の先端をいく知識人が杉並の社会教育に集っていた。こうした各界の第一人者から得られる教養とは、いったいどのようなものであっただろうか。想像するに、公民教養講座の受講生たちは、新しい社会づくりに向け、現実の世界を生きていくための「手がかり」を求めて、真剣な眼差しで講座を聞いていたに違いない。教養が、生きていくために、また明日の日本社会をつくるために、どうしても必要だったのである。普遍的な価値規範は、豊かな教養と現実世界を生きる実践とのやりとりの中から生まれる。当時の公民教養講座が、実に豊かな教養にあふれていたかは、各講座の冒頭にベートーヴェンやモーツアルトの音楽を流していたことからも推察されるが、このことを含めて、教養と実践とが、ここまで距離を縮め、インターラクティブで互恵的な関係にあった例を私は知らない。社会を豊かにする教養とは、新渡戸稲造や丸山眞男の例を出すまでもなく、その人間個人の魅力をより豊かにするものであり、実践そのものを価値づけるものである。近年、この国では、政治家の品性が疑われる事態が相次いでいるが、人間の品性は教養によって培われるものであり、確立された品性から発せられた言動は、多くの人を自然に納得させる通用力をもつ。大江健三郎の説く「ディーセントな

日本人」という理念に少しでも近づくためには、まさに一人ひとりが「教養と実践との相互交流」を継続的に行うことが必要なのである。

　1950年代60年代に開催された杉並の公民教養講座は、戦後生まれ変わった日本に、民主主義思想や人権思想を定着させ発展させる上で大きな役割を果たしてきた。それは、人々の心の中に、普遍的な価値を内包する教養を着実に培ってきたからである。それらは、実践、すなわち市民運動をつうじて、参加と協働による「社会づくり」が求められている現在でも脈々と生きており、いや、その当時以上に、重要な意味をもってきているといえよう。この背景には、先に述べたような「教養と実践との相互交流」の積み重ねがあったことはいうまでもない。こうした活動は、よくよく考えてみると、「社会運動」という形でなければ実現され得ないものであったことが理解できよう。杉並の市民は、これを、広く深くかつ先駆的な形で実現してきたのである。いいかえれば、こうした活動こそ、社会教育のダイナミズムそのものであり、未来の社会を創る上で欠くことのできないものなのである。

2. 市民運動による「社会づくり」

　国にしても自治体にしても、ほとんどの行政機関は、自らの行政作用は法律や条例に基づいて行うものだと思っている。これは、法治国家である以上当然のことである。だから、あまり規制とは縁がない教育や文化にかかる行政分野であっても、政策を企画実施するときには、基本的に、法律や条例をバックボーンとして、社会の全体像を把握してそこに行政課題を見出す「マクロな視点からの課題抽出」が採られることになる。ところが、一人ひとりがより豊かになることを目指す「教育」という営みは、先生と生徒であっても、親と子であっても、市民と市民であっても、実際上つとめて具体的な関係性の中で、もっといえば個別具体的なシチュエーションにおいて、双方向的に営まれるものである。いうなれば、教育という営みの中には、「マクロな視点からの課題抽出」だけではとらえきれない部分がたくさん存在している。すなわち、行政が得意とする「マクロな視点からの課題抽出」だけでは、カバーできないところが山ほどあり、こうした

部分は、市民の自主的で継続的な活動に頼らなければ、社会をつくることはもちろん、行政の政策目的のほんの一部分ですら実現することが難しいのである。それゆえにこそ、「マクロな視点からの課題抽出」に基づいた政策を、個別具体的な生きていくための営みにつなげ、かつ個々の生活現場での営みの中で生成する課題や興味関心を「マクロな視点からの課題抽出」の中に翻訳していく作業、すなわち、社会教育専門職員の仕事に代表される「行政と教育現場をつなぐ作業」が重要になるのであるが、実際は、こうした「個と社会をつなぐ」あるいは「現場と行政をつなぐ」という作業が行われたとしても、カバーできない部分がたくさんあるのである。いうなれば、市民自らが行動し、市民同士がつながり、協力して活動を続けていかなければ、政策それ自体の目的は達成されないことはもとより、「社会づくり」はなかなか前には進まないのである。

　社会教育行政の内容が、講座や学級の開催であると誤解されるようになってから久しい。こうした矮小化された社会教育概念は、（社会教育行政関係者を含め）今でも行政の関係者の中に広く流布している。中には、こうした誤った社会教育概念をもとに、社会教育の終焉論に代表されるような社会教育不要論も飛び出してくる始末である。社会教育行政縮小（不要）論は、行政とは、本来的に規制や給付といった方法で市民の権利利益や自由に変動をもたらすことを任務とし、被統治者である市民に向けての統治作用（ガバナンス）であるという古典的な考え方を、無媒介に社会教育行政にも適用したものであり、明らかに誤りである。社会教育行政は、講座や学級の開催も含めもっと広いものであり、例えば、市民同士の交流や話し合いによる相互教育を促したり、自己教育やエンパワーメントの条件を創ったりすることも含むものである。いやむしろ、こうした取組みのほうを主役とする行政といってもよい。

　近年しばしば言われている「公助」「共助」「自助」という給付型ガバナンスにおける3類型を例に挙げて、社会教育行政の特色を説明してみよう。

図1は、一般行政のカバーする領域をモデル的に示したものである。通常、行政機関による政策は、法律や条例に基づき、そこで定められた給付（サービス）を行うものとされており、いわゆる「共助」については、文字通り、市民同士の自発的なささえあいの中から生まれてくるものであって、行政が関わるものではないものとして政策の対象から外されている。いわゆる「自助」についても同様で、個人が抱える課題は、本来的に個人の努力によって解決を図るべきものとして、政策の対象から外されているのが一般的である。ここでの行政のスタイルは、道路や公園を作ったり、児童手当や生活保護を給付したりする場合などをイメージして作られているものといえる。

　他方、**図2**は、社会教育行政のカバーする領域を示したものである。社会教育行政は、講座・学級等の開催など社会教育事業を企画実施して市民に知識や技術の伝達をするような活動〔いわゆる公助としての行政〕に加え、相互教育の機会や場を創ったり〔いわゆる共助のための行政〕、社会参加や自己教育を促したりささえたり〔いわゆる自助のための行政〕することもミッションに含まれている。この点で、極めて個性的な行政スタイルであるといえよう。社会教育行政に共通する命脈は、「地域を基盤として人づくりに関わる」という点であり、その意味で、一人ひとりの意識や力量が「より向上する」ことと、皆で助け合いながら「より良い地域をつくる」こととが、内在的に関連しているのである。

図1　一般行政のカバー領域

図2　社会教育行政のカバー領域

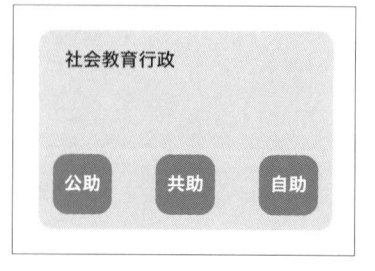

　ここで重要なことは、社会教育行政が共助や自助に関わるということは、一つには、そこに行政と市民をつなぐ「人」の営みが介在

しなければならないということ、もう一つには、ガバナンス上の規範を自律的に実現するための社会運動機能が生成されなければならないということを意味している。いいかえると、共助や自助は市民の生活の中で行われていることから、通常の一般行政機関が、そこに統治作用（権力作用）の主体として目的的に関わることは、極めて困難であると同時に、決して好ましいことではないからである。

　社会教育行政が「運動体としての機能」を必要としていることは、例えば、戦後すぐに、公民館の普及のために文部省によってつくられた公民館設置促進中央連盟が、毎日新聞社とともに「公民館の歌」の募集を行ったり、近年では（社会教育分野というよりも家庭教育分野の話になるが）「早寝早起き朝ごはん」国民運動が文部科学省によって推進されたりしていることを考えれば、容易に理解されよう。このことは何を意味するのであろうか。社会教育行政は、市民の生活に直接かかわる領域を抱えており、これを着実に実現していくためには、グループ・サークルを含めて運動として社会教育を行う組織体を創出したり、既に活動している市民運動団体の意義を積極的に認め、それらと協働したりすることが極めて重要なのである。

　杉並の社会教育行政は幸せである。なぜならば、この本に記録されているような、真に生活の中から生まれた課題を解決すべく、地道な努力によって普遍的な価値を創出し蓄積してきた多くの市民運動が存在するからである。「協働」という取組みは、まさに、こうした蓄積の上にこそ実現されるべきものなのである。

3. これからの時代を生きる道しるべ

　社会教育行政固有の性格と市民運動の蓄積こそが、協働を創出し発展させる上での重要な条件になるものであることは、すでに述べたとおりである。ここでは、杉並の市民運動が掲げ蓄積してきた「価値」に目を向けてみることにする。

「価値観が多様化している時代」といわれて久しい。しかしながら、バブル経済の崩壊と二度の大震災の経験から、多くの人たちは、自らが生活する拠点、すなわち「地域」に目を向け始めている。どうしたら苦しい生活から抜け出せるか、どうしたら安心して暮らせるようになれるのか、足元の生活を見つめ、課題の解決と豊かな生活の実現に関心を寄せているのである。かねてから、市民運動は、そうした生活上の諸課題に着目し、それらに関心をもつ人たちを組織化して、彼ら／彼女らの力量形成を促し、諸課題の解決を目指して展開されてきた。ところが、経済成長の下で社会が豊かになってくることに伴い「価値観の多様化」が生じ、これによって、市民のあいだに、生活課題の共有にとって高いハードルが生まれるようになった。このことは、社会教育が（終戦直後に各地で実践されてきたような）本来望まれるような形で営まれることが難しくなったことを意味している。しかしながら、そうはいっても、現実には、ほとんどの市民は、多くの生活課題に直面しているのであり、課題解決に向けた地域での社会教育実践、特にグループとしての共同実践が、現在はもちろんのこと、今後ますます必要になってきている。

　杉並の市民運動は、そうした「価値観が多様化している時代」においても、社会教育実践としての取組みの中で、（生活課題の共有によって生まれた）地域課題の解決に多大な貢献をしてきた。それは、「人権を守る」「子どもと歩む」「生活・環境を豊かにする」「まちを創る」といった杉並の市民運動のテーマが、何よりも、価値原理・行動原理としての普遍性を有していたからにほかならない。

　例えば、「人権を守る」ことは、人権そのものが普遍性を有するものであることから、「人権を守る」活動が、普遍的な価値原理・行動原理の下に実践されるのは、いうまでもないことである。また、近年の学校・家庭・地域の連携協力に対する関心の高まりなどを考えれば、「子どもと歩む」ことが、いかに市民にとって普遍的なテーマであるかは、容易に想像がつく。さらに、「生活・環境を豊かにする」上で、ほぼ毎日話題にのぼっている、地球温暖化の防止や原発の問

題は、政治や経済の問題であると同時に、私たち一人ひとりの（生活上の）学習課題でもある。市民によるまちづくり活動に関していえば、杉並区をはじめ全国各地で盛んに行われており、こうした現状をみれば、「まちを創る」ことは、社会教育にとって明らかに普遍的なテーマである。

　「私たちが今日ここにいるのは『世界は変わらない』という声を無視した人がたくさんいたためです。壁のどちら側にいようと、どのような外見であろうとも、すべての人々にとって自由は権利である、とリスクを取り立ち上がって言及した人々がいたからです。」(注)これは、2009年4月、チェコ共和国の首都プラハで、アメリカのオバマ大統領が核廃絶へ向けて行った演説の一節である。核廃絶の歴史をふりかえってみると、ビキニ環礁での水爆実験に端を発した原水爆禁止運動の先頭に立ったのは、当時杉並の公民館長であった安井郁であった。この原水爆禁止運動は、のちに広島での第1回原水爆禁止世界大会などに結実し、それらをとおして、日本はもとより世界各国の原水爆禁止運動、すなわち核廃絶運動へと発展していった。オバマ大統領が訴えた核廃絶の理念と実践は、実は、杉並から始まった社会教育運動の積み重ねから生まれたものといっても差し支えないのである。

　この本がまとめた個々の運動の記録を読むと、それらがいかに普遍的な価値原理・行動原理のもとで展開されてきたがよく理解できる。こうした市民運動の蓄積は、生活を豊かにする上での普遍的な価値を社会的に定着させ、杉並の社会の在りようを規定する土台をつくってきたといえよう。いいかえれば、市民運動の蓄積が、杉並という地域にSocial Capitalを培い、未来を切り拓いていく上でのエネルギーと「道しるべ」を提供しているのである。社会教育に内在する学びが「秘められた宝」だとすれば、それだけにとどまらない。杉並の市民運動は、目には見えないものの、将来必ず私たちを幸せにしてくれる宝物を提供しているのである。

注　「NIKKEI NET」のオバマ大統領のプラハ演説に関する記述より引用。
　　http://www.nikkei.co.jp/senkyo/us2008/news/20090423u0c4n000_23.html

> 座談会

個人の思いから始まる社会教育があしたを創る

実施日時：2012年11月24日（土）午後2時～4時
実施会場：セシオン杉並団体交流室

出席者プロフィール
- 登壇者
  林 美紀子（杉並の市民活動と社会教育を記録する会・70代）
  東島 信明（NPO法人生涯学習「知の市庭」・60代）
  渡辺 宏（高円寺『ハート・トゥ・アート』・40代）
  小杉 とし子（プランニング∞遊・40代）
  吉田 阿津子（杉並冒険遊び場の会・50代）
  川田 紘平（杉並区立小学校・20代）
- アドバイザー
  三輪 建二（お茶の水女子大学・50代）
- 司会進行
  秦 弘子（社会教育主事・30代）
- 編集
  高野 英江（東京大学大学院・20代）

はじめに

秦： こんにちは。今日はご多用の中お集まりいただき、ありがとうございます。よろしくお願いいたします。

　この座談会は、杉並の社会教育・市民活動のこれからを語るという目的から、「個人の思いから始まる社会教育があした（未来の杉並）を創る」というテーマを設定させていただきました。それは、主体的に地域づくりに携わるようになるきっかけが、思いがけない出会いや経験をしたとか、どうしようもない困難な壁にぶち当たったとか、何か行動せずにはいられない状況や思いを背景にしているんじゃないか

座談会風景

と思っているからです。

　今、つながりや絆が大事だということで、SNS^(注1)を含め、地域や社会に貢献する活動に多くの関心が寄せられています。ですが、一方で、目的や方法の違いから、グループになる力というものが弱ってきているんじゃないかという指摘もあります。

　そんなことから、個人の行動せずにはいられない思いが、立場や背景の違う他者とつながり、またそこから違うグループともつながって、これからの地域づくりに向かっていくには、どんなふうに一人ひとりの協働の力を育んでいけばいいのか、話し合ってみたいと思います。

　では、話し合いに入る前に、まずは皆さんの自己紹介からお願いいたします。

小杉：私は、子育てマップづくりの活動から始めました。一度「プランニング∞遊」をNPO法人化したのですが、今は法人ではなくしています。活動をペースダウンさせていた時期も含めてですが、子育て支援に携わって15年ぐらいになります。

　個人では「ノーバディーズパーフェクト」というカナダ発の子育て支援プログラムのファシリテーターをしています。今年度は、杉並区立小学校のPTAに関わって役職を務めたりもしています。

(注1)
「ソーシャル・ネットワーキング・サービス (social networking service)」の略
友人・知人とのコミュニケーションを促進したり、居住地域や趣味等を通じて新たな人間関係を構築するなど、人とのつながりをサポートするコミュニティ型のWEBサイト。

193

(注2)
ゆうキッズ
杉並区内全児童館で実施する乳幼児親子のくつろぎの場。乳幼児親子向けプログラムなどを実施。

(注3)
地域
コーディネーター
杉並区では、地域の力を活かして学校を支援する「学校支援本部」の中心メンバーとして、地域と学校の仲介役となる方々のこと。

(注4)
杉並師範館
杉並区教育委員会では、地域に根ざした教員を区独自で採用（区費教員）するため、平成17年度に設立された「教師養成塾杉並師範館」と協定を結び、1年間同館で養成した人材を19年度から採用。23年4月には120名程の人材を区立全小学校に配属。これにより、30人程度学級・専科制の実施など、特色ある教育活動の継続的な実施体制が区立全小学校で整ったことを踏まえ、23年度をもって採用を終了。杉並師範館も五期生（22年度生）の養成を最後に、23年3月閉館。

吉田：私は「自分の責任で自由に遊ぶ」「けがと弁当は自分もち」をモットーに火を使ったり、木登りしたり、ロープワークをしたり、鋸・金槌・釘などを使って工作したりと、普段子どもができない遊びを、思いっきりのびのびさせる活動をして13年目になります。これ以外には、児童館の「**ゆうキッズ**」(注2)で乳幼児親子のサポートをしたり、区立神明中学校で「**地域コーディネーター**」(注3)をしています。

24歳と20歳の私の子どもも、地域で育ててもらったなあと感じるところがあるので、その恩返しじゃないけれど、自分もいろんな子どもに関わって、『荻窪のおばちゃん』になれれば嬉しいなあと思い、自分にできることをやっています。よろしくお願いいたします。

川田：私は、林さんが杉並ユネスコ協会で会長をされているときに、高校生から大学生ぐらいまで青年部で活動していました。その後は、「**杉並師範館**」(注4)に入り、卒塾してから現在まで、杉並区立小学校の教員をしております。

後できっかけは話しますが、青年部の活動で、中学生や小学生、外国人と一緒にキャンプに行ったり、広島スタディツアーや、日本ユネスコ協会連盟の方でインドスタディツアーに行かせていただいたり、いろんな貴重な経験をさせていただきました。自分が何かしたというよりも、どちらかというと経験させていただいたという方が大きく、恩返しのつもりで今日はここへ来ましたので、よろしくお願いいたします。

東島：僕は信託銀行マンでした。信託業務の中に公益に関わるような業務がいっぱいあり、そういう業務をずっとやっていました。現役のときから比較的社会活動に関心がありました。

銀行を辞めて次の会社に移ると、財団をつくる仕事等をやることに

東島信明
（NPO法人生涯学習「知の市庭」）

なったんです。そのとき、様々な会社や財団でいい講演会が開催されているのが分かり、こうした素晴らしい講演を記録化し、そうした機会のない人でも読めるようにしたいなあと思ったのがきっかけで、講演の記録づくりを行う生涯学習「知の市庭」の活動をはじめたんです。

　講演録は、さまざまな活動の資料として使ってもらいたいのです。テープ起こしは、就労支援の一環というんでしょうか、障がいのある方々にやっていただきました。

渡辺：12年ぐらい前から数年前まで、高円寺で「高円寺『ハート・トゥ・アート』(注5)」というアートイベントを開催していました。その後は地域で黒子的な活動をいろいろしてきました。今は、東京都の新しい公共事業で杉並区の「**大人と子どもで創る地域コミュニティ推進協議会**(注6)」等に加わって活動しています。

　地域活動を頑張って続けようか、頑張るのをやめようか、いろいろなことを考えつつ、現在に至っています。

林：私は「杉並の市民活動と社会教育を記録する会」というのを、2002年度から有志の方たちと立ち上げ、活動しております。杉並の社会教育とそれに関わる市民活動が非常にたくさんありますので、この会は、それを記録するということで活動を続けてきました。元々私は、子どもが小さいときからPTAをはじめに、杉並のいろんな活動に関わってきたんですけれども、これら一つひとつを記録していくこともすごく大事じゃないかということで続けております。

三輪：お茶の水女子大学で社会教育・生涯学習を担当しています。私がここにいる理由ですが、今、学校・家庭・地域の連携ということで、杉並区立の小学校に関わっています。それから、杉並区の行政計画に関わったり、杉並区ではお世話になっています。知の市庭には、10年位前に私の講演をテープ起こしていただいたことがあります。

　林さんとのつながりは、この冊子を何とかまとめて若い世代に伝えたいということで、一度大学の方まで来てくださったことがありまして、情熱をヒシヒシと感じたそのころからです。

(注5)
高円寺
『ハート・トゥ・アート』
高円寺地域密着型のアートのフリーマーケットイベント。表現者と一般区民をつなぐイベントとして、初回は区教育委員会主催「区民企画講座」の企画事業として、平成11年度に実施された。その後、主要メンバーが実行委員を組織し、平成17年度に第11回目の開催を終え、休止状態となった。

(注6)
大人と子どもで創る地域コミュニティ推進協議会
平成23・24年度東京都新しい公共支援事業（新しい公共の場づくりのためのモデル事業）」の一つに選出された事業「大人と子どもで創る地域コミュニティ」の実施団体。杉並区、高円寺地域区民センター協議会、杉並区社会福祉協議会、NPO法人ゆるゆるma〜ma、NPO法人らくげん、高円寺『ハート・トゥ・アート』の6団体で構成。

アドバイザーというのはどのような役割なのでしょうね。話に困ったらアドバイスするようなことで、どうぞよろしくお願いします。

自分たちだけの絆ではもうやっていられない

秦：それでは、早速ですが、導入の意味も込めて、林さんの方から記録づくりの趣旨や背景をお話しいただきながら、問題提起をしていただいてもよろしいですか。

林：記録づくりのきっかけは99年。もうやがて21世紀に入るという時に、私はちょうど**「社会教育委員」**（注7）をしておりました。当時の社会教育委員の会議が「杉並区の社会教育行政の今後のあり方について」という提言を出したんです。これからのことを考えるには、過去の時代のことをきちっと見つめ直して、新しい時代に進むのが必要じゃないかということで、歴史・記録づくりをその提言の中に入れました。

昭和40年代だと思うんですが、杉並区には**『杉並区教育史』**（注8）という立派な冊子が2冊ほど出ているんです。ですが、それ以降、教育史は一切出ていないものですから、杉並の社会教育の歴史を掘り起こしていこうじゃないかということで、社会教育主事や**社会教育事業推進委員会**（注9）の力も借りてつくり始めたのが、私たち「杉並の市民活動と社会教育を記録する会」です。

実際に10冊ほど作り、ホッとはしたんですが、本当の意味で、このままでは未来に生かしていただくことはできないんじゃないかと思い直し、当初から考えていた1冊の本にまとめようということになりました。「すぎなみ社会教育の会」として新しく会を作り直し、内容も更に加えて、これからの社会づくりに生きる本にしたいと願って、この座談会も行うようにしました。

実は、記録づくりにあたって年表を作りました。戦後は教育行政がしっかりしていて、それに応えるように、子どもにしろ、青年にしろ、女性にしろ、学ぶために集まって来ました。ところが、1970年位からはいろんな社会問題がより顕在化してきて、それまでに学んできた人

（注7）
社会教育委員
杉並区では、社会教育法に基づき、社会教育行政に関する附属機関として、平成元年4月に社会教育委員を設置。教育委員会の諮問に応じて、社会教育に関する事項について調査・審議して答申するとともに、自主的研究を重ね、教育委員会に意見を述べる役割を担う。

（注8）
杉並区教育史
上下巻から成る刊行物。1966年から発行。1963年、杉並区議会の要請により、杉並区教育委員会のもとに「杉並区教育史編さん委員会」を組織。区立済美教育研究所（当時）内にその事務所を置いて、3年間にわたる調査研究を実施し、公刊。学制頒布以後の公教育を中心にまとめている。上巻は、明治初年から関東大震災後の1931年頃までを収め、下巻は、杉並区が発足した1932年頃から1955年を下限に収める。

たちが自分たちで活動しはじめたということが、年表からすごくよく分かるんですね。

そして、それが段々違うかたちで進んできているのが21世紀じゃないかと私は思うんです。社会の動きと市民活動は当然密接につながっているし、本当は、我々はもっともっと社会教育を自分たちの問題として捉え、何が必要かということを考えなきゃいけない。それは、この古い活動の記録を見ることによって、実によく分かると思います。

林 美紀子
(杉並の市民活動と社会教育を記録する会)

(注9)
社会教育事業推進委員会（愛称：車座委員会）
地域で活動している区民が自らの経過からとらえた生活課題、地域課題を多角的に検討し、研究や講座等を含めた社会教育活動を行うことにより、区民の参画と協働による社会教育事業の推進を図るため、平成14年2月設置。委員数12名以内、任期2年。

私が今一番問題に感じていることは、「絆」が叫ばれるんですけれども、グループ内での絆はよくできるんですよね。けれども、これをさらに波及していく関係性、そういうものを今後作っていかないと、自分たちだけの絆ではもうやっていられない時代に来ているんじゃないかと思うんです。最終的にそこら辺をやらないといけない。今後どういうふうにしていったらいいか、ぜひ皆さんと考えたいと思います。

それぞれの『学びのスタイル』

東島：ちょうど今、林さんはおっしゃったように記録起こしをやってきたでしょう。林さんの時代は、先生役がいる。まず先に学びありきなんです。それから、その学びを消化して活動に入る。吉田さんは確か以前、「分からなければ聞きに行く。学びながら活動している」っていうことを言っていましたよね。

だからね、今の時代は、活動が先だっていうふうになっているんだと思う。確かにそういう学び方、活動の仕方でもよくて、『学びのスタイル』が違うんですよ。僕は決して若い人が劣っているとは思っていなくて、ますます活動は盛んになっていくと思っているんだけど、ちょっとタイプが違ってきているっていう印象です。

秦：今、東島さんから『学びのスタイル』というキーワードが出されましたね。このあたりから、ご自身がどんなふうに活動を始め、続けてこられたのか、吉田さんから順にお話いただいてもよろしいですか。

吉田：私は上の子が小学校1年生で、下の子が2歳の時に杉並に引っ越して来ました。友達を作るために一番近い荻窪北児童館に遊びに行くようになりました。杉並の中で多分一番狭い、古い、汚い、人気がないという、ないないづくしの児童館だったと思うんです。それが新しい場所に移転して綺麗になるっていう話を聞いたので、直接区にこういう遊具がほしいとか、こういうスペースがあったらもっと子どもを遊ばせやすいと伝えに行ったんです。直接伝えたら、区はその通りに作ってくれるんじゃないかと錯覚していたんですね。そこで初めて、要望の仕方を教わりました。丁寧に教えてくださいましたよ。

　それで、親同士で「荻窪北児童館の移転を考える会」を作って、児童館に遊びに来ている人や学童クラブの父母の会の方に一緒にやろうと声をかけたんです。いろいろ話し合いながら勉強し活動をして、区に要望書を持って行きました。

　結局、「あんさんぶる荻窪」という複合施設の建物の中に移転することが決まって、外遊びができるような理想の児童館にはならなかったんですけど、愕然としながらも、子どもたちが施設の中でうるさい困った存在にならないような施設づくりをしないと、結局また子どもたちの居場所がなくなるよねって、活動を続けました。

　どんな施設なのか勉強したり、中に入る予定の環境系のグループ、消費者団体、社会福祉協議会、社会福祉事務所など、とにかくありとあらゆるところを回って、子どもと共存し、一緒に学び育つ施設をつくらないかということを提案し、つながっていったんです。

　そして、一緒に要望書を出そうということになって、「複合施設を作る会」を立ち上げました。子どもの遊ぶ施設を見学したり、この施設を設計する事務所を教えてもらい、提案を出しに行ったり、その事務所が建てた建物を見に行ってバリアフリーや安全のチェック

をさせていただいたり、それを要望書に反映するようにしていました。バリアフリーという言葉を知ったのもこのときです。

そんなことを7年ぐらい続けているうちに、いろんな人とつながりました。

施設が建つ地域の町会の方々にも受け入れられ、応援してもらわないとうまくいかないことも分かったので、地元の7つの町会を全部歩いて、会合にも出させていただいて、私たちの思いを伝えていったら、「私たちの思いを全ては受け止められないかもしれないし、全て理解することは難しいが、子どものためを思い、地域のためを思い、何だか分からないけれど一生懸命やろうとしている気持ちだけは伝わってきた。それを応援しなかったら私たちの存在意義がなくなるから応援しましょう。」と言ってくださったんです。それで、町会でも困っていることがあると、話し合って共有していったんです。

区への要望書を「複合施設を作る会」と「荻窪七町会」の名で出した途端、ものすごくその要望書に重みができて、周りの見る目も変わって、「えっ?こんなに違うんだ」ってびっくりしました。

ただ自分たちの思いだけを押しつけるんじゃ誰も耳を傾けてくれない。とにかく、ありとあらゆるところに「来い、来い」と言われると、みんなヒイヒイ言いながら、小さな子ども連れで出かけて行ったんです。つながらないとダメってね。こうして地域を学んだおかげで、今では子どもたちが大事にされる施設ができて本当によかったなと思っています。これが私の地域活動の原点です。

吉田 阿津子(杉並冒険遊び場の会)

林:杉並の地域性が皆さんを育てたというか、そんな印象ですね。それに応える人たちでもあったと思います。単独に児童館が建っていたら、きっとそうはならなかったでしょうね。

秦：吉田さんが最初に子どもに関わる活動をはじめられたのは、お子さんがいらっしゃったからなんですね。

吉田：そうですね。我が子の為にという思いが**冒険遊び場**^(注10)への活動につながっていきました。南荻窪は周りを見渡すと小さい公園しかないのです。その公園で遊んでいたら、怒鳴られました。そこの看板が読めないのかって言われて見てみたら、注意事項として「静かに遊びましょう」って書いてあったんです。

それで、子どもを遊ばせる場所がほしいと思って活動したのがきっかけです。冒険遊び場も「じゃあ杉並区に作っちゃおう」ということで始まりましたね。

小杉：私は、子どもを産むまで仕事と会社の往復だけで地域の友達もなく、病院も、子どもを遊ばせる場所も分からないというところから子育てが始まりました。インターネットがまだ普及していない頃です。区民歴はありましたが、自分の住んでいる地域を何も知らなかったのです。

そうした時に、近くに住む友達に誘われて児童館に行きました。最初に、友達に声をかけられたときに「児童館って？」「どこにあるの？」と聞いたのを今でもよく覚えています。自宅から徒歩2分の場所にあったのですよ。そこで、子育てのサークルに誘われ、そのサークルからの流れで、**母親クラブ**^(注11)に関わりました。母親クラブは継続が難しかったので解散をさせてしまいましたが、児童館についてはよく知ることができました。

時間ができたので、もう少し地域を広げてみようと思って参加したのが子育てマップを作る社会教育の講座です。その講座は0歳からの託児付きで、当時としては0歳からの託児付きというのがとても珍しかったこともありました。参加したメンバーは同じように、地域の子育て情報を発信したい、地域の知り合いを広げたいという母親達でした。

社会教育のバックアップをいただきながら、何も知らない母親同士で子育てマップを作り、その過程で病院や施設に掲載許可を取るなどの経験から紙媒体を出すことの大変さにも気づきました。

(注10)
冒険遊び場
「自分の責任で自由に遊ぶ」をモットーに、子どもたちが地域の中で五感を発揮し、いきいきと豊かに遊ぶことのできる場。冒険遊び場づくりは、子どもを取り巻く遊びの厳しい環境に対して、自由な遊びの世界を取り戻すことを目的に、市民活動が各地で展開されている。日本で最初に設置された常設の冒険遊び場は、1979年、国際児童年記念事業として、行政と市民による協働運営で世田谷区にできた「羽根木プレーパーク」である。

(注11)
母親クラブ
子どもたちの健全育成を図り、地域に根差したボランティア活動を行う団体。行政や関係機関と連携し、全国的なネットワークをもつ。厚生省により、国庫補助が1973年に制度化されるが、2012年度の一般財源化によって、地方の裁量に任されることとなった。

せっかく集まったので、「このまま解散するのは惜しいよね、何かできないかしら」と言ってつくったのが「子育てマップの会」という団体です。何かしたいという自分たちの思いだけで作った団体でした。のちに、「プランニング∞遊」と会の名前を変更し、子育て支援の団体となりました。社会教育スポーツ課、保育課、児童青少年課、社会福祉協議会、色々なところと

小杉 とし子（プランニング∞遊）

関わり合い団体として活動をさせていただいてきました。子どもの育ちには横のつながりだけでなく、縦のつながりも必要です。社会教育というと、すごく漠然としていますが、実は社会教育が一番幅広く色に染まらないつながりがつくれるのかもしれないと思っています。

秦：子育てマップを作る講座は、**「区民企画講座」**(注12)でしたね。渡辺さんの『ハート・トゥ・アート』も同じ区民企画講座の「高円寺若者雑学塾（以下、雑学塾）」というコースから立ち上がりましたよね。

「区民企画講座」は企画運営委員を募集し、その方々でいろんな事業を開催していましたが、そもそもこれに参加された理由や、『ハート・トゥ・アート』を形にしていくまでの過程など、先ほどの『学びのスタイル』と絡めて、次は渡辺さんにお話いただけますか。

渡辺：参加した理由はたまたまです。強いて言えば、当時、「セシオン杉並」のすぐ近くに住んでいたということですね。それから当時は「ノストラダムスの大予言」を信じていて、21世紀なんてやってこないだろうという発想でいました。そこで、自分は残された時間をどうやって生きていけばいいのかと、けっこう真面目に考えたんです。そのときに、人が好きだったこともあって、違った目線で新しい人と関わり合いたいと思ったんです。そんなときに目に入ったのが雑学塾の講座です。

（注12）
区民企画講座
公民館が開館した翌年(1954年)に始まった「公民教養講座」を基にする。1975年度から講座企画運営委員制度が発足し、区民の自主企画で講座が実施され、閉館まで続いた。社会教育センター開館後も、区民からの要望で、その趣旨を受け継ぐ「区民企画講座」を実施。1993年度からは、地域と疎遠になりがちな層を企画運営委員とし、様々な事業を展開してきた。

渡辺 宏
（高円寺『ハート・トゥ・アート』）

雑学塾では好きなことを楽しくやらせていただきました。自由に温かく活動をサポートしてくれる恵まれた状況でした。その後も『ハート・トゥ・アート』や地域活動を続けた理由は、社会教育に対する感謝の気持ちが大きいです。雑学塾がきっかけで、損得考えずに「地域をよくしよう、もっと楽しいものにしよう」と考える人たちが地域にはいて、そういう人たちの存在や関係性を知ったというのがすごく大きかったと思います。

　アートイベントの『ハート・トゥ・アート』は、雑学塾の集大成として、イベントをやることになったのが始まりです。「せっかくだったら、手づくりのアートの発表の場とフリーマーケットを合わせてやろう」という、とてもおもしろいアイディアが出ました。今でこそアートフリーマーケットはよく見られるようになりましたが、当時はそんなことはなかったですからね。

　そこで、具体的な準備になったときに、高円寺に住んでいたのが私だけで、私が中心となって動くことになったんです。動くといろいろな人と知り合って、すごく幅が広がって、結果として、その活動が自分の生き方とフィットしちゃったんです。それまでにもバンド、芝居等を経験していたんですが、何にも成し遂げてないような気持ちが、自分の中にあって、危機感がすごくありました。だけど、自分と似たような夢を持っている人たちのための場を作るんだったら、それはできるんじゃないかと思いました。いろんな人に見てもらっていたら、自分の人生も絶対違ったはずだと思うところもあって、そういうアートを一般の人々の日常生活の中で見てもらう場を作ろうとハマっていきました。

　1回しかやるつもりはなかったんですけど、次回を希望してくれる人がすごく多かったんです。それで10回やることを宣言して続けまし

た。最終的に11回やってお休みに入ったんですけど、そこから地域に関わることになりましたね。雑学塾に行ったのはたまたまだったけれど、自分の思いとフィットしたせいか、今も地域活動は続いています。

社会教育は自分を育ててくれた母親のような存在

渡辺：地域に関わり始めると、やらなきゃいけないことも多く出てきて大変でしたが、非常に得ることも多かったですね。自分にとって社会教育は母親的な存在だと思って感謝しています。『ハート・トゥ・アート』はアートや文化のイベントだと思われがちなのですが、自分の中ではまちづくりとか、社会教育のひとつの手段と思っています。社会教育行政ってすごく大きな存在ですよね。自分も地域に育ててもらったから、いろんなものを経てきた立場として、次の世代に伝えなくてはという思いが非常に強いです。

川田：社会教育行政について全く考えたことがなかったので、少しびっくりしました。私は高校1年生で杉並ユネスコ協会青年部に入りました。私立の学校に通っていたので、区内に友達もあまりいなかったんです。そうした中で、母親の知り合いで、杉並ユネスコ協会で活動されている方に誘われて、遊びに行ったら意外と楽しくて、ただ楽しくてずっとやっていただけなんです。何か思いがあって、というのではなかったんです。地域の仲間がいて、その仲間と一緒に何かやっているということが良かっただけなんです。

具体的に何をしたかというと、中学生と外国人を連れていくキャンプの企画などですね。

それも今考えれば、親組織の方がちゃんと用意してくださっていたのだと思います。高校生や大学生のための「場」を作ってもらっ

川田紘平（杉並区立小学校）

て、そこで活動させてくれていたんだと思うんですね。そういう受け皿を作ってもらっていたので、若者の立場からは、『社会教育』というものに携わっていたというのを全く感じませんでした。

　親組織が若者たちの『居場所』を作ってくれていたのかなと。それがうまくつながって、今もずっと活動が続いているというのを聞いてうれしく思います。僕らの世代の間で、冗談交じりに「青年部が元気ないらしいから、中年部でも作って盛り上げよう」という話が出て来ています。こうやって、年を取ってからもつながることができるのは「いいなあ」と思っています。

林：個人では経験し得ない場面がいくつもあって、青年部という枠組みの中で、世代を越えて活動しているということから生み出されていることが多くありますよね。それを大人が支えていたことも大事ですが、若い人たちが全然そうしたことに気付かないで活動できるというのは、社会教育がある程度、条件を整備しているということだと思うんですよね。そして、そうした環境が整っているということは、すごくいいことだと思います。

川田：高校1年生の時に、杉並ユネスコ協会主催のベトナムスタディツアーに行きました。ベトナムでの寺子屋運動という、農村に学校を作る活動がありました。僕らは何かをしに行くわけではないのですが、実際に現場をこの目で見せていただいて、とても勉強になりました。大学生になってからも、今度はインドに行かせていただいて、高校生のときとは、感じたことや学んだことが変化していましたね。

　今、教員という職に就いて、青年部での活動を生かして1年に一度、僕の担当学年ではない6年生に向けて授業をしてくれと頼まれているんです。学生の頃のそうした経験が、国際理解にもつながって、このように授業に活用できるまでになっています。僕も折角行かせていただいたので、「どこかで役に立ちたいな」とずっと思っていたので、嬉しいです。

秦：青年部の活動は、学校教育以外の活動ですが、学校の先生とし

て、そうした学校以外での教育活動をどのように考えていらっしゃいますか。

川田：学校の中だと同年代の人しか付き合えないけれども、学校外の活動で「別の世代の人と付き合える」のはすごくいいと思っています。自分が高校1年生の時、大学生と話をしている時は、楽しかった記憶があるんですよ。3つほどしか年は変わらないんですが、大学の話をしてくれたりして、それがとても新鮮でした。そういうつながりの中で、学校では得られない、学校では学べないことがいっぱいあったと思いますね。先生でも友達でもない、特別な関係性だったと思います。

　それから、イベントをするときの企画書の書き方も、大学生に教えてもらっていたんです。予算が下りる仕組みを知れたのも、大人の世界や社会の仕組みが分かったようで、おもしろかったですね。

秦：今のお話のポイントは、また後でつなげていきましょう。先に、東島さんのお話を伺いたいと思います。東島さんが活動を始められたのは会社を退職された後ですよね。とてもしなやかに地域に入られていたように思っているんですが、最初からご自身の『学びのスタイル』を確立されていたということでしょうか。

自分と向き合い、『自分らしさ』を突き詰める

東島：僕の原点というのは、銀行を辞めてある会社に入ったときに受けた2つのアドバイスにあります。財団をつくるという仕事をいただいたときに、伊藤忠商事株式会社の瀬島龍三氏にアドバイスをいただく機会がありました。

　一つ目は、『家族の理解を求める』ということです。実際に僕は、財団設立者のご家族の方々に一人ひとり了解を求めて回りました。やはり、周りの方にも理解してもらわなければ、仕事はうまく回らないですからね。二つ目は、『創る人らしい事業にする』ということです。その人らしさを知るためには、その人の人生や考え方を知らなければなりません。僕は、何十時間も財団設立者に、生まれた時からのこと

を話してもらいましたよ。そうやって、『らしさ』を突き詰めることができました。実はこの二つが、NPO活動をするとき、組織の維持管理力を高めることにもつながると思います。

　これから地域活動を始めようとされる方は、まずはご自分の家族の了承を得て、協力を得るべきだと思います。NPO活動をするのにも、時間もお金もかかりますからね。もう一つは、自分という人間は何なのかを自分自身で考えて、「これはその人（自分）らしい事業（活動）だな」と思ってもらえるのは何かということを固めていくことです。この2つが達成できたら、グループ化しようとした時に、人を惹きつけたり、集めたり、共鳴してもらう力を得ることができて、組織の結束も固いものになると思っているんですよ。

渡辺：それについて、私もとても共感するところがあります。私は、活動をどうやって続けていくか、広げていくかと考えた時に、失敗したなあと思っていることがあります。「**すぎなみコミュニティ・カレッジ**」(注13)の講師をやらせてもらったことがあるんですが、その受講生は、今、私が知る限りではほとんど地域に関わっていないと思うんです。その理由は、受講生たちに自分と向き合ってもらったり、地域との関わり方を考えてもらわなかったからだと思っています。

　その後、杉並の勤労者のための「ジョイフル講座」の講師をしたときには、参加者自身にどんな風に生きていきたいか、どう地域に関わっていくかと考えてもらったんです。そんな作業を交えながら講座をやりましたが、参加者同士の結束力やモチベーションにもつながった気がしています。現在も「街まちマーチ」というイベントで受講者との関係は続いています。地域活動なんて、単純に楽しければいいと思うこともあるのですが、やはり『信念』になるものが必要なのではないかとは思いますね。

　先ほど社会教育は母親的存在だというお話をしたのですが、活動を発展させ、継続させていくには、父親的な、ビシッとした存在が絶対必要だろうと感じます。『信念』にしばりつけて、世界を狭めてしまうのは違うと思いますが…。だから、今後横のつながりをつくっていくときに、ひとつの『信念』を持って進めていくと、可能性が広がっ

（注13）
すぎなみ
コミュニティ・
カレッジ
区民の社会参加や社会貢献意欲が、具体的な地域づくりにつながる学習の場として、2002年度に開講。環境、福祉、危機管理、人権など身近な現代的課題を素材に、学習者が杉並らしい活動の主体者となっていくことや、地域に多様な連携を創り出すことを目指す。2006年、区長部局において「すぎなみ地域大学」が開講するに伴い、「すぎなみコミュニティカレッジ」事業を統合。

ていくと思いますね。少なくとも自分が知っている限り、長く地域活動をしている方は、それぞれに揺るがない信念をもっていらっしゃる。そうした方を見て、東島さんのおっしゃる『らしさ』を実感しています。

林：そういう自分の信念を持った人がたくさん集まるということが、結果的に大きな社会力になっていきますよね。自分らしさは自分で育てなければいけないのですね。その自覚、決心が必要ですね。

人と人をつないで地域をつくる

三輪：お話を伺って思ったことが2つあります。

　ひとつは、杉並区の市民活動の初期は、いわゆる「大きな物語」を描くことが背後にあったと思います。原水禁の問題もそうですが、杉並区のことが日本のことでもあり、世界のことでもあり、そしてそれを支える学問に対する心からの信頼のようなものがあったと思います。現在は、段々とそういう学問や科学への信頼が薄れてきて、身近なところ、生活を具体的に考える方向に動いてきたのかなあと感じます。

　社会教育では、地域の課題に取り組んでいくと全ての課題が絡んできて、自然と色々な活動につながっていくことがあると思ったので、そこも今後は大事にしてほしいということです。

　もうひとつは小学校との関わりを通して、実はクレーマーも増えてきたという印象があるんです。つまり、専門家に任せっきりで、何かあったら「専門家の責任だろう」ということをどんどん言えるようになってしまっていると感じています。

　ですが、そういう積極的にクレームを出す人たちと、役所の窓口に来て、「何か地域活動をしたいけど、どうしたらいいかわからない」という方も、実は一緒なので

三輪建二（お茶の水女子大学）

はないかという気がしています。自分をしっかりと持ちながら、人とつながりを持って何かの活動をしていこうということが大事だとすると、既に地域で活躍している人たちと、そういう地域活動の外にいるクレーマーになっている人たちをつなげていくことも、社会教育の仕事かなと思っています。まだ地域活動の外にいる人も、実は力があって、そのエネルギーが対立ではなく一緒の方向に動けば、色々なことができるような気がするので、「今後、どうやったら、そうした人たちをつないで一緒に活動する方向に持っていけるのか」という思いがあります。

吉田：つないでくれる人というのは、すごく大事でキーパーソンになってくれる人だと思います。私が冒険遊び場を作りたいと思った時、「そんなものを作ろうなんて言っても誰も乗ってこないよ」と言われていました。

でも、つくりたいという声を発信していたら、それをちょうどキャッチしてくれていた**社会教育主事**(注14)(中曽根さん)が、ある日突然、「遊び場を作りたいと思っている人が、他にもいるよ」と教えてくれたんです。中曽根さんのおかげで、同じ思いを持った他のお母さんとつながることができて、活動の原動力になりました。「われらプロジェクト」の一環として展開したんです。自分の思いだけでは物事が前へ進まないという時に、このようにつないでくれる人がいることの大切さを感じました。

また少し別の話になってしまいますが、続けていく難しさを今、とても感じています。私たちは、きっかけや仕掛けは大人がつくるにしても、その中で「子どもが選択して自分のやりたいことをして、子ども自身が主人公になってあそぶ」というコンセプトを目標にしています。だから何もしなくてもいいのです。

活動のためには資金も必要なんですが、最近は活動内容や効果が分かりやすいイベントにしなければ、助成金が下りにくくなってしまっています。つまり、冒険遊び場のコンセプトのように「来れば遊べる」という曖昧な活動には、資金が付きにくくなってしまったんです。

(注14)
社会教育主事
社会教育法に基づき、都道府県及び市町村の教育委員会の事務局に置かれる専門的職員。社会教育を行う者に対する専門的技術的な助言・指導に当たる役割を担う。教育公務員特例法で、指導主事と並び「専門的教育職員」とされる。

継続していくために、自分たちもここからステップアップし、資金を稼ぐことも必要だということを痛感しています。もっと色々な人に発信していって、理解してもらって、アイディアをいただくことが必要で、つまり「さらにつながりを持ってやっていかなくてはいけないのかな」ということが私の課題になっています。実際は、資金面の問題もやはり大きいので、現状と照らし合わせるとなかなか難しい問題ではあるんですけれども…。

秦：今までの話の中で、私は大きく分けて2つ、思うところがありました。
　ひとつは、先程の『自分らしさ』です。自分らしさというのは、役割や立場を離れ、こうやって人と話をしたり関わったりすることで、興味関心や得意不得意などを自覚し、それがどんどん積み重なって生まれてくるものだと思います。社会教育が自分づくりであるのは、そういったことが一つの要素になっていると思います。
　ですが、現代の社会の中では、なかなか自分づくりを行う場を持つこと自体が難しくなっています。そういった中でも、社会教育が大事だと思って活動に取り組んできた方たちは、やはり何か「個人の思い」を抱くきっかけや意識があったのではないかと考えています。
　『つながりをつくる人』というお話も、そういった方は、自分も他者も『らしさ』が分かっている方なのではないかと思っています。『その人らしさ』を見抜く力があると、「この人とこの人がつながったら化学反応が起こっておもしろくなるな」ということを思い、同時にコーディネート力も養われていくのではないでしょうか。そのような力がどのくらい私たちの中で培われているのかということが問われているところだと思います。
　もうひとつは、「何かのため」という目的がないと、人が集まらな

秦 弘子（社会教育主事）

かったり、時間が使えなかったり、お金が下りなかったりというのも、現代は「目的型社会」の傾向が強くなっているからなんですよね。社会教育は、『遊び』の中から生まれてくる部分があると思うんですが、目的型社会の中では、どうしてもその遊びの部分が許されなかったり、遊びを持とうと思ってもなかなか持てなかったりするのではないでしょうか。

　今、社会教育行政の中でも、こうした現状の中で、「どうやって地域づくりに向けた事業をやっていくか、施策を打っていくか」というのは課題になっています。その辺りが「未来の杉並」につながっていくのかなと思うんですが、いかがでしょうか。

渡辺：「どんな杉並にしていきたいの？」というのがよく分からないなとは思いますね。それは別に決めなくてもいいと思うんですが、不安や疑問のようなものが漂っていくような気はしています。少なくとも地域で活動をしている人たちの歴史などを伝えなくてはいけないと思うんです。しかし「こういう活動がありました」と出来事だけを伝えても、その真意が曖昧になってしまうと思います。できれば活動者の思いを整理して、杉並の『核』のようなことを伝えることができれば分かりやすい気もするんですが、一方でそれが価値観の押し付けになってしまう恐れもあるんですよね。難しいところです。

小杉：とても大きな話になってしまいますが、地域づくりにつなげるためには渡辺さんがおっしゃるように、「どういうところを社会教育は目指しているのか」ということも考えなければいけないと思います。

　そして、運営側に回ってしまうと、何かを目指してやっていた活動が、段々と自分たちは全く楽しめない世界になってしまうことがありますよね。でも、「目的はある」という思いがあるので、目的の達成と運営のバランスがとても難しいところですね。

　時代も変わってきているので、「前の世代の意見を次の世代にそのまま受け継いでいけるのか」と考えると、残念ながらそうではないという状況もたくさんあります。最初のうちは「続けていこう」という意志が強くあるのですが、何年も続いているうちに『義務』になって

しまい、その意図も段々と変化して解釈されていきます。次の世代へと縦につないでいくことの難しさです。また何年後かに、「自分たちと同じことを考える人が出てくればいいなあ」とは思いますが、少しでも、社会教育にかかわることをきっかけに、出会いがあり、自分の好きなことを、興味のあることをみつけられるなら、それでもいいのではないかと思います。

渡辺：後継者についてですが、自分がアートの世界にいることもあって、受け継いでいけるものではないという感覚はあるんです。アート的には他人の真似は拒否すべきことですし、一代限りが美しいことですから。でも、後継者をつくりたいかは別として、「『カッコイイ存在』にならないとダメだよね」と言われたことがあって、とても印象に残っています。後継者というか、「感化されたり、共感してもらったり、憧れてくれる人が増えてくれたら嬉しいかもなぁ」というぼんやりした展望はあります。歴史をいろいろと伝えるにあたって、「こんな素敵な人がいたんだ」と感じてもらえるような伝え方をすると、共感してくれる人が出るんですかね。そうすると、後継者になってくれるかどうかは分かりませんが、つながっていくのかなと思います。

『共通の思い』を持って

林：私は、考え方次第なのではないかと思います。「どういう生活がいいか」「どういう社会がいいか」など、そういうところにある程度の『共通の思い』があると、例えば「教育ではこの人たちが、環境ではこの人たちが」というように、それこそ自分がやりたい分野で活躍でき、そしてつながることができるのではないでしょうか。今、その『共通の思い』がやや弱っているかなというのが私の印象です。競争とかそういうところに駆り立てないで、そういった『共通の思い』を呼びかけるのが社会教育の役割だと思います。

吉田：遊び場に来る若いお母さんたちは、本当に真面目で何でも一生懸命やろうとして疲れていたり、情報がいっぱいある中でどれを選択

したらよいか悩んでいたり、そういう人が多いと思います。それと同時に、『サービス』と『サポート』を混同しているとも感じていて、真面目な人が多いだけに、『サービス』を過剰に求める傾向があると思います。

　例えば、あそび場や児童館でも、「ここは何ができますか、何が貰えますか、何をしてもらえますか」というサービスを受ける側の姿勢なんです。主催者側が、みんなを受け入れるということで、親切過ぎる体制になると、「ここはこうした方がいい」ということがなかなか言えない関係をつくってしまうと思います。こうなると、お母さん方も、そのまま小学校に上がってしまって、サービスを過剰に求める状況が続いてしまうのではないでしょうか。やってもらうことに慣れすぎていて、小学校に上がった時に、PTA活動などもやってもらうものだと思い込んでいて、ボランティア的に自分の時間をそこに割くことが難しくなってきていると肌で感じています。それで、「どうしたらいいんだろう」と私はもがいているところです。

渡辺：僕は逆にいろんなところで「地域が大好きでなんとかしたい」という若い人が、ここ2、3年すごく増えてきたと思います。それってすごく貴重なことだと思っていて、若者の活動にも可能な範囲で関わっているんです。意見を求められたら、「俺はこう思うよ、あとは自分でやってみて判断すればいいんじゃない？」としか言えないんですけどね。なぜ若い20代の人がこんなに地域のことを考えているんでしょうか。危機感が潜在的にあるのか、つながりが希薄になっていることが若い人にしか感じられないアンテナで捉えられているのか、私にも分からないですが。僕らはせめて見守るくらいはしたいと思います。

秦：雇用など経済的な部分で安定性がとれなくなっていたり、東日本大震災の影響などもあって、人とつながって、生きていけるネットワークをつくっておこうということなのではないでしょうか。それが若い人たちが地域に関心を持っている一つの大きな要素だと思います。

　私は、若者だから支援がいらないのではなく、若者には若者に必要

な支援があると思っています。お父さん、お母さんになる前からの教育がないと、吉田さんのおっしゃるような連鎖が生まれてしまいます。この場合、学校に通っている時期と子どもを持つようになる時期の間のつなぎがなくなってしまっていることが問題なのではないかと考えています。

小杉：今は、聞きたくないことは聞かず、自分の意見に合ったものを選べてしまう時代ですよね。だから、若者を社会教育に取り込むには、「楽しい」仕掛けがいっぱいあって、とりあえず「楽しそうだから来てみよう」と思ってもらいたいです。そういったところから、耳の痛い話もできるような、本当の意味で助け合える関係を築けたら良いですね。

三輪：私は、社会教育を「行政の社会教育」とだけで考えたくないと思っています。つまり地域の課題をみんなで協働して解決する営みと考えれば、児童館にも学校の現場でも社会教育のアイディアがもっと入ってほしいという思いがあります。

　ひとつの例を挙げると、大阪府熊取町のアトム共同保育園があります。保護者の懇談会が月に一度あって、そこは例えば一歳児の『噛みつき』の問題などを、母親も父親も保育士も本音で語り合って、共同で解決していく場になっているんです。社会教育行政がそういう場を用意するだけではなく、保育園にも、児童館にも、学校の場にも、いじめなどの話しにくい問題を、全部隠さないでオープンにしてみんなで考えてしまう、そういった社会教育的な場が出来ればいいと思いますね。社会教育を残しておくことも大事ですが、むしろ社会が発展している中で、社会教育のアイディアをどんどんいろいろなところに広げていくことも考えたいなあと思っているところです。

自分たちの活動から今後の社会を考える

秦：行政や地域に関わりや関心のある方たちは、社会教育事業に参加されるきっかけは何かしらあると思うのですが、行政とはつながっていないけれど、地域づくりに取り組んでいる、あるいは関心がある若

者と出会うことがあります。そういう意識の高い若者が、実は少なからずいると思うので、そういった若者たちと、どうつながっていけるのかというのは、今後の課題です。

　最後に、多様な世代が多様な価値観を持つ中で、「どうしたら共通の思いを抱ける場を、行政も地域の方も一緒になってつくっていけるのか」ということに関しては、皆さんはどうお考えでしょうか。また、「これからどういう活動をしていきたいか、どういう社会をつくっていきたいか」といった展望などに絡めて、お聞かせいただければと思います。

林：例えば「NPOまつり」のような出会いの場をつくって、もっと広く声を掛けられるようにしたいですね。若い人たちも、それこそ乳母車引いたり、サンダル履きであったりしても、気軽に参加できるといいですよね。

渡辺：「意識の高い若者がこんなに地域に居てすごいな」と思うし、そういう若者に対して「見守るだけでいいのか」という地域活動の先輩としての思いはあるので、そこを自分の中で考えていきたいですね。「君たちがやっているような、地域のこと考える活動は社会教育なんです」と気付いてもらって、若い人に胸張って頑張っていってほしいと思います。

川田：僕も20代ですけれど、地域活動を始めている若者が多いのは、寂しいからなんだろうと思うんです。僕もそうだったし、地域に仲間がいなかったり、他の地域から東京に出てきたりして、寂しい思いはあると思うんですね。渡辺さんは若い人に口出しをすべきか悩んでらっしゃいましたが、若い人はおそらく言って欲しいのではないかと思います。僕だったら言って欲しいし、むしろ関わってもらえた方がありがたいです。

　自分から関わっていこうとしにくいのかも分かりませんが、僕も子どもを見ていると「異年齢で遊ぶのが下手だな」と思うんですよ。自分も杉並ユネスコ協会で青年部の活動をしていた頃は、そうだったと

思います。でも僕の場合は、活動をすることで異年齢の交流が生まれ、苦手意識はなくなりました。小さいうちから異年齢の人たちと話をする習慣があると、大人になって活動するときに「自分より年齢の高い方、別の団体の方に話を聞いてみよう」という気持ちが生まれやすいのではないでしょうか。

吉田：今お話を聞いていて、児童館にボランティアに来ている國學院大學児童文化研究会というサークルの大学生を思い浮かべました。児童館の方が、そのサークルと私たちの団体をつなげてくれたんです。児童文化研究会ということで、子どもに関わる活動をしたいという希望とうまく合って、遊び場に来てくれるようになりました。最初のうちは私たちも学生とつながることが宝物のような気がして、「学校にも行かなくちゃいけないし、試験勉強もあるだろうし、いろんなことがあるから」と思って、忙しくならないように、とても丁重に優しく、段取りをつけてお願いするようにしていました。

　でも、学生たちが求めているものは、そういうものじゃないということが、ディスカッションやコミュニケーションをとる中で分かっていきました。「自分たちでどう子どもと関わっていくか、自分たちに何ができるか、何がしたいか」ということを一緒に話をして、自主的にやりたいという意欲をすごく持っているということに気付きました。それから色々と話すようになって、一緒に勉強しながら、児童文化研究会の学生たちが自分たちで企画イベントをしてくれるようになったんです。そういう風に、つながっていくということがとても大事だと再認識させられた出来事でした。

　私も先輩の人たちに育ててもらった記憶があるので、おこがましいですが、若い人を育てることができたらいいですね。さっき話した複合施設を作る会の活動の中でも先が全く見えない時・悩んだ時に、地域活動の諸先輩方が「あなたたちが思う通りにやってごらんなさい」と言ってくださったんです。「何か問題が起きたら、尻拭いは私たちが全部するから」と言われたのが、とても私の中に残っています。私たちの中で「自分たちでやり遂げたぞ」という雰囲気もありますが、実はそういう先輩方の支えがあったから、安心感を持ってできたのだ

と思います。

　私たちもそういうところを大事にしながらつながっていかないと、うまくいかないのではないでしょうか。習って自分がとてもいいと思ったことは伝えていくこと。それが伝わらなかったり、つながらなかったりして、自分はそれを伝えていかなくてはいけないと強く思っています。機会があったら、どんどん伝えていきたいですね。輝いている人間がたくさんいれば、それを見た人が「あんな風になりたい」とか、「素敵だな」と思って、つながっていくのではないかと思います。私もそういう先輩がいたからつながってこられたと思いますね。

小杉：若い世代が「これがしたい」とか「こういうことをやってみたい」と思ったときに、「ここに行けばいいんだ」とか「こうすれば教えてくれる人がいる」とか「こういう団体があるよ」とか、そういうものが分かりやすく、行きやすくなるといいのではないでしょうか。若い人にとって、敷居の低いところが何かしらあったらいいと思いますね。

　新しい団体が出来るときには、状況に合わせて、丁寧につないでいったり、教えていったりするのは、ひとつの役目だと思っています。それとは逆に、そろそろ『怖いおばちゃん』にもなって「あなたこうしなきゃダメよ、これはこういう意味があるのよ」と、敢えて大人にそんなこと言いたくないけれども、そこを言っていくのも私の役目だなと思うようになりました。やる気のある方を見つけたら、ぜひ一緒にと次につなげていきたいです。

東島：僕の締めくくりの言葉は「感謝」です。会社を定年退職した後、NPO活動をやっているという意味で、僕はサラリーマンの一つの見本と思って今まで活動をしてきました。「すぎなみコミュニティカレッジ」の講座記録を受託したことをきっかけに、自分たちで考えていることが講座として、自己表現できたことで、ものすごく勇気をいただきました。杉並区の社会教育行政には、とても感謝しています。

　それと、杉並区で地域活動をする人材が自然と出てくるシステムは、つくることができると思うんですよ。そういうシステムづくりを僕らも研究するし、行政側でも考えてほしいですね。それで、多くの人に勇

気が湧き出てくる社会教育の力になればいいなと思います。

三輪：今日はとても楽しかったです。社会教育の大事な役割は、このように色々な団体の人びと、年代や考え方も違う人が集まって話す場をつくることだと思いますが、今日のような座談会は、まさにそうした学び合いの場であったのではないでしょうか。

　私の大学では4年位前から、社会教育主事講習という社会人向け講座の一環として、受講生に加えて付属の幼稚園から高校までの先生や、大学で学んでいる社会人も招いて『ラウンドテーブル』を行っています。グループをつくり、先生以外に看護師や社会教育指導員など、分野が違う人が集まって自分の実践を語るというものです。その中で、業種が違っても共通することがあって、化学反応のように、「今度ネットワークを作って一緒に活動しよう」という動きも起こるのです。そう考えると、社会教育の活動は意外に簡単なのかもしれません。人を集めると何か次の動きを参加者が作ってくれるようなところがあります。

秦：皆さん、今日は貴重なお話をいただきまして、ありがとうございました。様々な人の思いを積み重ねて、これからの杉並をつくっていく社会教育への期待や役割の大きさを感じました。まだまだお話が尽きないのですが、これで座談会を終了させていただきます。ありがとうございました。

社会教育センターとともに20年

杉並区教育委員会事務局社会教育主事　中曽根 聡

　杉並区立社会教育センター（高円寺地域区民センターとの複合施設であるため、一般的には「セシオン杉並」という）は、1989年度に開館した。杉並区立公民館機能を発展的に継承した施設である。私は、開館の年の4月より杉並区教育委員会事務局社会教育主事補となり、社会教育センターに配属された。

　社会教育センター建設協議会による運営管理のあり方についての報告で、社会教育主事の配置数について「社会教育センターと本庁社会教育部との役割分担にもとづき、増員を含めて検討すべき」とされ、1名増員が実現したことによるものであった。

1. 生涯学習の拠点施設として（1989年～）

　ちょうど私が社会教育の仕事に就いたころは、臨時教育審議会の最終答申が出された後で、公民館に象徴される教育機関の自律性や住民参画の原則といった理念が、生涯学習という名目により民間教育産業の支援・振興という政策に置き換えられようとしている危機感が現場に浸透している時代であった。「生涯学習振興整備法」が施行されたのは1990年7月である。

　一方で、1985年に発表された「学習権」宣言（第4回ユネスコ国際成人教育会議）により、これまで積み重ねてきた社会教育実践を、自信をもって職員が語れる勢いもあった。宣言にある「学習権とは、読み書きの権利であり、問い続け、深く考える権利であり、想像し、創造する権利であり、自分自身の世界を読みとり、歴史をつづる権利であり、あらゆる教育の手だてを得る権利であり、個人的・集団的力量を発達させる権利である」という文言は、人の生死に関わらない"ぜいたく品"とする学習観を否定し、人々の学習の可能性を豊かに描き出していたからである。

　杉並の社会教育センターにおいても、その施設機能を生かして、

芸術文化から成人教育まで多岐にわたる事業展開をするとともに、団体交流室では利用者懇談会が開かれ、その代表が社会教育センター審議会に参画するなど、住民主体を保障する制度が整えられていた。

また、公民館で学び、地域でさまざまな活動を進め、自分たちが必要な学びの場を創ってきた本書に登場する方々が、社会教育職員として仕事をはじめたばかりの私に、社会教育の面白さを背中で見せてくれていたのである。

2. 他部署や民間との役割分担が求められ（1998年〜）

　1998年度は、全区を対象とした事業拠点としての社会教育センターの転換期となった。成人教育の三本柱の一つであった「セシオンクリエイティブスクール」が、コミュニティ講座や民間教育事業との類似性を指摘され整理統合で廃止になった。分館として位置づいていた社会教育会館職員は非常勤化され貸し館的施設となった。秋には文化振興協会が立ち上がり芸術文化関連事業は移管となった。

　この背景には、「行政の責任領域を明確にするとともに、公・共・私の役割分担」を進めていこうとする行財政改善の強い流れがあった。「社会教育とは何か」「行政の役割は何か」について、区民や社会教育職員が主体的に結論を導き出す議論の場と、その拠り所を見出せないまま、この後、徐々に事業移管・廃止が進んでいった。

　一方で私は、1998年に「東京都循環型社会の形成に向けた学習プロジェクト」に関わり、NPOや他の自治体職員・大学教員などと協働で事業を行う機会を得て、これからの社会教育の可能性を感じていた。そしてちょうどこの時期、本書にも紹介されている「われらプロジェクト」を立ち上げる相談を受け、区内で協働型の社会教育事業を進めることになった。三年間に及んだ、この「われらプロジェクト」の取組み成果は、区の教育改革計画策定とも相まって、2001年以降の社会教育センターの事業に受け継がれていったのである。

3. 教育改革や「新しい公共」政策のなかで（2001年〜）

　教育委員会は2001年度末『教育改革アクションプラン』をまとめ、

学校教育と社会教育を相互に関連・体系化し、実行すべき施策の計画目標を定めた。また、区は2003年10月『人・まち・夢プラン～協働による新しいまちづくりに向けて』報告書をまとめ、「(仮称) 杉並人づくり大学」創設を打ち出した。

これらをきっかけとして、社会教育センターにおいては「車座委員会（社会教育事業推進委員会）」や「すぎなみコミュニティカレッジ」「すぎなみ大人塾」が動き出した。その一方で、社会教育における学校教育支援機能・人材育成機能重視へのシフトが進み、協働の担い手を育てる「すぎなみ地域大学担当課」が区長部局に設置された2006年度以降は、社会教育センターの位置づけ直しが必要になってきている。

4. 混沌とした時代だからこそ「社会教育」

日々深刻な問題が報じられる現代、人と人との信頼感に基づく、安心で持続的な社会づくりは、誰もが望むところである。「地域再生を中長期的に考えるならば、何よりも必要なのは『人が育ち合う地域』づくりとその担い手形成であり、それに不可欠な学習活動である」（『月刊社会教育』2008.7 p.17）という根幹を見失うことなく、区民を客体としない事業展開のなかで、社会教育センターの現代的役割を創造していかねばならない。

5. その後のこと

以上までが、若干補記したが、2008年12月に「杉並の市民活動と社会教育を記録する会」編集で発行された『杉並の市民活動と社会教育のあゆみ』第3号に掲載されたものである。

今回、出版で再掲するにあたり、私の配属を含むその後の変化を含めて補記する必要を感じ、以下若干の文章を加えたい。

まず私事で恐縮であるが、私は2011年4月、社会教育センターを離れ、教育委員会事務局教育改革推進課（現在は、学校支援課）に異動となった。引き続き、社会教育センター社会教育主事兼務となってはいるが、部分的な関与であり、現在は主に学校教育支援業務が中心となっている。ちょうど、小中学校で行われるさまざまな教育

活動を支援する組織である「学校支援本部」が全小中学校で立ち上がり、今後、地域の多様な区民に参加を呼び掛けていこうという時期の異動であった。
　私は、異動から3年を経て、「学校支援本部」の充実には社会教育機能が欠かせないと実感している。PTA活動が、子どもの幸せを願い活動する過程で保護者や教師自身が地域や社会の問題に気付き、行動を変容させていくように、「学校支援本部」は、子どもの教育をきっかけに多様な人がつながり、やがて地域をつくっていくしくみだからである。
　杉並区教育委員会は2012年、「教育ビジョン2012」を策定し、杉並の目指す教育を「共に学び共に支え共に創る杉並の教育」とした。そして、目標達成への三つの視点として、「『学び』と『循環』の重視」、「『連続性』と『きめ細かさ』の重視」、「『かかわり』と『つながり』の重視」を掲げた。
　社会教育センターには、成人の教育を支える要として、「多様な世代・立場の人々が身近な地域で学びあい、主体者として地域づくり・社会づくりに参加・参画できるよう支援」（教育ビジョン2012推進計画）していく機能が求められている。社会教育センターは、学校区という身近な地域で、学校支援をテーマに地域づくりに参画する区民の取り組みも視野に入れながら、学びの成果が個人と社会を共に豊かにしていく学びの可能性をさらに掘り起こしていく必要がある。

杉並の社会教育・市民活動を展望する

お茶の水女子大学教授　三輪 建二

Ⅰ「手をつなぐ人々」では、それぞれの団体・組織が杉並において、人権を守り抜き、子どもと共に歩み、生活・環境を豊かにし、まちを創るために社会教育や市民活動を展開したことがまとめられている。それらの団体・組織の活動の時期はおもに、1950年代から1980年代にかけてであり、「はじめに」で描かれている時代区分（小林文人氏による分類）では、Ⅱ.～Ⅳ.の時期に重なっている。またⅡ「**未来へ向けて**」の座談会で、それぞれの団体が、杉並の社会教育・生涯学習や市民活動を展開していった時期は、やや遅れて1990年代後半から現在にかけてであり、Ⅴ.の時期にあたることになる。

Ⅰの市民活動実践報告やⅡの座談会での市民活動のお話を受けて、私たちはそこから何を学び、何を引き継いでいったらよいのだろうか。また、杉並の社会教育や市民活動の未来をどのように展望していったらよいのだろうか。

1. 杉並の地で活動して

ⅠとⅡで描かれている市民活動には、活動の時期に違いが生じているが、それでも、共通しているものが存在している。活動の担い手が異なっている場合もあれば、継続している場合も見られるが、ここでは共通点を二つに分けてまとめてみることにしたい。

まず、生活を送る中で、一人ひとりがなにがしか疑問に感じたことを出発点とし、杉並という地域において、問題点を共有し、意見を出し合い、問題の解決に向けて一生懸命に活動に取り組んでいる、「集団としての市民」がいるということである。

ⅠやⅡで紹介されている市民活動とそこでの学びは、「おやっ、なぜだろう」と思う個人の疑問や、おかしいなという気持ちから出発することはあったかもしれない。しかし、それだけに終わらずに、グループを作って疑問を話し合い、学び合い、解決に向けての方策

を議論し合い、解決のための活動を展開するという流れが共通してあることに気がつく。つまり、団体や組織にはたしかに中心的なまとめ役やリーダー役はいるものの、活動や学習はグループや集団を基盤に行われているということである。

生涯学習ということばは、1980年代にはいってから市民権を持つようになっている。その生涯学習には、一人ひとりが、自分の学びたいことを自発的に、また一生涯かけて学び続けるという意味あいがある。自分の趣味について学び続ける、勤めている間に学べなかったあるテーマについて、退職してから講座に通って学び続けるといったことが、ここでの、「個人としての生涯学習」ということになる。しかしここ杉並には、個人ではなく、集団としての市民と、集団での学習、生涯学習が存在していたのである。

二点目は、活動や学びのテーマがあくまでも、杉並の地域にある課題や問題から出ているということである。個人的な趣味、余暇活動から完全に離れているとは言い切れない活動もあるかもしれないが、多くの市民活動や学習活動は、「人権」「子ども図書館」「冒険遊び場」「食の安全」「環境アセスメント」「女性問題」「まちづくりの活動」「平和運動」といった共通の、あるいは公共性をもったテーマやミッションのもとに集い、学習と活動を展開しているのである。

このような、「集団・グループ」での、「地域課題や公共的な課題」を探し出し、学び合い、課題解決に向けて活動を続けているという共通点があるが、この点についてはあらためて、社会教育ということばを再確認する形で整理してみたいと思う。

2. ふたたび「社会教育」の時代に

1980年代から1990年代後半までは、個人の自己実現をめざした、一人ひとりの「生涯学習」が唱導されていた。しかし21世紀に入り、あらためて、「社会教育」という言葉が再評価されるようになっている。

ここでの「社会教育」とは、教育委員会の社会教育課といった行政区分での社会教育というよりは、「地域の中で生まれている課題を市民が発見し、市民が協働で解決するための学習の営みと、その学習の営みを支援すること」という意味で用いてみたいと思う。

たとえば2008年2月19日に出された中央教育審議会答申「新しい時代を切り拓く生涯学習の振興方策について」では、社会教育という観点を再評価する視点が提示されている。それは次の二点にまとめることができる。

　まず、生涯学習振興政策の基本的な方向性として、従来の、「国民一人一人の生涯を通じた学習の支援（国民の「学ぶ意欲」を支えること）」を確認した上で、「個人の要望と社会の要請とのバランス」が必要であるとしている点である。「行政としては、国民の各々の学習ニーズ等の『個人の要望』を踏まえるとともに、『社会の要請』を重視して、国民の学習活動を支援する際に、各個人が、生涯を通じて働くことを可能とする能力やそれを支える意欲等、変化の激しい社会において自立した一人の人間として力強く生きていくための総合的な力を身に付けることを支援するという視点や、それがひいては、我が国社会の知識基盤を強固なものとなるとする視点を持つことが重要である」(p.8)。個人の要望が、これまでの、個人の自己実現としての生涯学習を意味するのに対し、それだけではなく、学んだことがらが地域や社会の発展に生かせるような、社会の要請をふまえた学びが重視されるようになったのである。

　もうひとつは、「社会全体の教育力の向上」という視点である。「国民一人一人の学習の支援」だけではなく、「社会全体の教育力を向上させることが必要」(p.12)であり、学校や家庭、地域（社会教育団体、企業、NPOなど）が地域社会の資源を活用し、「それぞれがその役割に応じて共通の地域の目標を共有することが求められる」(p.12)としている。

　中央教育審議会答申の流れをふまえて、杉並における社会教育や市民活動の実践をとらえ直してみると、次のようなことが言えるのではないだろうか。つまり、1950年代からの、集団で地域の課題解決のために動き出した社会教育・市民活動は一時期、特に1980年代からは、個人の自己実現をはかる生涯学習のことばを通じていったんは見えにくくなった時期があった。しかし、1990年代後半になりあらためて社会教育の再評価が始まっていったということである。そしてそのような展開は日本全国に見られるものの、今回の杉並の地域での

市民活動にはっきり見ることができると言えるのではないだろうか。

　杉並区というひとつの地域の中での社会教育、市民活動が出発点になっていたものの、その歩みは同時に、日本全体の社会教育や市民活動のいわばひな形、モデルとなるような歴史と成果を持っていたことを、私たちはもっと誇りに思ってもよいだろう。

3. これからの展望

　杉並における社会教育・市民活動の実り豊かな成果を受けつぎ、さらに発展させていくためには、参加している一人ひとりの努力が必要であるが、今後に向けて必要なことをまとめると、以下の四つにまとめられるだろう。つまり、①活動と学びの循環、②ネットワークつくりと横のつながり、③世代間交流と縦のつながり、④市民活動を支える社会教育行政、の四点である。「杉並区教育ビジョン2012」や、筆者が専門委員としてかかわった「杉並区基本構想」を参照しながらまとめてみることにしよう。

(1) 活動と学びの循環

　これまでの説明では、「社会教育」ということばと「市民活動」ということばを同じように用いており、教育と活動、学習と活動とをはっきりと分けた説明をしていなかった。というのは、杉並の社会教育・市民活動に共通して見られているが、活動に関わっている市民たちは、自分たちがこの時点では活動をしており、この時点では学習をしているというように、活動と学習（学び）、あるいは活動と教育とを区分していないことがほとんどだったからである。

　NPOなどの新しい組織では、環境問題、国際協力、高齢者問題といった課題の解決を「ミッション」として掲げており、そのミッションについてメンバーが学習し、あるいはミッション伝達のための講座の提供といった形の学習活動が展開されている。

　団体や組織の中には明確なミッションのもとでの学習という意識をもつところもあるが、一方で、学習をしているという自覚も持たずに、さまざまな活動の中で生起したテーマや課題について学びあっている団体もあれば、講師や先生からではなく、活動の仲間同

士で情報交換をしあいながら、横のつながりで学び合っている団体も数多く存在しているということができる。

　杉並でのこれまでの市民活動を見ると、共通して、以上のように、「活動」と「学び」とははっきりとは分離せずに一体化していて、活動しながら学び、学んだ成果をまた次の活動に生かすといった、いわば、「活動と学びの循環」が豊かに展開されてきていることが分かるだろう。

　民間や公共的な自治体での事業に加え、さまざまなNPOが活動を展開しているこんにち、活動と学びの循環は、今後ともさらに発展していく必要がある。座学や講義による生涯学習や社会教育の事業だけではなく、市民活動の中での多様な学びを生かすような社会教育の整備が求められるのである。

(2) 団体同士のネットワーク作りと横の広がり

　これまでの団体や組織の活動を見ると、個々の団体であっても、持続的で豊かな活動を通して、少しずつ課題の解決がはかられ、それを通して地域社会を変えていく動きが展開されていった。しかしながら、社会全体がさらに急速な変化をとげつつあるこんにち、個々の団体・組織の活動や学習だけで終わるのではなく、団体と団体、団体と行政とが協力し合うためのネットワーク化が、今まで以上に求められている。

　その理由はいくつか考えられるが、まず、現在社会が境界のつきにくい、いわば「ボーダーレス社会」であり、それぞれの課題が複雑かつ相互に関連し、つながりあう社会になっていることが挙げられる。インターネットやITは地域を超え、さらには日本という国を超えて人びとをつなげる力をもっている。NPOなどの新しい組織は、公と私の境界を超える力をもっている。年齢やジェンダー、人種などの壁も少しずつではあるが超えていかなければならない。きちんとした分野の中だけで活動していれば、課題が解決できるというわけではなくなっているのである。

　また、これまでは個別の課題であったものが、さまざまな別の課題とも結びつく時代にもなっていることも、ネットワーク作りを推し進める要因になっている。たとえば子どもの問題は、児童館とい

う保育行政から、学校教育という教育行政をまたぐ問題であることは、座談会の話し合いを見ても明らかである。3.11を経験したこんにちでは、子どもの教育問題は、放射能汚染・原発の問題や食の安全という環境問題へと発展している。さらに、子どもとお年寄りとの世代間交流という観点から、高齢者の学習というテーマともつなげて論じる必要も生まれている。

　子どもや高齢者、環境問題、平和といった専門的なミッションをもつ団体や組織は、これまでのように、単体を中心にして動くことや、また同じようなテーマの団体同士の交流を進めていくことも当然ながら行っていくことだろう。しかしこれからはますます、ほかの領域とされてきた専門分野の団体・組織とも積極的に交流しながら、そして多様な施設や情報などともつながりながら、地域の課題解決に向けて連携と協働を進めていく時代になっている。座談会の中での発言にあるように、団体・組織のネットワークを通じて、杉並という地で多くの「化学反応」がさらに生まれるようになるだろう。

(3) 世代間の交流と縦やななめのつながり

　以上が、団体と団体、団体と行政との「横のネットワーク化」の動きであるとすると、次は、年長世代と若い世代との交流という、「縦のつながり」をめぐるものである。縦やななめのつながりは、後継者づくりということで、Iでも座談会でも話題になっている。

　Iで活躍を見せた市民たちは、高齢化を迎えており、ほぼどの団体も組織も、後継者問題を抱えている。戦後の混乱期を乗り越え、原水爆をはじめとして社会の矛盾に厳しく立ち向かい対峙し、乗り越えてきたエネルギーと英知を、次世代の若い人々が継承し、いっそう発展させていく必要がある。とはいえ若い世代はややもすれば、年長世代の熱き想いとのギャップにとまどっている。

　私たちは、以前よりも多様な価値観が満ち溢れている社会に住んでいる。団体にはしたがって、多様な価値観を尊重しながら、共通のミッションに向かって協働で歩んでいくという難しい課題が存在している。年長世代としては、若い世代が入りやすい団体としての環境づくりを整えると同時に、インターネットなどのITに、また新

しい学習課題にもオープンであるような団体にしていく努力がいっそう求められるだろう。

(4) 市民活動を支える社会教育行政

　杉並の社会教育行政は、1980年代以降、たとえば社会教育センターの区民企画講座で育った市民が社会教育・市民活動の担い手となって活躍するといった流れを作り出してきた。1950年代の啓蒙的な講座で学ぶという段階から、1980年代以降の、市民活動の担い手を育てる社会教育という時代がたしかに存在していたのである。とはいえ、行政の社会教育の講座とは無関係に、地域活動や市民活動の担い手も生まれつつあるのは事実である。これからの社会教育行政はしたがって、さらに、市民活動や生涯学習の活動のネットワーク化の支援という役割を担っていくことが求められるといえる。

　1996年の生涯学習審議会答申「社会の変化に対応した今後の社会教育行政の在り方について」では、「ネットワーク型行政」の必要性が強調され、前述の2008年の中央教育審議会答申「新しい時代を切り拓く生涯学習の振興方策について」でも、「地域における教育力向上を図る上で、行政がその調整役となり、関係者が連携をし、多様な地域の課題等に応じた機能を持つネットワークを構築することにより、個別の課題に関係する地域の人々が目標を共有化した上で連携・協力し、課題解決等を図っていく」必要があると述べている。

　「杉並教育ビジョン2012」では、「かかわり」と「つながり」という項目のなかで、子どもをめぐる問題は学校、家庭、地域、行政とつながって論じられること、そして子どもの問題を解決するためには、施設（図書館、子供園・保育園、児童館など）、情報（ホームページ、広報、生涯学習連絡会など）、人（社会教育主事、青少年委員、民生・児童委員など）、仕組み（地域運営学校、学校支援本部、地域教育推進協議会など）がかかわり、つながる必要があると説明している。そこでは、教育行政と保育行政といった縦割り行政の区分を避け、子どもを軸にネットワーク型行政を展開する必要性が説かれている。

　同じく2012年の「杉並基本構想10年ビジョン」でも、子どもの学校教育の項目では、「家庭・地域との連携・協働のもと、子どもの

学びの連続性を重視するとともに、個に応じたきめ細やかな対応で、質の高い学校教育を推進します」と述べている。

　社会教育行政は、教育行政や福祉、保育などの縦割り行政の枠を超え、それぞれの持っている情報をつなぎながら、市民に情報提供し、あるいは市民と協働で活動する役割をいっそう発揮することになる。

　生涯学習におけるネットワーク型行政ということを、生涯学習に関わる行政職員の立場から見てみるとどうなるだろうか。社会教育主事の役割は、社会教育を行う者に対する「指導・助言」とされてきたが、現実には、NPOやボランティア団体が、自発的な生涯学習活動を展開するようになっている。市民と市民、市民と行政、市民・行政とNPOとの間を、それぞれの利点や能力を引き出し、つなぎ、調整する、つまり「コーディネートする役割」へと向かいつつあること、行政や行政職員には、コーディネート力が求められるようになっていると言えるだろう。

参考文献
- 『杉並区教育ビジョン2012：共に学び共に支え共に創る杉並の教育』杉並区教育委員会、2012年
- 『杉並区基本構想 10年ビジョン』杉並区、2012年

おわりに

　本書は、第2次世界大戦後の杉並における社会教育・市民活動の歴史について、その実体を知って頂けるよう、学識経験者、区職員と区民が協力して上梓したものである。

　戦後の杉並における社会教育・市民活動を記録しよう、という呼びかけは、杉並区社会教育委員の会議の提言（1999年）が端緒となった。今始めなければ記憶がうすれてしまうとの思いに駆られた公民館講座で学習した人々、地域活動中の若い人たち、杉並の社会教育に関わってこられた社会教育学者の小林文人氏や、同じく堀恒一郎氏らの参加をえて、「杉並の社会教育を記録する会」が結成され、2002年活動が始まった。その後、会は「杉並の市民活動と社会教育を記録する会」と改称された。

　2012年、既刊の冊子らを、当初の目標であった一冊の本にすることとなり、「すぎなみ社会教育の会」が誕生し、杉並区立社会教育センターの事業構築に尽力された上田幸夫氏、現在杉並区社会教育委員の会議議長の笹井宏益氏および杉並区立杏掛小学校運営協議会会長の三輪建二氏らが新たに加わり、今日まで努力が重ねられた。

　杉並では、終戦間もなくから、地域の疲弊を立て直していこうとする幾つもの地域活動が区民の自主的な努力により進められていき、区行政もこれに対応して区民との協働を樹立していった。

　それらの先見性ある社会教育・市民活動は、本書Ⅰで実践を荷った人々の手によって綴られている。紙面の制約から要約されているものもあるが、詳しくは各文末記載の原本を参照して頂ければ、と考える。また、本書に未掲載となった活動については、巻末資料にある冊子を読んで頂きたい。

　日本国内では、1990年前半にバブルがはじけ、20年以上に及ぶ経済低迷に陥り、"失われた20年"と言われている。

　その中で、経済回復を目指すため地方分権の必要性が叫ばれてきているが、地方分権の精神は、各地方の特性に目を向け、地域の発展を目指すことにあり、新しい社会をつくる長期的な視野に立った

社会教育・市民活動が必要であることが本書から浮び上がってくると思う。

　現実社会がさまざまの相を呈し、人々のニーズが多様化し続けていると同時に、人々が"つながる"ことが求められている今日、本書が少しでもお役に立てば、と願っている。

　本書上梓までには、市民活動を担った人たちの高齢化や歴史の掘りおこしの難しさもあって、約11年を要した。未だ不備な点や未熟なところも多々あるのをお詫びすると共に、次代の人たちが本書を基にして新しい展開をされることを期待したい。

　本書刊行につき、数多くの方々から尽力を頂いたこと、またエイデル研究所の山添路子氏には、編集について、自主性を重んじた御指導を頂いたことに心から感謝申し上げる。

2013年 10月吉日
すぎなみ社会教育の会　森内和子

資料1　本書をつくるにあたり、参考とした冊子のリスト

1　『すぎなみコミュニティカレッジ講座記録集』
　　（『時代に学ぶ地域活動』　『居場所づくりプロジェクトサポーター育成』）
　　　　杉並区教育委員会社会教育センター、2002年

2　杉並の社会教育を記録する会編
　　『学びて生きる　杉並区立公民館50周年（資料編）』
　　　　杉並区教育委員会社会教育センター、2003年

3　杉並の社会教育を記録する会編
　　『ときを拓き、明日を紡ぐ―杉並区立公民館50周年記念事業の記録』
　　　　杉並区教育委員会社会教育センター、2004年

4　杉並の市民活動と社会教育を記録する会編
　　『杉並の市民活動と社会教育のあゆみ』第1号、
　　　　杉並区教育委員会社会教育センター、2006年

5　『杉並の市民活動と社会教育のあゆみ―別冊：原水禁運動（安井家）
　　資料研究会報告書―平成17〜18年版』
　　　　杉並区教育委員会社会教育センター、2006年

6　杉並の市民活動と社会教育を記録する会編
　　『杉並の市民活動と社会教育のあゆみ』第2号、
　　　　杉並区教育委員会社会教育センター、2007年

7　『原水禁運動資料のデータベース化の試み
　　　安井郁・田鶴子関係資料の整理・保存活用を通して』
　　　　和光大学人間関係学部岩本陽児研究室、2007年

8　杉並の市民活動と社会教育を記録する会編
　　『杉並の市民活動と社会教育のあゆみ』第3号、
　　　　杉並区教育委員会社会教育センター、2008年

9　『「ひたすらに平和願えり」―原水禁運動（安井家）資料研究会報告書』
　　　　原水禁運動（安井家）資料研究会、2009年

10　元杉並区公民館講座企画運営委員有志
　　杉並の市民活動と社会教育を記録する会編
　　『杉並にも公民館があった―杉並の市民活動と社会教育のあゆみ
　　　平成20年版』
　　　　杉並区教育委員会社会教育センター、2009年

11　杉並の市民活動と社会教育を記録する会編
　　『杉並の市民活動と社会教育のあゆみ』第4号、
　　　　杉並の市民活動と社会教育を記録する会、2010年

注　以上の資料は杉並区立中央図書館資料室に保管されている。

資料2　参考冊子に登場する団体

あ
阿佐谷商店振興組合
アジアの芸術と文化を語る会
アセス直接請求運動をすすめる会
NPO法人新しいホームをつくる会
いづみ工芸店
井の頭沿線グループ
井の頭沿線のつどい
大宮前クラブ
荻窪地域区民センター運営協議会

か
科学読物研究会
ガールスカウト東京都第62団
神田川フラワーメッツ
草の実会
杏掛小PTA校外部
区民のための区政を実現する会
ぐるーぷAYA
グループ「山びこ」
ぐるんぱ文庫
高円寺地域区民センター運営協議会
高南読書会
公民館講座企画運営委員会
公民館ひろば
向陽スポーツ文化クラブ
国民総背番号制に反対し
　プライバシーを守る杉並の会
子ども図書館くがやま文庫
子ども文化NPO　M・A・T
このあの文庫
『cedre』編集委員会

さ
さんし会
蚕糸太鼓
蚕糸の森まつり協議会
社会福祉法人サンフレンズ
思寓鳴
自然食すみれ家
NPO法人自然と動物を考える市民会議
障害者の住みよい杉並をつくる会
消費者グループ連絡会
ジルベルト文庫
杉九リズム体操の会
杉並藍の会
杉並泉の会
杉並海洋少年団
NPO法人すぎなみ環境ネットワーク
杉並郷土史会
杉並区青空体力づくり指導員協議会
杉並区学童軟式野球連盟
杉並区高校増設をすすめる会
杉並区社会福祉協議会
杉並区消費者の会
杉並区女性史編さんの会
杉並区スポーツ振興会
杉並区青少年委員協議会
杉並区ソフトバレーボール連盟
杉並区体育協会
杉並区母親クラブ連絡会
杉並区バレーボール協会
杉並区ラジオ体操連盟
杉並区立公民館を存続させる会

杉並子どもの本の会
杉並女性団体連絡会
杉並大気汚染測定連絡会
杉並・中野保育教育を考える会
杉並働く女たちの会
すぎなみ文化通信
杉並文庫・サークル連絡会
杉並冒険遊びの会
杉並ボランティアセンター
　運営協議会
杉並民話の会
杉並ユネスコ協会
杉並・老後を良くする会
すぎなみ若竹会
杉の子会
すくすく親子文庫
生活学校
石油タンパク禁止を求める連絡会
全国喫茶コーナー交流会

た

高井戸教育懇談会
高井戸地域区民センター運営協議会
地域教育懇談会
ちいさいおうち文庫
手織座朗読の会
東京都女子体育連盟・杉並
東京都ソフトバレーボール連盟
どうくらす会
飛ぶ教室

な

西田小学校学童保育クラブ
日本子どもの本研究会
日本ボーイスカウト東京連盟・杉並地
　区協議会
のびのび文庫

は

バンビ文庫
ひびき
婦人学級
婦人民主クラブ（再建）杉並西支部
フリースペース・たまりば
文庫ぴっぴ
冒険遊び場実行委員会
ポケット文庫
ポプラ文庫
ほんあま父親探険隊

ま

まちづくり博覧会
魔法陣
ムーミン母親クラブ
ムーミン文庫
桃井第五小増築問題担当グループ

や

友愛の灯会
ゆう杉並中高生運営委員会

ら

『歴史の大河は流れ続ける』編纂委員会
レジ袋削減推進協議会

わ

和田三丁目西町会
和田堀寺子屋
われらプロジェクト

| 資料3 | 杉並区内の主な道路・鉄道網及び本書に関連する施設 |

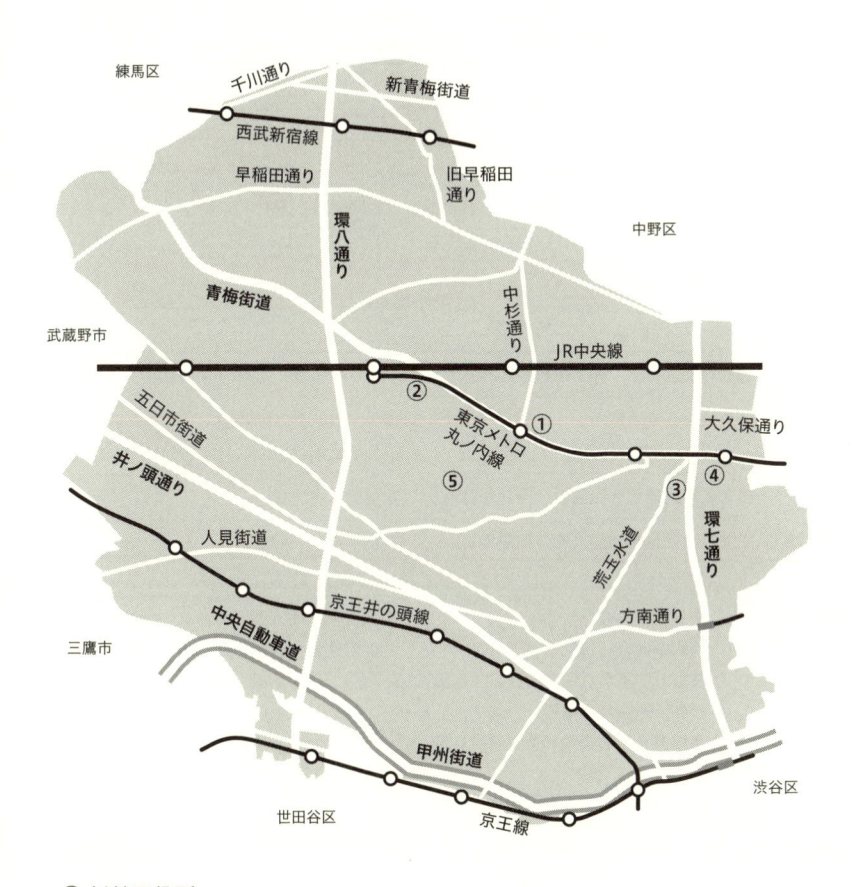

① 杉並区役所
② オーロラの碑（現杉並区立荻窪体育館前、旧杉並区立公民館跡地）
③ 杉並区立社会教育センター・杉並区立高円寺地域区民センター
　（愛称：セシオン杉並、旧杉並区立第十小学校跡地）
④ 杉並区立蚕糸の森公園（旧国立蚕糸試験場跡地）
⑤ 杉並区立児童青少年センター・杉並区立男女平等推進センター
　（愛称：ゆう杉並）

資料4 1945年～2012年　杉並の社会教育と市民活動　関連事項年表

西暦	和暦	行政　公民館・社会教育センター　講座など	
1945	昭和20	5月　杉並区内で最大の空襲　　8月　敗戦	
1946	昭和21	都立杉並図書館開設 教育課設置	
1947	昭和22	新憲法記念区民健歩大会開催　　区民卓球大会開催 区民体育大会開催	
1948	昭和23	杉並区体育協会設立	
1949	昭和24	区民レクリエーション大会開催	
1950	昭和25	都立杉並図書館　都から杉並区へ移管	成人学校　都の指導のもと発足
1951	昭和26	済美教育研究所開所	ユネスコ活動育成開始 成人学級年2回開催
1952	昭和27	杉並区立図書館移転開館（安井郁館長）	教育委員会設置
1953	昭和28	杉並区立公民館開館（安井郁館長）	青年学級3学級開催
1954	昭和29	3月　第五福竜丸被爆 4月　婦人参政権行使記念講演会で 　　　菅原トミ子から水爆実験禁止の訴え 　　　杉並区議会　水爆禁止決議 5月　水爆禁止署名運動杉並協議会結成 　　　杉並で署名活動開始 8月　原水爆禁止署名運動全国協議会発足	公民教養講座「世界の動き」始まる 公民館運営審議会設置
1955	昭和30	公民教養講座「世界の動き」開催 『杉並区史』刊行	松の木グランド開設　　子ども映画会実施
1956	昭和31	公民教養講座「世界の動き」開催	青少年対策地区委員会結成
1957	昭和32	公民教養講座「世界の動き」開催	都委嘱婦人学級始まる　　杉並公会堂開館
1958	昭和33	公民教養講座「世界の動き」開催	久我山会館開館
1959	昭和34	公民教養講座「世界の動き」開催	杉並区総合文化祭開催 高円寺体育館建設　　方南会館開館

教育・文化・青少年・PTAなど	男女共同・町づくり・福祉・環境など
	町会の婦人部、婦人会などさかんに結成
高井戸第二小PTA発足 児童劇鑑賞会・児童文化祭・緑陰子ども会始まる	日本婦人有権者同盟杉並支部発足
都青少年委員委嘱・PTA参考規約配布	杉並婦人団体連合会結成
小学校校庭開放始まる	婦人団体「食糧配給」について懇談会開催
杉並区小学校PTA協議会発足	
杉並ユネスコ協会発足 杉並区総合文化祭開催	西松主婦の会、明るい生活会　都から表彰
杉の子会発足 吟詠連盟・茶道連盟結成	杉並区福祉協議会結成
	杉並婦人団体協議会発足 第1回阿佐谷七夕祭り開催
青年団体協議会結成（11団体） 囲碁、写真文化、俳句、弓道 釣魚、相撲、水泳、スキー、スケート、 剣道　各連盟結成	草の実会杉並・中野グループ結成 第1回杉並母親大会開催 杉並母の会発足
杉並区立中学校PTA協議会発足	
	第1回高円寺阿波踊り開催
	杉並光友会結成
	杉並区町会連合会結成

年	和暦		
1960	昭和35	公民教養講座「世界の動き」開催	社会教育主事誕生　区による婦人学級始まる
1961	昭和36	公民教養講座「世界の動き」開催	
1962	昭和37	公民教養講座「世界の動き」最終回 成人学校から成人学級へ改称	妙正寺体育館建設　高井戸青年館開館 体育指導委員制度発足
1963	昭和38	「講演と映画の会」開催 （63年度から72年度）	文化団体育成開始
1964	昭和39	家庭教育学級の開設　小学校に学童保育クラブ設置　消費者相談窓口開設	
1965	昭和40		都、青少年委員制度区に移管 ユネスコ　生涯教育の概念定義 和田堀公園杉並プール開設
1966	昭和41	『杉並教育史』（上・下巻）刊行	区立児童館事業発足
1967	昭和42	成人学級の開設 高井戸青年館「こどもリーダー講習会」開催	井草青年館開館
1968	昭和43	永福体育館建設	浜田山会館開館
1969	昭和44	科学教育センター開館	学童保育クラブ児童館併設（杉並方式）
1970	昭和45		高円寺青年館開館 児童福祉センター開館
1971	昭和46		青年教室（青年学級）開設
1972	昭和47	区民教養講座	区立消費者センター開設
1973	昭和48	成人学級教養講座（75年から88年まで公民館講座）前期・後期始まる 成人学級教養講座（子ども文化）18回開催　講演と映画の会2回開催 杉並区民大学講座始まる	
1974	昭和49	成人学級前期教養講座「近代日本の歴史と私たち」10回開催 成人学級後期教養講座「こどもの本を中心に」10回開催	

	杉並泉の会発足
	杉並区新生活運動推進協議会設置 杉並母親連絡会（杉並母の会改称）結成 杉並区更生保護婦人会発足
杉並区文化団体連合会発足	杉並清掃工場問題起きる
杉並ラジオ体操連盟発足 少年海洋団杉並結成	新婦人杉並支部結成
浜田山勉強会発足	第一生活学校誕生 高井戸地区公害対策協議会　中央高速道反対運動 第1回みんなの消費生活展開催
杉並保育問題連絡会結成	婦人学級連絡会19グループで結成
校庭開放・一部体育館開放始まる 小尾通達（PTAは公費負担をしないなど）出る	
くがやま文庫開設　松の木読書会発足	
	杉並区消費者の会設立　生活学校連絡協議会結成
教科書検定訴訟を支援する杉並区連絡会結成	7月　光化学スモッグ発生、公害対策住民連絡会発足
高井戸教育懇談会開催（74年まで）	杉並区民ゴミ問題懇談会発足 高円寺から公害をなくす会発足
杉並教育法研究会発足 杉二教育を語る会、方南お母さんの勉強会、 久我山教育懇談会、 井荻こどものしあわせを語る会、 成田教育を語る会発足	生活学校「光化学スモッグ」にとりくむ 杉並公害対策住民連絡会発足 二酸化窒素測定運動始まる 杉並・老後を良くする会発足
杉並郷土史会発足 杉小P協高校増設特別委員会設置 杉並子どもの本の会設立 荻窪教育を語る会発足	杉並区消費者グループ連絡会発足 婦人リーダー連絡会発足 家庭教育研究会発足
母親クラブ結成、杉並親子劇場発足 杉並・中野保育教育を考える会発足 高円寺教育を語る会発足 杉並区高校問題連絡会結成	婦人リーダー連絡会から杉並婦人連絡会へ 第1回婦人のつどい開催 環七公害対策住民連絡会発足 芦の会発足

1975	昭和50	公民館講座前期「家庭生活と教養問題を考える」10回開催
		（以降区民による講座企画運営となる）
		公民館講座後期「子どもの本の選び方・与え方」10回開催
1976	昭和51	公民館講座前期「教育を考えるために」8回開催
		公民館講座後期「民話について」8回開催
1977	昭和52	公民館講座前期「子どもの文化をめぐって」9回開催、
		公民館講座企画運営委員による秋川合宿実施
		公民館講座後期8回開催
		移動図書館「たびびとくん」開始　　ゆとりの時間の導入
1978	昭和53	公民館講座前期「次代につなぐ文化」9回開催
		公民館講座後期10回開催、秋川合宿実施
1979	昭和54	公民館講座前期「次代につなぐ文化」10回開催、秋川合宿実施
		（以降公民館での講座には自主保育を実施した）
		公民館講座後期8回開催、高井戸青年館5回開催
		上井草運動場　都から区へ移管　荻窪地域区民センター開館
		教育委員会　学校教育部と社会教育部の2部制へ　スポーツ振興すすむ
1980	昭和55	公民館講座前期「80年代を拓く」9回開催、秋川合宿実施
		公民館講座後期8回開催、高井戸青年館5回開催
1981	昭和56	公民館講座前期「平和―私たちの暮らしと経済から」9回開催、秋川合宿実施
		公民館講座後期10回開催、高井戸青年館5回開催
1982	昭和57	公民館講座前期「平和―暮らしの中で人権を考える」11回開催、研修会開催、秋川合宿実施
		公民館講座後期7回開催、高井戸青年館5回開催　『新修杉並区史』刊行
		中央図書館開館　　図書館運営協議会設置
1983	昭和58	公民館講座前期8回開催、研修会1回開催、高円寺会館2回開催、下井草出張所3回開催
		公民館講座後期10回開催、高井戸青年館4回開催
		『社会教育行政検討プロジェクトチーム報告書―生涯学習時代に応じて』出る
		文集『平和―命の尊さを求めて』杉並公民館30周年記念誌発行
1984	昭和59	公民館講座前期「平和―家族をめぐって」11回開催、高円寺会館2回開催
		下井草出張所3回開催、研修会開催、秋川合宿実施
		公民館講座後期10回開催、高井戸青年館5回開催
		社会教育団体育成始まる　　図書館のコンピュータ・オンライン化が始まる

向陽スポーツ文化クラブ発足 阿佐谷教育懇談会発足 公民館ひろば発足	中央自動車道高井戸ランプ問題起きる どうくらす会発足 区民のための区政を実現する会（区民の会）発足
子ども会成人リーダー講習会開催	第1回消費生活展開催
杉並文庫・サークル連絡会発足	第2回消費生活展で初めてアルミ缶を回収 （社）友愛の灯協会設立
浜田山グループ発足 杉並区立公民館を存続させる会発足 杉並憲法集会始まる 杉並教科書を読む会発足	都環境影響評価に関する条例案議会において否決 都民アセスをすすめる会発足 国民総背番号制に反対しプライバシーを守る 杉並の会結成　　すみれ会からすみれ家を起業
国際児童年杉並連絡会発足	杉並婦人団体連絡会発足 自然と動物を考える市民会議発足 筑波学園都市移転跡地確保期成同盟結成
『歴史の大河は流れつづける』(1) 発行 　（公民館を存続させる会編）	杉並社協による杉並区ボランティア活動連絡会発足 杉並区ボランティア運営委員会発足 ボランティア講座始まる（95年まで）
高南読書会発足 『歴史の大河は流れ続ける』(2) 発行 　（公民館を存続させる会編）	杉並婦人団体連絡会ニュース第1号発行 地球の資源を活かす会発足 障害者の住みよい杉並をつくる会21団体で発足 戦争を許さない女たちの杉並の会発足 蚕糸跡地周辺まちづくり協議会発足
杉並区青空体力造指導員協議会設立 『歴史の大河は流れ続ける』(3) 発行 　（公民館を存続させる会編）	婦人の実態調査（婦団連による）実施
PTA給食問題特別委員会設置 中学校校庭開放始まる 社会教育杉並の会発足 区立学校開放連合協議会発足	思寓鳴（ミニコミ誌）発行（87年まで） 杉の樹大学始まる 老人福祉センター設置
『歴史の大河は流れ続ける』(4) 発行 　（公民館を存続させる会編）	円の会発足 デイホーム事業始まる（友愛の灯協会による）

1985	昭和60	公民館講座前期「平和―いま・これから」9回開催、高円寺会館3回開催、 　　　浴風園見学、秋川合宿実施 公民館講座後期「21世紀に向かって」8回開催、高井戸青年館5回開催、 　　　東邦信用金庫5回開催、研修会2回開催 第4回ユネスコ国際成人教育会議にて「学習権宣言」出される
1986	昭和61	公民館講座前期「平和―いま、子ども・女性・高齢者は―」10回開催、 　　　和田堀会館2回開催、高円寺青年館2回開催、秋川合宿実施 公民館講座後期8回開催、高井戸青年館5回開催、研修会2回開催
1987	昭和62	公民館講座前期「平和―くらしの中で人権を考える」9回開催、 　　　和田堀会館1回開催、高円寺青年館2回開催、秋川合宿実施 公民館講座後期10回開催、高井戸青年館4回開催、研修会2回開催 『すぎなみの女性たち〜きのう・今日・あした』発行 　　　（教育委員会社会教育部婦人青少年室）　　杉並区スポーツ振興会発足
1988	昭和63	公民館講座前期「平和とは何か―くらしの中で考える」9回開催、 　　　高円寺青年館2回開催、和田堀会館1回開催、秋川合宿実施 公民館講座後期9回開催、高井戸青年館4回開催 **杉並区平和都市宣言**
1989	平成元	杉並区立公民館3月閉館 公民館講座記録集発行『平和　公民館講座の記録』Ⅰ・Ⅱ・Ⅲ 杉並区立社会教育センター（愛称セシオン杉並）開館 郷土博物館開館 社会教育委員の制度発足　　社会教育センター審議会設立 区民企画講座　セシオンクリエイティブスクール始まる 杉並区民大学スタート（1年目は基礎コース、次年度は専門コース）
1990	平成2	第一期杉並区民大学開講　自然系、地域系 7月　生涯学習振興整備法施行
1991	平成3	第二期杉並区民大学　芸術文化系、社会教育系 荻窪体育館開館　　オーロラの碑建立　　杉並区国際交流協会発足
1992	平成4	第三期杉並区民大学　社会系、情報系
1993	平成5	第四期杉並区民大学　自然系
1994	平成6	第五期杉並区民大学　社会系、芸術系
1995	平成7	第六期杉並区民大学　社会教育系、情報系 西田小学校郷土資料展示室開室

母親クラブ連絡会発足	井の頭沿線のつどい発足 杉並ボランティアコーナー誕生 大型間接税に反対する杉並連絡会結成 ミニデイホーム推進連絡会発足
蚕糸の森公園開園	婦人民主クラブ（再建）発足 生活展から牛乳パックの回収始める あけぼのミニカレッジ始まる
	グループききょう発足 新しいホームをつくる会（99年NPO法人）発足 杉並藍の会発足 第1回蚕糸の森まつり開催
杉並文化通信創刊	井の頭沿線グループ発足 この頃、婦人団体連絡会加盟77団体となる
子どもの権利条約国連で採択 魔法陣設立 子どもの人権を考える会発足 むさしのなかよし子ども劇場発足	ぐるーぷAYA発足
40人学級実現	男女共生社会をすすめる杉並の会発足 杉並働く女性たちの会発足
	杉並女性団体連絡会発足 （杉並婦人団体連絡会改称） 財団法人杉並区さんあい公社設立
区立幼稚園、小・中学校第2土曜日休みに	グループ「山びこ」発足 グループいぐさ発足　福祉フォーラム発足
（財）杉並区スポーツ振興財団設立	自治市民発足
	杉並リサイクル協会設立 社会福祉法人サンフレンズ設立 杉並ボランティアセンター開設
	第1回阿佐谷ジャズストリート始まる

1996	平成8	第七期杉並区民大学　社会系、自然系
1997	平成9	第八期杉並区民大学　芸術文化系、地域系、 　　　　　　　　　　第七期専門コース自然系、社会系 家庭教育学級62校開催 ユネスコ・ハンブルク宣言 区民企画講座／高円寺若者雑学塾、高井戸イカスおやじ雑学塾開始
1998	平成10	上井草スポーツセンターオープン 行財政改善の流れ始まる 特定非営利活動推進法（NPO法人法）決まる
1999	平成11	
2000	平成12	
2001	平成13	社会教育法一部改正（家庭の教育力支援、社会奉仕、自然体験活動など） 区立小・中学校で学校評議員制度始まる
2002	平成14	社会教育センター審議会廃止 社会教育事業推進委員会（愛称車座委員会）発足 学校教育コーディネータースタート ゆとり教育授業内容3割削減 すぎなみコミュニティカレッジ「時代に学ぶ地域活動」講座開催 高円寺社会教育会館閉館 『区民が語り、区民が綴る杉並の女性史』発行（杉並区女性史編さんの会編著） 「杉並区教育改革アクションプラン」策定
2003	平成15	「人・まち・夢プラン〜協働による新しいまちづくりに向けて」の報告 「時を拓き、明日を紡ぐ」講座開催 社会教育博覧会開催（公民館開設50周年） 『学びて生きる　杉並区立公民館50周年（資料編）』発刊
2004	平成16	あんさんぶる荻窪開館
2005	平成17	すぎなみ大人塾開始 「杉並区教育ビジョン」策定 杉並アニメーションミュージアム開館

全国でいじめが問題に	井草の空気と健康を考える会発足
児童青少年・男女平等推進センター（ゆう杉並）開設 親も子どももニュースタートの会発足	サンフレンズ杉並区特別養護老人ホーム委託運営 **杉並区男女共同参画都市宣言** 杉並病をなくす会 （井草の空気と健康を考える会から改称）
すぎなみ文化通信（杉並文化通信から改称） 『杉並のヒロシマ・ナガサキ』 　　　杉並光友会刊行	第1回まちづくり博覧会開催 男女共同参画都市宣言記念事業実施
杉小P協ピーポくん110番事業開始	
「われらプロジェクト」始まる	杉並のパート労働を考える会発足
NPO未来をつなぐ子ども資金発足 杉並の教育を考えるみんなの会結成 杉並チャリティウオーク2001実施 「CEDRE」第1号発行	アジアと芸術を語る会韓国人形劇団招聘後援 新しい歴史教科書を創る会の教科書選定反対 アピール出る 環境博覧会開催 井草環境問題を問う区民シンポジウム開催
ゆとり教育授業内容3割削減 杉並NPO・ボランティア活動推進センター開館 ボランティア活動単位認定される 杉小P協50周年となる 杉並の社会教育を記録する会発足	全国男女共同参画宣言都市サミット in すぎなみ開催 レジ袋削減推進協議会設立 杉並病をなくす市民連絡会発足 NPO法人杉の樹カレッジ発足
	すぎなみ環境ネットワーク協会設立
杉並の市民活動と社会教育を記録する会発足 （杉並の社会教育を記録する会から改称） 図書館サービスフロンティア開始	九条の会・杉並発足
ゆるやかな会杉並発足 パパ読みたい発足　　すぎなみ大人塾連発足	被爆60周年「原爆と人間展」（光友会）開催 原水禁運動（安井家）資料研究会発足

2006	平成18	教育基本法改正　　すぎなみ地域大学開校　　すぎなみ学倶楽部スタート 『杉並の市民活動と社会教育のあゆみ』1号発行 『杉並の市民活動と社会教育のあゆみー別冊：原水禁運動（安井家） 　　　　　資料研究会報告書ー平成17～18年版』発行
2007	平成19	『杉並の市民活動と社会教育のあゆみ』2号発行 郷土博物館分館開館
2008	平成20	杉並区体育協会創立60周年記念式典開催 『杉並の市民活動と社会教育のあゆみ』3号発行
2009	平成21	別冊『杉並にも公民館があったー杉並の市民活動と社会教育のあゆみ　平成20年版』発行 「学校司書」の配置始まる　　レジ袋有料化推進条例制定 原水禁運動（安井家）資料研究会報告書（2008年版）　『ひたすらに平和願えり』発行
2010	平成22	『杉並の市民活動と社会教育のあゆみ』4号発行
2011	平成23	東日本大震災発生（南相馬市への支援を開始） 教育改革推進課に社会教育主事配置
2012	平成24	区制80周年 「教育ビジョン2012」策定　　教育改革推進課を学校支援課に 「学校司書」全小・中学校に配置 平和市長会議に加盟
西暦	**和暦**	**行政　公民館・社会教育センター　講座など**

杉並NPO支援センタースタート
セシオネット親の会発足

すぎれれ発足
知ろう！小児医療　守ろう！子ども達の会発足
蕎麦打ちオヤジの会発足

杉並芸術会館「座・高円寺」開館

ポレポレ発足

哲学cafe in 高円寺発足

教育・文化・青少年・PTAなど　　　　**男女共同・町づくり・福祉・環境など**

2012年作成
（文責：林 美紀子　協力：中曽根 聡、山口 弘子）

索引

あ行

秋川合宿　31, 36
阿佐谷七夕まつり　155
アセスメント条例→環境アセスメント条例
あんさんぶる荻窪　198
家永教科書裁判（杉本判決）　36, 64, 90, 93
井草森公園　103, 167
井の頭沿線講座　34
居場所　104, 198, 204
ウィーン・アピール　54
NO₂　114, 126
NPO法人　118, 159, 192, 195
王様の会　144
オーロラの碑　55
荻窪地域区民センター　72
親子読書運動　65

か行

科学あそび　74
「学習権」宣言　62, 218
学校・家庭・地域の連携　190, 195
学校給食　121
学校教育コーディネーター制度　103
学校支援本部　194, 221, 228
学校防災公園　154, 177
活動と学びの循環　225
家庭文庫　28, 65, 68, 72, 78
金沢嘉市　29
環境アセスメント条例　126
環状八号線　91
機械技術研究所　95
気象研究所　50, 53, 124
教育委員会　12, 72, 101, 107, 109, 121, 150, 160, 170, 194, 196, 208, 218, 223
教育基本法　62, 107, 184
教科書裁判→家永教科書裁判
教科書裁判支援全国連絡会　27
教科書問題　30

共同購入連絡会　121
草の実会　24
区職員組合　39, 43
区民企画講座　108, 195, 201, 228
区民センター　61, 65, 69, 72, 79, 104, 160, 172, 195, 218
区民大学講座　60, 150
区民のための区政を実現する会（区民の会）　46, 144, 146
グループ調理　143
車座委員会→社会教育事業推進委員会
原水禁日本大会　27
原水爆禁止署名運動全国協議会　53
原水爆禁止世界大会　54, 191
公害監視委員会　125, 127
公害研　123
公害健康被害補償法　125
光化学スモッグ　114, 123, 126
高校増設運動　36, 64, 93
公民館　8, 16, 28, 37, 48, 59, 107, 184, 218
公民館企画運営委員会　11, 33
公民館講座　10, 28, 37, 46, 48, 230
公民館ひろば　11, 29, 31
公民館まつり　35
公民教養講座　10, 16, 185, 201
向陽スポーツ文化クラブ　173
国際婦人連絡会　27
国民総背番号制　39
国民総背番号制に反対し
　プライバシーを守る杉並の会　39
こころの地図帳　102, 104
個人情報　39, 119
子ども読書活動推進委員会　72
子ども文庫　65, 68, 82
子ども夢基金　103
ゴミ戦争　113
コミュニティー・ガーデン　179

さ行

雑学塾　108, 201

248　索引

さんし会	154, 179
蚕糸試験場跡地	154, 162, 177
蚕糸の森公園	60, 167, 178
蚕糸の森まつり	154, 179
識字教育支援	20
自主グループ活動	10
自主保育	33
指定管理者制度	66
私費負担解消	87
社会教育委員	12, 71, 108, 196, 230
社会教育行政	11, 59, 108, 187, 196, 210, 225
社会教育事業推進委員会	12, 196, 220
社会教育主事（補）	21, 28, 59, 100, 208, 218, 228
社会教育センター→杉並区立社会教育センター	
社会教育法	62, 196, 208
社会体育施設	170
就学時健診	37
住民基本台帳	39
住民自治	40, 118, 127, 144
住民自治基本条例	118
出張講座	34
ジョイフル講座	206
生涯学習審議会答申	228
生涯学習振興整備法	218
障害者福祉	146
小規模多目的施設	137, 142
消費者運動	41, 112, 114, 120, 144
消費者グループ連絡会	46, 118, 121, 149
小P協→杉並区立小学校PTA連合協議会	
食事サービス	112, 143
食品添加物	120
水爆禁止署名運動	8, 20, 24, 46, 47, 62, 148, 191
水爆禁止署名運動杉並協議会	47, 57
水爆禁止署名運動杉並ニュース	52
杉十小移転問題対策委員会	177
杉並・老後を良くする会	112, 139
杉並アピール文	50

杉並泉の会	135
杉並NPO・ボランティアセンター活動推進センター	137
すぎなみ大人塾	220
杉並区基本構想10年ビジョン	225
杉並区教育ビジョン2012	3, 225
杉並教育フォーラム	102
杉並教育法研究会	93
杉並郷土史会	160
杉並郷土博物館	161
杉並区議会	49, 57, 161, 196
杉並区高校増設をすすめる会	96
杉並区史	161
杉並区消費者団体連絡会	121, 144
杉並区消費者の会	112, 115, 120, 149
杉並区スポーツ振興会	171
杉並区スポーツ振興財団	171
杉並区体育協会	169
杉並区民ゴミ問題懇談会（ゴミ懇）	115
杉並区ラジオ体操連盟	166
杉並区立公民館	8, 16, 24, 28, 41, 48, 59, 107, 148, 218
杉並区立公民館を存続させる会	11, 61
杉並区立社会教育センター	9, 59, 108, 201, 218, 228
杉並区立小学校PTA連合協議会（小P協）	28, 89, 94
杉並区立消費者センター	112
杉並区立中央図書館	73
杉並区立中学校PTA協議会（中P協）	28, 94
杉並公害対策住民連絡会	126
杉並公民館→杉並区立公民館	
杉並子どもの本の会	28, 65, 71
すぎなみコミュニティ・カレッジ	206
杉並師範館	194
杉並社会福祉協議会	136, 149, 195
すぎなみ地域大学担当課	220
杉並・中野保育教育を考える会	37

杉並の会→国民総背番号制に反対しプライバシーを守る杉並の会
杉並の市民活動と社会教育を記録する会……………………………… 13, 195, 220, 230
杉並婦人団体協議会（婦団協）…50, 57, 148
杉並婦人団体連絡会……………………… 150
杉並風土記 ………………………………… 162
杉並文化通信 ……………………………… 175
杉並文庫・サークル連絡会（文庫連）………………………………… 65, 68, 71, 78
杉並ボランティアセンター ……………… 136
杉並ユネスコ協会（杉ユ協）………… 17, 194
杉の子会 ……………………………… 16, 48, 56
生活学校 ………………………… 113, 123, 141, 149
生活学校連絡会 …………………… 115, 149
成人学級 ……………………………… 29, 34
青年館 …………………………… 21, 34, 61, 108
青年団 …………………………………… 107, 121
青年部 …………………………… 20, 155, 158, 194
セシオン杉並→杉並区立社会教育センター
総合学習授業 ……………………………… 100

た行

体育指導委員 ……………………………… 171
大気汚染 …………………………… 123, 146
第五福竜丸 …………………………… 8, 47, 49, 54
対面朗読サービス ………………………… 72
高木敏雄 ………………………………… 9, 18, 47
高橋眈正 …………………………………… 30
男女共同参画社会をめざす杉並区行動計画 …………………………………………… 151
男女共同参画都市宣言 …………… 151, 153
男女平等推進センター …………………… 151
地域・家庭文庫 ……………………… 70, 72
地域活動 ………………… 12, 25, 28, 102, 108, 180, 195, 228, 230
地域教育懇談会 …………………………… 28
地域区民センター構想 …………………… 61
地域コーディネーター …………………… 194
知の市庭 …………………………… 192, 195
地方自治法 ………………………… 66, 129, 131

中央教育審議会 …………………… 224, 228
中央教育審議会答申 ……………… 224, 228
中央道反対協議会 ………………………… 91
中P協→杉並区立中学校PTA協議会
直接請求 …………………………… 42, 112, 126
筑波研究学園都市 ………………… 154, 177
寺子屋運動 ………………………… 21, 204
電算化計画 …………………………… 39, 43, 45
東京ウィメンズカレッジ ……………… 117
東京高円寺阿波おどり ………………… 158
東京都社会事業学校 …………………… 135
東京都ユネスコ連絡協議会 …………… 21
道路公害 …………………………………… 91
遠山啓 ……………………………………… 37
都市型文化施設 …………………………… 61
図書館協議会 ……………………… 66, 71
都民アセスをすすめる会 ……………… 133
都立永福高校 ……………………………… 98

な行

内申書裁判 ………………………………… 36
新居格 ……………………………………… 18
日米安保 …………………………………… 26
日本ユネスコ協会連盟 …………… 21, 194
ネットワーク型行政 …………………… 228
のびっぱひろっぱ ……………………… 103

は行

はじめの居場所 ………………………… 104
羽根木プレーパーク …………… 101, 200
母親クラブ ……………………… 78, 200
母親大会連絡会 …………………………… 27
ハンディキャブ事業 …………………… 145
PTA活動 ………………………… 16, 90, 146
ビキニ事件 ……………………… 47, 48, 56
風船デモ ……………………………… 89, 91
複合汚染 ………………………………… 120
福祉フォーラムすぎなみ ……………… 137
福祉まつり ……………………………… 137
福竜丸事件→ビキニ事件
婦人学級 ………………………… 113, 117, 149
婦人学級連絡会 ………………………… 149

婦人のつどい	144
婦人有権者同盟会	21, 121
不登校・引きこもり	100
プライバシーを守る杉並の会	39
プランニング∞遊	193
ふれあい図書室	73
文庫活動	64, 78
文庫連絡会	11, 71
平和運動	48, 223
平和の文化	23
冒険遊び場	100, 101, 102, 103, 192, 200, 208, 223
ボランティア講座	136

ま行

まちづくり公社	181
まちづくり博覧会	181
まち博NEWS	182
まち博ミニ	182
街まちマーチ	206
魔法陣	37
美濃部都政	127
最上正志（元・区教育長）	98

や行

安井郁	8, 48, 185
安井田鶴子	48
友愛訪問員	143
有事法制	26
ゆう杉並	109
ユネスコ	16, 184, 203, 218
ユネスコ教室	21
ユネスコ憲章前文	17, 23
養護学校義務化	37
吉村証子	65, 76
読みきかせ	74

ら行

リサイクル協会	118
緑陰子ども会	107
緑化計画推進協議会	125
臨時教育審議会	218
レファレンスサービス	71

老人問題	25, 140
老人問題研究会	26
60年安保闘争	26

わ行

若杉会	19
われらプロジェクト	64, 100, 208

編集委員	石崎 暎子	草の実会
	上田 幸夫	日本体育大学教授
	小池 曙	元杉十小PTA会長
	斎藤 尚久	杉並区教育委員会事務局社会教育主事
	笹井 宏益	国立教育政策研究所生涯学習政策研究部長
	高野 英江	東京大学大学院生涯学習基盤経営コース修士課程
	中曽根 聡	杉並区教育委員会事務局社会教育主事
	秦 弘子	杉並区教育委員会事務局社会教育主事
	林 美紀子	杉並ユネスコ協会
	三輪 建二	お茶の水女子大学教授
	森内 和子	杉並の市民活動と社会教育を記録する会
	安井 節子	地球の資源を活かす会
編集協力	地頭所 冨士子	杉並文庫・サークル連絡会
	芝 貞幸	すぎなみ文化通信
	清水 葉子	NPO法人自然と動物を考える市民会議
	西 トミ江	杉並郷土史会
	山口 弘子	杉並・中野保育教育を考える会
発行協力	杉並区教育委員会	

つながる
杉並の社会教育・市民活動

2013年11月1日　初刷発行

編者　すぎなみ社会教育の会

発行者　大塚智孝
発行所　株式会社エイデル研究所
　　　　〒102-0073
　　　　東京都千代田区九段北4-1-9
　　　　TEL. 03-3234-4641
　　　　FAX. 03-3234-4644

装幀・本文DTP
　　　大友淳史（デザインコンビビア）

印刷・製本　中央精版印刷株式会社

© suginami-shakaikyoikunokai　2013
ISBN 978-4-87168-530-6　Printed in Japan
落丁・乱丁本はお取替えいたします。